九州大学韓国研究センター叢書1

朝鮮植民地教育政策史の再検討

稲葉継雄

九州大学出版会

緒　言

　植民地朝鮮の教育史（1910～1945年）は，従来ほとんどが歴代総督の在任期間，あるいはこれとほぼ並行する「朝鮮教育令」の改定を時期区分の指標として叙述されてきた。朝鮮近代教育史に関する初の本格的研究書とされる高橋濱吉の『朝鮮教育史考』（1927年）が基本的に「朝鮮教育令」に基づく枠組みを採用し，朝鮮総督府による「正史」とも言うべき『施政二十五年史』『施政三十年史』（1935年，1940年）が明確に各総督別の章立てを採ったことが，その後の研究者にも大きな影響を与えたものと思われる。

　不思議なことに，日本による植民地支配を批判することを主目的として開始された韓国・北朝鮮における研究も，その嚆矢とされる李萬珪の『朝鮮教育史』（1949年）以来，時期区分に関しては日本人の研究と同じ土俵の上で展開されてきた。

　このような研究の枠組みは，寺内正毅から阿部信行まで9代の朝鮮総督各人の名において施行された教育政策の大きな流れを把握するには有効である。しかし，実際問題として総督自身が具体的な政策形成にまでタッチしたとは考えにくい。それは，朝鮮総督府における意思決定をめぐって次のような状況があったからである。

　　総督の考え方でというのは語弊があるので，さいごの決定権が総督にあるということだけなのです。だから大体の仕事は，すべて下僚がやるのです。……（中略）……総督だってそう何から何までこまかい所までわかるはずはありませんからね。大体局長がいいといえば良いというのが普通の役人のやり方です。

元朝鮮総督府官僚のこの証言が収録されているのは，友邦協会発行の「友邦シリーズ」第15号『朝鮮総督府官制とその行政機構』(1969年)である。筆者がこの資料を目にしたのがいつだったか確かな記憶はないが，これに触発されて，個々の教育政策の形成・展開過程を実証するには，総督のみならず，政務総監・学務局長・学務課長等々実際の衝に当たった人々の言動を可能な限り詳細に追究することが不可欠であるという認識は長い間持ち続けてきた。

　このような問題意識の下，これまで何篇かの論文をものしたが，この研究の促進剤となったのは，とくに2000年代に入って以降の資料環境の改善であった。すなわち，植民地朝鮮の代表的日刊紙であった『京城日報』が2007年8月，月刊総合雑誌の『朝鮮及満洲』と『朝鮮公論』がそれぞれ2005年11月，2007年12月にいずれも韓国での影印出版が完了し，日本でも一括購入できるようになったのである。夏休みに訪韓し，ソウル大学の中央図書館に籠って，劣化の進んだ『京城日報』を破損しないように用心しながら一枚一枚捲っていた頃に比べると，研究は格段にやりやすくなった。とは言え，これらの資料を未だ充分に活用しきれているわけではないが，2007～9(平成19～21)年度科学研究費補助金の受給を機に，これまでの研究の一応のまとめとして上梓することにした。

　本書は7章(7篇のモノグラフ)から成る。時期的に朝鮮植民地期35年のすべてをカバーしてはいないが，要所をほぼ押さえたとは言えるであろう。今後，更なる補足に努めたい。

　本書は「九州大学韓国研究センター叢書」第1巻として刊行されることになった。企画・立案からご尽力いただいた松原孝俊センター長，出版基金をご寄付くださった福岡韓国商工会議所をはじめ関係各位のお蔭である。末筆ながらここに記して，深甚の謝意を表する。

2010年8月
稲葉継雄

目　次

緒　言 ……………………………………………………… i

第1章　朝鮮総督府初期の教育政策 ……………………… 1
　　　── 統監府時代との連続と不連続 ──

はじめに ……………………………………………………… 1
第1節　統治機構の再編 …………………………………… 2
第2節　教育の基本方針 …………………………………… 8
第3節　学校制度 …………………………………………… 14
　　1．普通学校
　　2．高等普通学校
　　3．専門学校
　　4．私立学校
　　5．書　堂
第4節　教科書・教育内容 ………………………………… 27
　　1．修　身
　　2．国語・朝鮮語・外国語
　　3．実業各科
　　4．体　操
おわりに …………………………………………………… 35

第2章　水野錬太郎と朝鮮教育 …………………………… 39

　はじめに ……………………………………………………………… 39
　第1節　水野政務総監の誕生 ……………………………………… 40
　第2節　水野の総督府高官人事 …………………………………… 43
　第3節　水野の教育政策 …………………………………………… 46
　第4節　臨時教育調査委員会の人脈 ……………………………… 51
　おわりに ……………………………………………………………… 55

第3章　李軫鎬研究 ── 朝鮮総督府初の朝鮮人学務局長の軌跡 ── …… 59

　はじめに ……………………………………………………………… 59
　第1節　李軫鎬の前半生 …………………………………………… 60
　　1．日本亡命からの帰国まで
　　2．道観察使〜長官〜知事時代
　第2節　学務局長としての李軫鎬 ………………………………… 68
　　1．朝鮮人学務局長の誕生
　　2．学務局長としての業績
　おわりに ……………………………………………………………… 78

第4章　山梨総督時代の朝鮮教育 ………………………… 83

　はじめに ……………………………………………………………… 83
　第1節　教育政策関連の主要メンバー …………………………… 84
　　1．総督山梨半造
　　2．政務総監池上四郎
　　3．学務局長李軫鎬
　　4．学務課長福士末之助
　第2節　教育政策の形成と展開 …………………………………… 96
　　1．普通学校の普及（いわゆる「一面一校計画」）
　　2．教育内容・教科書の改編

3．国民学校の新設
　　　4．師範教育の改革
　　　5．その他
　　おわりに……………………………………………………………… 109

第5章　宇垣総督時代の朝鮮教育 ………………………………… 113
　　はじめに……………………………………………………………… 113
　　第1節　朝鮮統治の概要 ………………………………………… 114
　　　1．宇垣総督の統治方針
　　　2．総督府の主要スタッフ
　　第2節　主要教育政策の展開 …………………………………… 121
　　　1．教育の「実際化」
　　　2．簡易学校の創設
　　　3．第2次朝鮮人初等教育普及拡充計画
　　　4．神社参拝の強要
　　　5．その他の「皇民化」政策
　　　6．朝鮮語教育の状況
　　おわりに……………………………………………………………… 131

第6章　塩原時三郎研究 …………………………………………… 135
　　　　　——植民地朝鮮における皇民化教育の推進者——
　　はじめに……………………………………………………………… 135
　　第1節　塩原学務局長の誕生 …………………………………… 136
　　第2節　塩原学務局長の活動 …………………………………… 141
　　　1．「皇国臣民ノ誓詞」と皇国臣民体操
　　　2．陸軍特別志願兵制度
　　　3．第3次朝鮮教育令
　　　4．国民精神総動員運動
　　　5．教学研修所

おわりに ………………………………………………………… 161

第7章　朝鮮総督府学務局長・学務課長の人事 ……… 167

はじめに ………………………………………………………… 167

第1節　歴代学務局長・学務課長の略歴 ……………………… 168

　1．学務局長
　　⑴　関屋貞三郎
　　⑵　柴田善三郎
　　⑶　長野　幹
　　⑷　李　軫鎬
　　⑸　松浦鎮次郎
　　⑹　武部欽一
　　⑺　牛島省三
　　⑻　林　茂樹
　　⑼　渡辺豊日子
　　⑽　富永文一
　　⑾　塩原時三郎
　　⑿　真崎長年
　　⒀　大野謙一
　　⒁　厳　昌燮（武永憲樹）

　2．学務課長
　　⑴　隈本繁吉
　　⑵　弓削幸太郎
　　⑶　松村松盛
　　⑷　半井　清
　　⑸　萩原彦三
　　⑹　平井三男
　　⑺　福士末之助
　　⑻　神尾弌春

⑼　大野謙一
　　　⑽　高尾甚造
　　　⑾　八木信雄
　　　⑿　倉島　至
　　　⒀　本多武夫
　第2節　学務局長・学務課長人事の特色……………………………… 205
　　1．学務局長
　　2．学務課長
おわりに ……………………………………………………………………… 211

第1章

朝鮮総督府初期の教育政策
―― 統監府時代との連続と不連続 ――

はじめに

　周知のように朝鮮は，1910年8月29日の日韓併合から1945年8月15日の民族解放まで約35年間，日本による植民地支配の下に置かれた。これを指すのが，いわゆる「日帝36年」である。これに対し，第2次日韓協約（1905年11月17日締結　通称「保護条約」）下の保護国時代を加えて「日帝40年」という言い方もある。前者は，形骸化されたとはいえ主権を保っていた大韓帝国が，日韓併合によって完全な植民地に転落したという歴史認識に立っており，後者は，第2次日韓協約によってすでに事実上の植民地化がなされたとするものである。それぞれに一理がある。

　然らば，保護国時代と正真正銘の植民地時代は，どこがどのように連続し，あるいは断絶したのか。これを教育史の問題として本格的に検討した先行研究を，寡聞にして筆者は知らない。そこで本章は，朝鮮総督府初期の教育政策を，統監府時代との連続と不連続という観点から多角的に検証することを目的とする。

　なお，ここでいう朝鮮総督府初期とは，寺内・長谷川両総督の在任期間を指す。それは，統治政策上，長谷川総督の在任期間（1916年10月16日～1919年8月12日）も寺内総督時代（1910年10月1日～1916年10月9日）の延長と見られるからである。当時朝鮮にいたある日本人によれば，長谷川「総督に成つてから，別に新機軸を現はすやうなこともなく，謂はゞ，寺内さんのやつたことを，其の儘踏襲したと謂つてさしつかへはない。尤，寺内

さんのときから，政務総監をして居た山県さんが，以前は遠慮がちであつたけれども，総督が代つてから，更に元気を出し，宇佐美長官等と提携して，積極的に，仕事をするやうに成つたのは事実である。しかし，これぞといふ程のこともなかつた。やはり寺内さんのきめたことを，進めて行くやうに見えた」[1]という。

第1節　統治機構の再編

　寺内正毅と韓国統治との直接的関わりは，1905（明治 38）年 12 月の「統監府官制」制定にまで遡る。「桂内閣はその終を完了せむが為めに総辞職に先だち三十八年十二月二十日勅令を以て統監府及び理事庁官制を発布す。此の官制起案に就ては寺内伯も亦伊藤侯に助言せられし所多し」[2]とされている。寺内は当時，第 1 次桂内閣の陸軍大臣であった。

　1909 年 6 月 14 日，伊藤博文が韓国統監を辞任，伊藤は寺内を後任に推したが，結局，後任統監となったのは曽禰荒助であった。寺内が，曽禰の後を受けて第 3 代統監となるのは，併合直前の 1910 年 5 月 30 日のことである。

　韓国統監〜朝鮮総督としての寺内の「武断統治」を支えたのは明石元二郎であった。1907 年 10 月，当時金沢第 7 連隊長であった明石大佐を少将に昇任させ，第 14 憲兵隊長として韓国に派遣したのが，他ならぬ寺内陸相である。明石の伝記は，この間の経緯を次のように記している。

　　伊藤統監は深く之れ（義兵闘争などによる治安の悪化—稲葉註）を憂ひ，寺内陸相に嘱するに，此難局を拾収（ママ）するに足る適材推薦のことを以てした。其選に当つたのは即ち明石将軍である。……（中略）……
　　寺内陸相が，斯かる重要地位に，時の第七聯隊長明石大佐を抜擢するに至つたに就ては，元より三十七八年役中よりの陸相として，仔細に将軍が欧洲における活動振りに，見惚れて居つたからである[3]。

　韓国駐屯憲兵隊の隊長（後に司令官）となった明石は，1910 年 1 月，「韓国の状態に適合せしめんとせば憲兵と警察官とを打つて一団と成し軍司令官

が之を円轄せらる、事最も可然」[4]ことを寺内陸相に建議，このいわゆる憲兵警察制度は，寺内が統監に就任した直後の同年6月，韓国警察権の収用と「統監府警察官署官制」の発布によって実現した。普通警察本位を主張していた警務局長松井茂は罷免され，警察権力は，明石（警務総長）が一手に掌握するところとなった。

憲兵警察が韓国・朝鮮の教育史上重要な意味をもつのは，「諸般の行政事務は，総べて憲兵又は一般警察官の援助を待つてせるもの」[5]だったからである。教育も，当然この例外ではない。教育に関してとくに憲兵警察が関与したのは，普通学校への就学奨励と日本語の普及であった。就学の奨励等については次のような記録がある。

　　業蹟(ママ)は，警察本来の仕事以外普通行政事務の助長にも貢献少からず。衛生思想の普及にせよ，道路の開鑿にせよ，森林の保護より造殖林にせよ，就学児童の奨励にせよ，是等の方面にも其活動振りの目覚ましさは，実に電光石火の如きものあつた。……（中略）……現朝鮮憲兵隊高級副官の三浦（恵一）少佐も，下級の配下として奔走に力めたる当時を回想して，将軍の働き振りに就て，

　　『何処々々迄も徹底的に事を運ぶ。森林保護といへば，各自身の保有林でさへも伐戴(ママ)を許さぬ。児童の就学を奨励すといへば，言ひ分が何うであらうと，無理々々とこれを引張り出す。清潔法を行ふとなれば塵一本も残さしてはならず，道路の開通といへば（道路の開通は非常に重んぜられたが）田でも畑でも墓地でも構はず突き通して了ふ。苦情がどんなであらうと耳を藉さぬ。総べてはかういふやり方であつた云々』と語つて居る[6]。

また，日本語の普及をめぐっては，「憲兵補助員中ニハ日本語ニ精通スルモノアリ。捜索検挙ニ就キ最モ大ナル便宜ヲ供ス。乃チ尚之ヲ奨励シテ通話ノ熟達ヲ図リツ、アリ。其方法タル，憲兵ハ補助員ニ頼リテ韓語ヲ修メ，補助員ハ憲兵ニ依リテ日本語ヲ修ムルニ在リ。其ノ如クニシテ自他共ニ便益ヲ得為ニ人民トノ間ニ意志(ママ)ノ疎通ヲ見，円満ニ治安維持ノ実蹟ヲ挙ゲツ、アリ」[7]といわれており，こうして互いの言語を習得した憲兵・憲兵補助員お

よび警察官が，一般人への日本語普及にも尽力したのである。

「武断統治」を批判した資料は枚挙にいとまがないが，その批判の主たる標的は憲兵警察のあり方であった。東京朝日新聞の京城特派員であつた中野正剛は，「朝鮮の憲兵なるものは，行政，司法の両部に跨りて其権力を振ふのみならず，当然学者の領分に属すべき言論の指導，当然教育家の領分に属すべき社会風教の改善，当然興信所の領分に属すべき信用調査，当然実業家の領分に属すべき経済界の研究等，総ての事に向ひて其力を注がざる可からざるなり」[8]と述べている。

寺内の「武」の側面における片腕が明石元二郎であったとすれば，「文」におけるそれは山県伊三郎であった。寺内と山県の政治家としての縁は，第1次西園寺内閣（1906年1月～1908年7月）に始まる。このとき寺内は，陸相として前政権（第1次桂内閣）から留任し，山県は，逓相として入閣した。両者の背後には山県有朋があり，西園寺内閣に寺内を留任させ，養嗣子伊三郎を送り込んだのは山県有朋であった。

1910年5月30日，寺内は韓国統監に，山県伊三郎は副統監に任命される。だが，これ以前からふたりの間には，韓国統治をめぐって合意が成立していたようである。山県伊三郎の伝記『素空山県公伝』には，「公が韓国併合問題に就て，直接廟堂の枢機に与らざりしは固より論無しと雖も，公が山県老公の意思表現の人として，副統監就任以前より屢ば寺内と会合を重ね，韓国併合の方針と，併合準備の方策とに就て，陸相官邸に出入し，之れが内会議に与かりしは事実にして，公は寺内と同じく最後の決心を齎らし，副統監として京城に任地に赴きたりしなり」[9]とある。そして山県は，副統監として統監府および韓国政府の，政務総監として朝鮮総督府の文官人事にまず腕を振るう。統監府末期～総督府初期の人事は，「多くは是れ施政の当初に於て，公の推薦に由るものなりき」[10]といわれている。

教育に限っていえば，山県の人事で最も注目されるのは宇佐美勝夫の登用である。宇佐美は，内務官僚として山県の後輩に当たり，山県が徳島県知事であった1897年4月，内務省から徳島県参事官に転じた。宇佐美自身，「予は公の徳島県知事時代より其の提撕を受け，爾来最も多く公に親炙するの機会を得たり」[11]と語っている。両者の絆を決定的にしたのは，1905年

9月5日に発生した日比谷焼打事件である。当時，山県は内務次官の職にあり，ポーツマス講和条約に反対する民衆の内務大臣官邸襲撃のため，官邸籠城を余儀なくされた。この事件に関する『素空山県公伝』の記述は次のとおりである。

　薄暮の頃，公に踵で官邸に入りしものは，内務書記官宇佐美勝夫なりき。……（中略）……　公は，当時宇佐美の官邸に来りしを見て，頗る人意を強うし，人に語りて曰く「宇佐美が当時一事務官の身を以て，群衆包囲中の官邸に入り，籠城に決したるは，蔚山籠城の清正に比すべく，平素の覚悟如何を知るに足るべし」と。爾来公は深く宇佐美を信ずるに至りしと云ふ。公の朝鮮政務総監時代に於て，宇佐美を抜擢して内務部長官となしたるもの，其の機縁蓋し此時に在りしなり[12]。

　上の引用にある内務部長官となる前に宇佐美は，1910年6月18日，富山県知事から韓国内部次官兼統監府参与官に任命された。総督府内務部長官となったのは，同年10月1日，すなわち山県が副統監から政務総監になったのと同時である。以後ふたりは，寺内・長谷川総督時代を通じて行を共にする。
　教育史的に意味があるのは，この山県・宇佐美という，学務官僚ならぬ純粋内務官僚コンビによって旧韓国学部の総督府内務部学務局への格下げがもたらされたと思われる点である。あくまでも推測の域を出ないが，この制度改編に関しては「初めに人ありき」の感がある。
　日本政府は，1910年7月15日の時点で，従来韓国政府に属した官庁は朝鮮総督府所属官署と見做し，当分の内これを存置することを決定していた。にもかかわらず，学部は，総督府内務部に吸収され，同部傘下の一局に格下げされたのである。この結果，それまで韓国教育行政の事実上の最高権力者として敏腕を振るっていた学部次官俵孫一は，行き場を失った格好となった。俵は，併合後，臨時土地調査局の副総裁となり，やがて帰国した。新設学務局の局長に就任したのは，台湾総督府・関東都督府・鹿児島県の事務官を歴任，拓殖行政の経験は豊かだったものの教育行政に直接関与したことはほと

んどなかった関屋貞三郎である。

　学部の内務部学務局への格下げについては，日本言論界にも「実に慮外の手落」[13]だという見方があった。ただ，1915年4月の総督府官制改革に際しては，他の諸局が廃止されたにもかかわらず，ひとり学務局だけは存置された。この時点において，教育の重要性が改めて認識されたとみることができる。

　学務局発足後の機構改革で重要なのは，1911年5月4日，新たに視学官・視学および教科書編纂の事務を掌る編修官・編修書記が置かれたことである。これによって学務局は，一応体制を整えたことになる。視学制度については，かつての韓国学部学政参与官（顧問）幣原坦の次のような記述がある（推定執筆時期は1918年春）。

　　日露戦争の際，顧問政治の時代に，学部に視学二人を置き，日本人と朝鮮人とをして各々之に当らしめることになつたが，其の後統監府時代となつて，何分学校の建設に忙しく，視学制度は発達の域に達しなかつたやうであるけれども，合邦以来，総督府には現に視学官及び視学があつて，半島の学事を視察するの任務を授けられてゐる。但し其の人数は未だ多くないから，十分に各学校に行亘つて，視察と指導とを行ふには，不便を免れぬことであらう[14]。

　これによれば，朝鮮総督府の視学制度は，幣原自身が旧韓国に導入し，いったん跡絶えていたのを併合後復活させたものである。だが，総督府の視学官・視学にも人数に限りがあった。そこで，「普通学校長は，其の受持区域内の私立学校や書堂等の視察を行つて，実際郡視学の任務を尽して居」[15]たのである。このような状況を補うべく各道に道視学が新設されたのは，1918年6月15日のことである。

　次に，教員の身分・待遇・身なり等について附言しておきたい。旧韓国時代，官公立学校の日本人教員は，教監（普通学校）あるいは学監（中等学校）として，形式上，韓国人校長に次ぐNo.2の地位にあった。しかし，併合後（厳密には「朝鮮教育令」施行後）は，名実ともに学校の第一人者となる。

総督府学務課長であった弓削幸太郎は，次のように述べている。

　学校長は教育令実施前までは総て朝鮮人であつた。朝鮮人校長の下に内地人教師を採用し之に教監なる職を与へ，学校長を補佐する定めであつた。事実に於て教監なる内地人が学校長事務を取扱ひ，朝鮮人は殆んど名義上の校長たるに止まつた。当時の朝鮮人の教育家としての能力上，全く止むを得なかつた所である。教育令実施に当りては右の如き実況に在る以上は寧ろ率直に内地人を校長とするを便宜と認め，悉く内地人を学校長とし教監なる制度を廃止した。何でも無いことやう(ママ)であるが当時に於て一英断であつたと思ふ[16]。

このように地位こそ変わったものの，官公立学校の教員が身分上「官吏」であったことは従前のとおりである。彼らの資格・待遇は，行政・司法等の官吏とほぼ同一であった。教員が官吏であることのメリットは，次のような点であったという。

　彼の内地の田舎に往々見るところの宴会などの際に小学校長が駐在巡査の下位に立たせらるゝが如き不体裁は当地には絶対に之なく又都会の如き官吏多数の地に於ても其中に位して押も推されもせず克く其権利と威厳とを保有し得るは内地に於て兎角教育者が官吏の下風に立たしめられ又教育者自身も卑下して之に屈伏しつゝある体裁に比ぶれば甚愉快なる者あるが如し[17]。

官吏としての教員は，その制服・帯剣に至るまで一般官吏と同様であった。文官の制服・帯剣は，実は初代韓国統監伊藤博文のアイディアである。しかし，統監府時代は，制服・帯剣の官吏に教員は含まれず，一般官吏のモールや剣の色は銀であった。それが併合後は，金モール・金メッキの剣となり，これを教員まで着用するようになったのである。こうして官公立学校の教員は，威圧的な姿勢で教壇に立つことになった。

第2節　教育の基本方針

　朝鮮教育の根幹を規定した「朝鮮教育令」の要点は，第2条「教育ハ教育ニ関スル勅語ノ旨趣ニ基キ忠良ナル国民ヲ育成スルコトヲ本義トス」と第3条「教育ハ時勢及民度ニ適合セシムルコトヲ期スヘシ」に集約されている。すなわち，「忠良ナル国民」と「時勢及民度」がキー・ワードである。ちなみに，「民度」という語は学務局長関屋貞三郎の創作だったようで，関屋の述懐によれば，「この時勢および民度に適合することを期すべしといふ言葉を，寺内伯は，大変気に入られて，それは，啻に教育のみならず，朝鮮の施政否寧統治に関しては，総てこの方針に準拠しなければならぬといふ意見で，道長官会議とか，或はその他の会議においても，屢々，この言葉を強調された」[18] という。

　学務課長であった弓削幸太郎が要約した寺内総督の教育方針は次のとおりである。

一．朝鮮人を「在来の日本人即ち内地人同様なる」日本臣民に育て上げることを朝鮮人教育の究極理想とする。
二．然れども異民族同化は容易ならず漸を逐ふて其の効を収めねばならぬ。
三．従来の習慣を改むるが如きは慎重なる研究の後，漸を以てせねばならぬ。
四．勤労を尊ぶ習性と自活の能力を養ふことに充分注意せねばならぬ。
五．国民教育たる普通教育の普及と実業教育に力を用ひねばならぬ，高等教育の如きは急ぐべきでない。
六．国語の普及に努めること。
　　国語の普及に付きては ……（中略）…… 寺内総督の意見中には見へぬけれども此の方針は各種の法令に明記した所であるのみならず，実際上最も力を注ぎ多大の効果を収めたる大方針であつた[19]。

　上述のキー・ワードに即していえば，このうち一と六が「忠良ナル国民」

に，二〜五が「時勢及民度」に対応する。

ところで，明治日本の代表的教育団体であった帝国教育会は，併合直後の1910年10月，朝鮮教育調査部主査委員会において「朝鮮教育の方針」を内定した。その後，評議員会で字句修正の上次のように確定，1911年3月，これを寺内総督に建議した。

一．教育勅語ノ聖旨ヲ普及シ日本帝国ト朝鮮半島トノ古来特殊ニシテ親密ナル関係ヲ有スルコト并ニ日本臣民タルノ利益及ビ希望ヲ十分ニ了解セシムルコトヲ務ムベシ。
二．日本語ヲ普及スルコトヲ当面ノ急務トシ之レニ全力ヲ注グベシ。
　(1) 初等教育ニ於テハ一切日本文ノ教科書ヲ用ヒ日本語ヲ以テ教授スベシ。
　(2) 師範学校ヲ増設シ朝鮮人ニシテ日本語ニ熟達セル多数ノ教員ヲ養成スベシ。
　(3) 中等学校及ビ専門学校ニ於テモ漢文及ビ外国語ノ外一切日本文ノ教科書ヲ用ヒ日本語ヲ以テ教授スベシ。
　(4) 私立学校又ハ私塾ニシテ主トシテ日本語ヲ教授スルモノニハ相当ノ補助ヲ与フベシ。
　(5) 日本語ノ普及ヲ目的トセル通俗読物ノ類ヲ編纂シ廉価ニ販売スル方法ヲ講ズベシ。
　(6) 一般朝鮮人ヲシテ日本語ニ習熟セシムルタメ日本語ヲ以テ官用語トシ公文ハスベテ日本文ヲ用フベシ[20]。（以下略）

この建議後に行なわれた寺内総督と帝国教育会代表との第2回会見の模様は次のとおりである。

　帝国教育会代表者は両三日前寺内朝鮮総督と第二回の会見を為し，朝鮮教育と日本語教授とに関し意見を交換せり，総督の意見は日本語の必要なるは勿論なるも，各学校に於て全然諺文を廃して日本語のみを用ふるは聊か急激の嫌ひからずといふにあり，然るに教育会側の意見は，元来諺文は

日清戦争以来一般教育に採用せるものにて，其以前は悉く漢文を用ひたるものなれば諺文の根柢は比較的薄弱なり，故に此際断然日本語を採用する方寧ろ得策なるべしといふにありしが，総督も深く其の意を諒とし十分調査する所あるべしと約せり[21]。

かつて外国語としての「日語」であった日本語が，併合後「国語」となり，寺内がその普及に努めたことは事実である。しかし，総督府初期において，日本語の普及は，直ちに朝鮮語・ハングルの排斥へとつながるものではなかった。その点，帝国教育会に代表される日本の国内世論の方が，総督府以上に過激だったのである。

総督府のこのような日本語・朝鮮語に対する姿勢は，そもそも，「同化我れに有利なれば同化しやう，我れに不利なれば同化せないまでぢや」[22]という寺内の同化観に由来したであろう。寺内のこの発言を敷衍する形で，青柳綱太郎（南冥）は次のように述べている。

　寺内伯は熱心に朝鮮の民族性を研究し，其の旧慣，其の風俗の調査に数年の日子を費やされた，而も尚具体的に同化を宣明せられなかつたことは，寺内伯の方寸には，民族性を異にし，其の旧慣，其の風俗人情を異にせる，両個の魂が果して同化し得るであらうか，大和魂と朝鮮魂とは同化は出来まいと多寡を括つて居られたのではあるまいか。
　然しながら，内鮮人同化が帝国治鮮の大方針たる以上，寺内伯も其の大方針を没にする積りではなかつたらうが，伯は少なくも同化事業に付ては，思案に余りしことは想像し得らゝ[23]

このように，同化すなわち「忠良ナル国民」の育成を朝鮮教育にいかに位置づけるか，換言すれば教育勅語の取り扱いをどうするかが，併合直後の大問題であった。「朝鮮教育令」の公布（1911年8月23日）が併合後1年の時間を要した大きな原因のひとつは，ここにあったのである。なお，教育勅語そのものは，1911年10月24日付で朝鮮総督に下付された。「朝鮮教育令」の施行は，その8日後のことである。

第1章　朝鮮総督府初期の教育政策

　確かに,「朝鮮教育令」の制定・施行は,朝鮮の人々を日本の「忠良ナル国民」とすることを宣言したという意味において朝鮮教育史上の一大画期であった。ただし,「朝鮮統治の要諦は一には同化であらねばならぬ。二にも同化であらねばならぬ」[24] と総督府が公言するようになるのは後のことである。「皇国臣民」という用語も,寺内・長谷川時代にはまだ登場しない。

　一方,「時勢及民度」に適合した教育は,前時代からの連続性が非常に強い。日本人として初めて韓国の教育行政に本格的に関与した幣原坦が,すでに1905年2月以来,簡易・実用・速成の3原則に基づいて学制改革を進めており,総督府もこれを引き継いだ。また,1908年7月,寺内もその一員であった第2次桂内閣が発表した施政方針の中には,「主として普通教育,殊に小学教育の完成に力め,且つ実業教育の方針を取るを要す。彼の中学校,及高等学校の増設に専なるか如きは,我か国社会の情勢に顧み,敢て取らさる所なり」[25] という一節がある。この意味で朝鮮総督府の教育政策は,統監府のみならず当時の日本政府のそれとも共通するものだったのである。

　寺内の初等教育重視の方針は,「大体教育は各個人が人として相当の務を為す為め必要なる智識を与へ,国家に対し人民として尽さなければならん義務を了解させると云ふことが目的である。其の以上の教育は今日急いでしなくとも宜しい。其の中には進んで高等の教育を受ける者も出来ることであるが先づ今日は人として践むべき道を教へて行くことが最必要であると云ふ所からして,普通教育は成るべく各地に普及せしめたい考へで今年も百余校の普通学校を増設する積りである。併しながら教育は余り急ぐものではない。急ぐよりは基礎を確にして間違はない方法で進むやうにして行かねばならぬ」[26] という彼自身の発言に端的に示されている。その反動として,中等以上の教育は極端に軽視された。「専門学校令」が制定されたのは1915年になってからであり,大学は1924年まで認められなかったのである。寺内は,朝鮮側の民立大学設立運動を抑圧するとともに,東京帝国大学教授入沢達吉の朝鮮大学設立要請(1912年6月)もきっぱりと拒否した。

　寺内が初等普通教育に次いで重視したのは実業教育であった。寺内は,併合後第一声としての諭告の中で,「諸生動もすれば労を厭ひ逸に就き徒に空理を談して放漫に流れ終に無為徒食の遊民たるもの往々にして之れあり」と

いう情勢認識を示し,「自今宜しく其の弊を矯め華を去り実に就き懶惰の陋習を一洗して勤倹の美風を涵養することに努むべし」と述べている。また,その直後（1910年10月2日）の各道長官に対する訓示にも「朝鮮の発達を計らむと欲せば,空論を避け務めて実際に応用し得るの学術を授け人民自己の生活状態並に其の地位を高むるの基礎を立てざるべからず。此の目的の下に普通学校等に於ても学理の研究と同時に,手工農業等生活を助くる初歩的術業を兼修せしめざるべからず」というくだりがある。このような方針が,普通学校における実業科目（農業初歩・商業初歩）の準必修化,普通学校附設簡易実業学校の開設,実業学校の増設などの形で具体化されたのである。

　では,総督府初期の教育政策を総体としてどのように評価すべきであろうか。一般に,寺内総督は非常に教育熱心であったという説がある。「法律のことなどは一切私等には分らぬ。と伯は常に語つてゐられたが。博識多趣味なる伯は決してさうではなかつた。即ち法規類の文案なども必ず残りなく詳読しては。一々自らの意見を附加せられてゐたのである」[27]「寺内伯は恪勤精励の人であつたが教育問題には格別精励された。其の朝鮮教育令制定に当りては自ら方針を示し立案せしめ属僚を集めて会議し,自ら議論を上下し,ペンを取りて訂正加筆する所多く,一度定めたる方針の実行に当りては恰も軍隊に於て上官が下官を指揮訓練するが如く徹底を見ずば止まざるの態度があつた」[28]などの証言が,その裏付けとされている。しかし,総督府の各種施策の中で,教育の優先順位が高かったとは決していえない。寺内が何よりも重視したのは,憲兵警察をバックとする治安の維持であり,これに比べれば教育の重要度はずっと低かったのである。「一九一〇年代の総督府予算のなかで占める教育・文化衛生費の一〇年間平均が,予算総額のわずか一・二％にすぎなかった」[29]ことが,これを如実に物語っていよう。『朝鮮統治史論稿』の著者田保橋潔も,寺内の重要政綱として一．旧韓国帝室即ち李王家の優遇,二．朝鮮人の政治参与,三．治安の確保,四．民心の安定,五．交通機関の整備,六．産業特に農業の振興,七．医療施設の整備,八．教育の普及,九．信教特に基督教信仰の自由,を挙げ,「以上九項中寺内総督が最も重点を置きましたのは（三）治安の確保と（五）交通機関の整備であります。此二項を完全に実行出来れば,民心も自ら安定しますし,産業も振興せ

られ，従つて朝鮮人の生活も向上する。第二段としまして（七）医療施設と（八）教育の普及，かういふ順序であつたものと思はれます」[30]と述べている。

　寺内自身は，1916年1月，施政5年間の教育実績に対して次のようにほぼ満足の意を表している。

　　子弟の教育は本総督の夙に顧慮して措かざる所なり。依て先づ初等教育を施すべき公立普通学校の拡張に努め。既往五年間に於て従前の一百校に加へて更に三百数十校を増設し。尚時勢の進運に随ひ高等普通教育は勿論，農商工業，医術，法律，経済等に関する教育機関の改善拡張を図るの目的を以て。既に必要の措置を執りたるに依り。今日に於ては朝鮮人の学生をして其の処世上必須の学術，技芸及び実習を修得せしむるに於て略遺憾なしと謂ふべし[31]。

これは，「忠良ナル国民」よりも「時勢及民度」を優先させた論理であり，したがって寺内時代の教育政策は，「忠良ナル国民」の育成には不充分との批判を免れなかった。たとえば次のような意見がある。

　　教育は国語の普及を主眼とし，朝鮮の社会的経済的事情を顧慮して，消極なる施設に止めると云ふ寺内総督の方針にも一応の道理はありますが，朝鮮統治の根本政策より見れば，由々しき過誤に陥つて居ます。云ふ迄もなく国語の普及は統治の要締(ママ)であり，それは主として初等教育の責務であります。然るに明治四十四年度に於ける普通学校は百七十三校，学童は二万百二十一名，寺内政治の末期に於て普通学校五百十七校，学童八万九千二百八十八名に過ぎません。かくの如く小規模の初等教育施設に於ては，到底国語普及の目的を達成し得ることは不可能であります[32]。

　要するに，「忠良ナル国民」の育成と「時勢及民度」に適合した教育は，結局は相矛盾する課題だったのである。

第3節　学校制度

1. 普通学校

　日韓併合が断行されたのが1910年8月29日,「朝鮮教育令」の施行が1911年11月1日であった。したがって,併合後1年余の教育制度は,統監府時代そのままだったのである。

　新教育制度立案の実質的中心人物は,韓国学部書記官から朝鮮総督府学務課長に横滑りした隈本繁吉で,彼は,併合直前に「学政ニ関スル意見」を草し,後に,「間々卑見ノ採用セラレタルヲ見ルハ,衷心愉快ニ堪ヘズ」[33)]と述懐している。「朝鮮教育令」は,隈本の学制案を叩き台とし,寺内総督の修正意見を加味して成文化されたものである。

　新学制の核である普通学校は,名称・入学年齢・修業年限とも基本的に統監府時代からの継続であった。ただ,「朝鮮教育令」によって変わったのは,「普通学校ノ修業年限ハ四年トス但シ土地ノ状況ニ依リ一年ヲ短縮スルコトヲ得」と,但し書による1年の短縮規定が新たに設けられた点である。この短縮規定の「土地ノ状況」とは,現実には女生徒の存在を意味した。隈本繁吉の後任学務課長弓削幸太郎の証言によれば,「実際に於て修業年限三年の普通学校は女子を収容する学校中女生徒に限り之を見たるのみで,男生徒に付きては此の例外は用ひられたことは絶無であつた」[34)]。

　ところで,公立普通学校に初めて女子学級が開設されたのは1908年のことである。この年4校,翌1909年7校にひとつずつの女子学級が設置され,これが旧韓国時代における公立普通学校女子学級のすべてであった。したがって,かつての普通学校は,ほぼ全面的に男子のための学校だったのである。この点,「朝鮮教育令」以後は,たとえ男子より1年短かったとはいえ,女子の普通学校就学も奨励された。1915年には,「近時女子教育漸く勃興の機運を生し官公私立の女子普通学校五校あり尚一般に男女共学の下に女子を収容せるものヽ外特に女子学級を設くるもの約七十校に及ひ生徒数亦六千三百余名を数へ将来逐次普及するに至るへし」[35)]という状況であった。

公立普通学校の数は，併合時101校であったのが，1911年136校，1912年107校の増設を見，以後は年平均20校ずつ増加していった。その財源を規定した「公立普通学校費用令」(1911年10月公布) の第2条は次のとおりである。

　公立普通学校ノ設立維持ニ関スル費用ハ臨時恩賜金利子，郷校財産収入，基本財産収入，授業料，寄附金，国庫補助金及地方費補助金ヲ以テ之ヲ支弁ス
　前項ノ外公立普通学校ノ設立維持ニ必要ナル費用ハ学校設立区域内ノ朝鮮人ノ負担トス

このうち郷校財産収入の公立普通学校費用への転用は，「郷校の運営と儒林活動の基金として使用されていた郷校財産を学校費という名目で剥奪」[36]したのに他ならなかった。ここに，伝統的儒学教育機関としての郷校はその命脈を断たれ (祭祀の場としては一部存続)，建物自体も公立普通学校の校舎に充てられたものが多かった。

また，「前項ノ外公立普通学校ノ設立維持ニ必要ナル費用ハ学校設立区域内ノ朝鮮人ノ負担」としたことは，「教育の名のもとに経済的搾取も行なわれた」[37]という見方も可能である。しかし，かつての公立普通学校が，経費のほとんどを国庫支援に仰ぐ事実上の官立学校であったことを思えば，「学校設立区域内ノ朝鮮人ノ負担」によって植民地朝鮮なりの「公立」化が実現したとみることもできよう。

普通学校の授業料は，従来無償であったが，「公立普通学校費用令」が授業料徴収の根拠となった。ただし，当初は強制でなく，各学校・各生徒の事情に応じて取り得るところから取り始め，次第に徴収の範囲が拡大されていった。

教科書もこれと同様で，統監府時代の貸与制 (1909年，給与制から貸与制へ) を引き継いだものの，漸次自弁せしめる方向へと向かった。

2．高等普通学校

　高等普通学校の前身たる高等学校は，官立漢城高等学校（4年制）と官立平壌高等学校（3年制）の2校である。また，女子高等普通学校の前身としては，唯一，官立漢城高等女学校（3年制）があった。高等普通学校・女子高等普通学校と高等学校・高等女学校との違いはいくつかあるが，まず第1点は，4年制または3年制であった高等学校が，高等普通学校となって4年制に統一されたことである。第2に，高等学校・高等女学校の「高等」は，実際には中等レベルであったにもかかわらず，当時としては最高教育機関であることを意味した。これに対して高等普通学校は，当初からその上に専門学校が構想されていた。文字どおり「高等ノ普通教育ヲ為ス所」（「朝鮮教育令」第11条）となったのである。

　高等普通学校・女子高等普通学校の名称が定まるまでには紆余曲折があった。最初に浮上したのは，高等学校・女学校とする案である。高等女学校の「高等」は必要ないというわけである。次に，日本内地の学校との混同を避けるため校名に「朝鮮」の2字を冠することが検討された。しかし，最終的に採用されたのは，高等普通学校という新しい名称であった。当局者の言を借りれば，「高等学校なる名称は内地の学制に存在し，しかも著しく其の内容を異にするを以て其の内容を現はすに最も適当なる高等普通学校なる新名称を用ひたのである」[38]。

　高等普通学校・女子高等普通学校とその前身との違いの第3点は，高等普通学校・女子高等普通学校が教員養成機関を兼ねるようになったことである。かつての漢城師範学校は，臨時教員養成所として京城高等普通学校に附設され，別途，師範科や教員速成科が各高等普通学校・女子高等普通学校に開設されたのである。

　朝鮮人教育のための師範学校の重要性は，日本の朝野においても広く認識されていた。併合直後の1910年9月，『教育時論』は，「普通教育の普及拡張と共に，最も必要を感ずるものは，言ふ迄もなく教員の養成なるが，該教員の養成には京城に師範学校一校あるのみにて，全部に之を供給し能はざるべきは勿論なるを以て，此際更に朝鮮人の教師を養成すべき師範学校を東京

に設置し，朝鮮人を募集して之に収容し，以て相当年限の教育を加へ，卒業後朝鮮教育の任に当らしむべしとの議あり」[39)] と報じている。また，帝国教育会も同年10月，その「朝鮮教育の方針」の中で「師範学校を増設して日本語に熟達したる多数教員を養成すること」[40)] を打ち出している。このような世論を受けて，この当時は朝鮮総督府も積極的な姿勢を示し，「目下朝鮮に於ては唯一の官立師範学校あるのみなるが，小学教員の養成は朝鮮の教育上最大急務なるを以て，当局者は将来之を各道に設立する方針」[41)] だったという。さらに，「朝鮮教育令」案について総督府の諮問を受けた穂積八束は，1911年4月29日付関屋学務局長宛の回答の中で師範教育の振作を強調した。

にもかかわらず，結局師範学校は，新学制の上から姿を消した。この間の事情を総督府は，「朝鮮教育令」の施行に際する訓令第86号において，「普通学校教員ノ養成ハ普通教育ノ普及ニ伴ヒ益其ノ必要ヲ認ムト雖之カ養成方法トシテハ官立ノ高等普通学校及女子高等普通学校ニ於テ教員志望者ニ対シ特別ノ教育ヲ施ストキハ優ニ其ノ目的ヲ達シ得ラルヘキモノト認メ同校ニ師範科又ハ教員速成科ヲ置キ必要ナル教育ヲ施サムトス」と説明している。また，総督府がその後発行した『朝鮮教育要覧』には，「教員養成の機関に至ては教育上及経済上の利便に鑑み独立せる学校を設置せず」[42)] とある。これらの官製資料から察するに，独立の師範学校よりは高等普通学校・女子高等普通学校の師範科や教員速成科による方が経済的であり，それで普通学校教員の需要には充分に応じうる，というのが師範学校廃止の理由であった。

これに対して今日の韓国教育史学界では，「1911年の朝鮮教育令によって，1895年に朝鮮政府の名義で設立されていた漢城師範学校も廃止された。これは，植民地主義教育を一層強化するため，教員を日本人を以て代替せしめようという底意から発したものであった」[43)]，「初等学校教員養成のための正規機関を置かなかったのは，表面的には，教育上経済上の利便に鑑みて当時の韓国の実情に合わせるという理由を主張したが，その実は'時勢と民度に適った教育'の実施という日帝の基本的な対韓植民地政策に基づいて，韓国人にはできるだけ低級な教育を施そうという底意から取られた措置だったのである」[44)] といった見解が主流を成していることを紹介しておく。

上に見たように漢城師範学校は，独立の学校としては廃止されたものの，

京城高等普通学校附設臨時教員養成所に形を変えてなんとか命脈を保った。これに対して官立漢城外国語学校は，1911年11月1日すなわち「朝鮮教育令」の施行を期して完全に消滅した。それは，併合当時の漢城外国語学校が「日語学校」的な色彩を濃くしていたため，総督府が，外国語学校としての存在意義を認めなかったからである。「合邦の際には，其の生徒の数は，日語部に於て三百十余名を有するに対して，法語（フランス語—稲葉註）部の如きは僅かに十余名に過ぎない実況となつて，各国の語学部を特設する必要もなくなり，遂に合邦後は，外国語学校の姿を教育界から見失ふに至つた」[45]のである。廃校に伴う具体的措置を，京城高等普通学校の校史は次のように記している。

　1911年11月1日，朝鮮教育令施行と同時に廃止された官立漢城外国語学校を本校に併合し，その在学生を本校の当該学年に編入させた。当時外国語学校は，3学年在学生はすべて卒業させ，2学年と1学年の生徒だけを編入させたのである。しかし，希望者のみを本校に編入させたため，大概の生徒は，外国人経営の学校に転入した[46]。

ここにあるように漢城外国語学校は，京城高等普通学校に吸収されたのである。吸収の対象には，生徒のみならず教員も含まれた。ただし，外国人教師の場合は，契約期間満了までという条件付きであった。

　日韓併合後に姿を消した学校として，このほか修学院があった。修学院は，もともと英親王李垠の教育のため王宮内に設置された特殊学校で，貴族の子弟のみを入学させていたが，1910年10月11日付で廃止され，その生徒は，当時の漢城高等学校に収容された。

　このように，統監府時代，教員養成・外国語教育・貴族教育を担った漢城師範学校・漢城外国語学校・修学院は，いずれも漢城高等学校〜京城高等普通学校に吸収されたのである。

3．専門学校

　寺内総督が，初等普通教育に次いで実業教育に力を入れたことは事実であ

る。1914 年に発行された『朝鮮統治三年間成績』の実業教育に関する部分は次のとおりである。

　本総督ハ常ニ空論ヲ避ケ実学ヲ尚フノ精神ヲ以テ鮮人教育ヲ一貫セムコトニ尽瘁シ機会アル毎ニ斯ノ趣旨ヲ詳説懇諭シ尚ホ進ンテ実業教育ノ普及ヲ図ルヲ以テ急務ト認メ公立普通学校ニ附属シテ簡易実業学校ヲ設クルコトヲ奨励シ併合当時此ノ種ノ附属学校ハ僅ニ四校ニ過キサリシモノ今ヤ六十校ヲ算スルニ至レリ又独立ノ実業学校トシテ農業ヲ主トスルモノ十四校，商業ヲ専ラトスルモノ二校ヲ各道中枢要ノ地点ニ設置シ且ツ水原ニ農林学校，京城ニ工業伝習所ヲ設立シ以テ各種実業上ノ技能知識ヲ授クルニ於テ略々遺漏ナカラムコトヲ期セリ[47]

このように寺内は，彼なりに自負していた。しかし，上の引用にある水原の農林学校は，1904 年に発足した農商工学校を母体とし（1906 年に農林学校として分離），京城の工業伝習所は，1906 年に創設されていたものである。したがって，「専門学校は朝鮮の民度より寺内総督は其必要を認めず，韓国時代より存在する講習所程度のもので満足した」[48] というのが当を得ている。

ところで，「朝鮮教育令」以前すでに朝鮮には，大学あるいは専門学校と称する私立学校があった。崇実学堂「大学部」，梨花学堂「大学科」，普成専門学校などがそれである。だが，総督府はこれらを認めず，法的にはいずれも各種学校扱いとした。

しかし，1915 年 3 月に至って，「専門学校規則」を制定し専門学校を公式に認めざるをえなくなる。「朝鮮教育令」第 27 条に「専門学校ニ入学スルコトヲ得ル者ハ年齢十六年以上ニシテ高等普通学校ヲ卒業シタル者又ハ之ト同等以上ノ学力ヲ有スル者トス」と謳った以上，高等普通学校卒業生の受け皿が必要になったからである。現に，「高等普通教育終了(ママ)者中，尚ほ進んで高等教育を受けんが為め，内地は勿論諸外国にまで留学せんと欲するもの頻出せるの現況」[49] だったという。この結果，1916 年に京城法学専門学校・京城医学専門学校・京城工業専門学校が，1918 年に水原農林専門学校が設立された。ここで留意すべきは，これらの学校がすべて新設でなく，既存の官

立学校を昇格させたものだったことである。京城工業専門学校と水原農林専門学校の前身は，前述した工業伝習所と農林学校であり，京城法学専門学校は法官養成所（1902年）〜京城専修学校（1911年）の後身，京城医学専門学校は漢城医学校（1899年）〜医学講習所（1910年）の後身である。

一方，私立は，財団法人設立の関係で結果的にキリスト教系のみに限られ，本章の対象期間中には1917年に延禧専門学校とセブランス医学専門学校の設立が認可されるにとどまった。

次に，正確には専門学校ではないが，専門学校に類するものとして成均館に触れておこう。かつて儒学の最高教育機関であった成均館は，1908年11月，新たに制定された「成均館学制」によって修身・経学・国語・日語・歴史地理・数学・理科・図画・法制経済・体操を教科内容とすることになった。経学以外は，すべてそれまでになかった教科で，これによって，統監府が推進していた「模範教育」の枠に取り込まれたのである。

日韓併合後，総督府における「朝鮮教育令」の検討過程では，成均館は朝鮮の最高学府として存置し，日本語教育を一層充実させる予定であった。日本教育界の一部には，「成均館を低度の大学校と為さんとするもの」[50]という受け取り方もあったのである。

しかし，1911年9月，教育機関としての成均館は廃止され，新たに経学院が開設された。「経学院規程」によれば，「経学院ハ朝鮮総督ノ監督ニ属シ経学ノ講究ヲ為シ風教徳化ヲ裨補スルコトヲ目的ト」した。換言すれば経学院は，成均館とは次元を異にする社会教化のための機関であった。『元帥寺内伯爵伝』には，「殊に朝鮮人は経義を尊重する民族であるので伯は孔孟の学を研鑽したるものに対しては特に之を尊敬し。斯文を借りて以て日鮮人融和の一助とせられてゐたらしい」[51]とある。

4. 私立学校

1910年10月2日，地方官制実施にあたりまさに任に赴かんとする各道長官に対して，寺内総督は次のように訓示した。

　　教育制度は今後の調査を俟て改正せんことを期するが故に，此の際は在

来の制度に変更を加へざりしも各道長官は学校が法規を遵守するや否や，教員が其の職責を竭せるや否やを監視せざるべからず。又教科用書籍は旧学部の編纂し又は認可したるものを用ふるを要す。然るに私立学校に於ては往々其の以外のものを随意に使用するあり，又私立学校中唱歌其の他のものに於て独立を鼓吹し又帝国に反抗を奨励するが如きものを用ふるものあり，此等のものは固より之を用ふるを許さゞるが故に取締上最も注意を要す。若し朝鮮の少年に如斯思想を養成したらんには如何なる結果を生ずべきかは朝鮮人自らも深く反省せざるべからず。仮令独立を叫び其極遂に日本に反抗するに至り得ると仮定せよ，其結果朝鮮人は果して幸福を増進し得べきか日本は実力を以て之を鎮圧すべく此の間，何等苦痛を感ずることなきも，独り朝鮮人は之が為めに不利益を蒙らんのみ。……（中略）……茲に繰返し附言すべきは私立学校中外国宣教師の経営に係るものに対する監督方法是れなり。監督の権限は固より政府に属すと雖も従来治外法権の名の下に殆んど政府の干渉を受くることなく経過し来れり，然るに彼等も近来漸く政治と宗教とは混同し得ざるものなることを悟了し，宗教と学校を分離し，政令漸く行はれんとするに至れり。此の如き事情なるを以て各道長官たるもの宜しく当事者の感情を害せざる様適当の取扱をなすを要す。此の如く列国人の経営に関し特に注意を払ふ所以のものは，之れが為め重大なる政治上の問題を醸成するを恐るゝにあらざるも，已に述べたるが如く朝鮮の治外法権撤去は諸般の施設の未だ完備せざるに先ち施されたり故に特に意を此の間に用ふるの必要を認めたるに由る。

　ここに見られるのは，寺内の硬軟両方の姿勢である。前段部分は，まさに「武断統治」の本質を吐露したものであり，後段は，これと対照的にキリスト教系私立学校への配慮を示している。
　寺内の強硬姿勢は，直ちに私立学校数の減少をもたらした。併合当時2,225校を数えた認可私立学校は，7ヵ月後の1911年3月には1,467校へと激減したのである。私立学校の数は，その後も引き続き減少するが，なかんずくこれを促進したのは，1911年10月の「私立学校規則」と1915年3月の「改正私立学校規則」であった。

「私立学校規則」は，1908年8月に制定されていた「私立学校令」に代わるものであり，ひと口にして言えば，私立学校の設置認可・教員・教科書などに関して「私立学校令」の規定をより厳しくしたものである。そして究極的には，各種学校としての私立学校を正規の普通学校・高等普通学校に変更することを狙いとした。「私立学校規則」の公布後ほどなくして高等普通学校となった例として淑明女学校・進明女学校（1912年），養正義塾・梨花学堂（1913年）がある。

　しかし，この段階まではまだ，上述した寺内のキリスト教系私立学校に対する配慮は保持されていた。「実質的には，従来と同じく宗教教育はなんら制限を受けなかった」[52]のである。

　1915年3月，「私立学校規則」が大幅に改定された。私立学校の教育体制・教育内容を官公立学校と同じく「完全な」ものにする，というのがそのたてまえであった。関屋学務局長によれば，「改正私立学校規則」の背景は次のとおりである。

　　今や官公立学校の数は約四百の多数に達し，併合当時に比すれば四倍の盛況を呈し，僻陬の地に至るまで漸く教育機関の普及を見，私立学校の如きも其の基礎薄弱なるものは漸次其の跡を絶ち，経営者亦能く朝鮮教育の本旨に戻らざらんことを努めつゝあるに至れり。是れ朝鮮教育の為め頗る喜ぶべき現象なり。此の秋に際し，帝国学政の本義に則り国民教育の統一を完うせむが為め，主要なる私立学校に対しては其の学科課程を設け一層教育と宗教との区分を分明ならしめ，併せて学校教育の本体たり基礎たる教員の資格に就て積極的条件を規定するの必要あるは自ら時勢の然らしむる所，今回私立学校規則の改正並に私立学校教員試験規則の制定を見るに至りし所以亦爰にあり[53]。

　ここにあるように，「改正私立学校規則」のポイントは，第1に教育と宗教との区分，第2に教員の資格であった。教育と宗教との区分とは，すなわち，普通教育・実業教育・専門教育をなす学校にあっては，その種類・名称のいかんを問わず，宗教教育および宗教的儀式が禁じられたことを指す。教

員については，国語に通達し，教員免許状その他総督府が指定する資格を有することが求められた。ただし，宗教教育・儀式に関しては10年の猶予が与えられ，教員の資格に関しても次のような猶予規定が設けられた。

一，既設学校
　　現在の教員は勿論，新に採用する者と雖も十年間其の施行を猶予せらる。
二，新設学校
　　イ．初等普通教育を有する(ママ)学校教員は五年間施行を猶予せらる。
　　ロ．高等の普通教育・実業教育若くは専門教育を為す学校に於て修身・国語・歴史・地理・体操以外の教授を為す教員は五年間施行を猶予せらる。
　　ハ．高等の普通教育・実業教育若くは専門教育を為す学校に於て修身・国語・歴史・地理・体操の教授を為す教員は猶予なく直に施行せらる[54]。

とはいえ，これらの猶予規定は，実際上あまり意味がなかったようである。当時の私立学校のある朝鮮人教員は，次のように証言している。

　　性急な日本人は，十年の猶予を与えておきながら，一日も早くすべての学校が新規則のとおりに整理され，彼らの成績が明らかになるよう努力した。そうして彼らは，こんなことを言った。「今すぐ学校を変えるなら，教員も現員のまま，財政も設備も現有のまま，すべてを現状のまま認可してやろう。もし十年後に変えるのなら，教員も資格のある者でなければならず，財政も財団法人でなければならず，設備も完全でなければならない。だから，早く変える方が有利だ」と。そして，彼らの新しい規則どおりに変更することを渋る思想は排日思想とみたのである[55]。

この結果，多くの私立学校が門を閉じ，一部は，高等普通学校となって官公立と同様の規制を受けることになった。「改正私立学校規則」の公布後に

高等普通学校となったのは，キリスト教系の培材学堂（1916年），韓英書院（1917年），好寿敦女塾・光成学校（1918年），民族系の普成学校（1917年），徽文義塾（1918年）である。

また，「朝鮮人教員の資格審査において日本語の熟達が重要視され，同時に思想調査が本人はもとより家族に至るまでおこなわれ，不合格の場合には代りに日本人教師が採用された」[56]ため，多くの日本人教員が私立学校に進出することになった。1918年に朝鮮学事を視察した幣原坦は，当時の私立高等普通学校の状況を次のように記している。

　　宗教学校中の一泰斗とも云ふべき京城の培栽学堂（ママ）も，ハリス監督の指導に依つて改善せられ，培栽高等普通学校は，全く新教育に歩調を揃へ，国語は毎週十時間を課し，農業の如きは，国語を以て之を教へて居るに係らず，英語は僅かに二時間を存するのみである。之と相対して女子のみを教育する梨花学堂の方は，之に比較すればなかなか保守的といはれてゐたが，近来は国語を課する為に内地人を入れ，更に高等師範学校卒業者の派遣を要求する有様である。開城の宗教学校（韓英書院─稲葉註）も，高等普通学校といふ名称を取り，英語の二時間に対して，国語は八時間を課し，内地人教師を入れてゐる。平壌の光成学校も，英語二時間，国語六時間にして，内地人が入つている[57]。

このように「改正私立学校規則」は，私立学校の統制にかなりの効を奏した。しかし同時に，「之に依りて総督府は基督教排斥を政策とするものと認められ施政上の非難も之によりて増加し，殊に米国に於て総督府施政を悪評するものに多大の材料を供給した結果となつた」[58]ことも忘れるべきではない。

5. 書　堂

書堂は，日本の寺子屋に相当する伝統的初等教育機関であり，これに対して統監府は，ほぼ自由放任の方針をとった。総督府も，基本的にこれを受け継ぎ，「朝鮮教育令」の施行に際して次のように指示した（「訓令」第86号）。

書堂ニ付テハ其ノ教育ノ現状ニ対シテ急劇ノ処置ヲ加フルコトヲ避クヘシ蓋シ書堂ハ其ノ由来スル所既ニ久シキノミナラス普通教育ノ施設尚未タ洽カラサルノ今日徒ニ之カ改廃ヲ試ムルハ刻下ノ民度ニ適応スルノ処置ニ非ス須ラク之カ実状ヲ案シ徐ロニ指導開発セムコトヲ要ス

　この引用末尾の「指導開発」は，主として公立普通学校日本人教員によるそれを意味した。日本人教員は，すでに1906年9月以来，統監府が推進する「模範教育」の尖兵として各普通学校に配置されており，周辺の書堂を普通学校の予備教育機関とすることにも力を注いだ。次はその一例である。

　書堂ノ教師ヲ指導誘掖シ其教授訓育ノ方法ヲ改善セシムルハ普通教育ノ施設上ニ至大ノ関係ヲ有スルヲ以テ郡守ト協議シテ邑内四書堂ノ教師ヲ召集シ相互聯絡ノ必要ヲ懇談セシニ何レモ其挙ヲ賛シ今後書堂ハ普通学校ノ予備校ノ如ク取扱ヒ教監ハ時々書堂ヲ参観シテ児童ノ教授訓育ニ相談役トナルコトトセリ而シテ本年（1911年—稲葉註）書堂ノ学童中ヨリ選抜シテ本校ニ入学セシ者二十名ニ及ヘリ[59]

　このような動きは，上からの指令というよりはむしろ普通学校日本人教員の自主性に基づいたものであり，統監府，そして発足直後の総督府は，これを「徐ロニ」進めることを望んだのである。
　一方，併合後は，前近代的教育機関たる書堂を廃止しようとする動きもあった。しかし，これに対しては総督府がブレーキをかけた。「地方の当局動もすれば教育の刷新に急にして書堂の廃止改善を施さむとするものなきにあらざるを以て能く此（漸次指導の—稲葉註）趣意を示して措置を誤る所なからしめた」[60] のである。このような，いわば書堂温存方針について今日の韓国教育史学界には，「この総督府の方針は，韓国人をして伝統的で保守的な儒学思想を学習させて，慕華的で封建的な意識をその儘堅持させようとしたのにその意図があったといえる。又このような総督府の態度は韓国人の愚民化政策の一環であったと見える」[61] という評価がある。

上述したような普通学校日本人教員の働きかけによって，中には国語・算術などを教える書堂（いわゆる「改良書堂」）も現われた。しかし，それはまだ少数であり，地域的には公立普通学校所在地に限られていた。1915年3月当時，「大勢は依然として旧態を墨守せり」[62]という状況だったのである。このとき公布された「改正私立学校規則」においても書堂が対象外とされたのは，総督府がまだ書堂統制の必要性を感じていなかったからに他ならない。

　1918年2月に至って「書堂規則」が制定された。これ自体は，全6条の簡単なものであるが，その狙いとするところは，同時に出された朝鮮総督府訓令「書堂規則発布ニ関スル件」によって敷衍された。その主要部分は次のとおりである。

　　書堂ノ教授ハ従来概シテ唯漢文ノ素読ニ止レリト雖土地ノ状況並書堂ノ実情ニ依リ漸次勧奨シテ国語及算術ヲ教授セシムルヲ要ス。若夫レ名ヲ書堂ニ藉リテ私立学校規則ノ適用ヲ免カレムトスルモノ、如キハ特ニ留意シテ取締ノ実効ヲ挙ケムコトヲ期スヘシ
　　書堂教師中往々ニシテ偏見固陋時勢ヲ解セサル者アリ。是等ニ付テハ平素其ノ思想ノ啓発ニ努ムルト共ニ其ノ言動ニ注意シ相当取締ヲ怠ラサラムコトヲ要ス。尚公立普通学校長ヲシテ随時書堂ノ視察ヲ行ハシメ又時々書堂教師ヲ集メ講習其ノ他ノ方法ニ依リ必要ナル事項ヲ訓諭スル等指導誘掖ニ力ヲ致ササルヘカラス

　国語・算術の奨励は，先に見たように「書堂規則」の公布以前からなされていたが，それまで微温的だったのをここで一挙に本格化したのである。国語・算術，なかんずく国語を課すことによって，それらの書堂を普通学校の実質的な準備教育機関とし，「忠良ナル国民」育成のための学校体系に組み込んだということができる。「改良書堂」の正確な統計はないが，「大正八年頃には国語を加へたものが千数百箇所になつた」[63]といわれている。

　「書堂規則」のもう一方の柱である書堂の取締りは，総督府施政開始以来初めてとられた措置である。それは，「名ヲ書堂ニ藉リテ私立学校規則ノ適

用ヲ免カレムトスルモノ」「書堂教師中往々ニシテ偏見固陋時勢ヲ解セサル者」がいたこと，換言すれば，このころの書堂が，かつての漢文一辺倒から脱してすでに民族教育の機関と化していたことの反映であった。具体的な例を挙げれば，「義兵を挙げて戦いて，遂に対馬に囚せられ，日本の粟は食まずして，従容として餓死したる，崔益鉉の節慨は，我等が模範とすべきなりというような，愛国的儒生を高く評価する愛国的民族教育が私立学校や，書堂でおこなわれ」[64] ていたのである。しかも書堂の数は，1911 年に 16,540 であったのが 1915 年には 23,441，1918 年には 24,294 と，「私立学校規則」「改正私立学校規則」による私立学校数の減少に反比例して増加しつつあった。「書堂規則」は，このような状況に対応して，民族教育機関と化した書堂を抑圧し，できる限りこれを「改良書堂」とするために制定されたのである。

第 4 節　教科書・教育内容

1. 修　身

　併合後，教科書・教育内容に関して総督府がとった最初の措置は，1910 年 10 月，『旧学部編纂普通学校用教科書並ニ旧学部検定及認可ノ教科用図書ニ関スル教授上ノ注意並ニ字句訂正表』を官公私立各学校に配布したことである。旧韓国の存在を前提とした教材や語句を否定するための応急措置であった。これと同時に，旧学部編纂普通学校教科書の訂正に着手し，1911 年 3 月までに完了，4 月からすべて訂正本を使用させた。次いで同年 10 月，「朝鮮教育令」および「普通学校規則」の制定を受けて新たに普通学校教科書の編纂に着手，1913 年 4 月以降，漸次新教科書を流布させた。高等普通学校・実業学校などの教科書についても，普通学校用より時期的には遅れたが，ほぼ同様の手順が踏まれた。一方この間，1912 年 6 月制定の「教科用図書検定規程」に基づいて旧韓国時代の検定教科書の整理が進められ，また別途，いわゆる不良図書の発売頒布が禁止された。以上が総督府初期の教科書行政の概要であるが，この過程において総督府が最も神経を使ったもののひとつが修身教育のあり方であった。統監府治下の韓国の修身教育は，すで

に日本人学部官僚によって，日本に隷属する保護国国民のそれへと方向づけられていた。弓削幸太郎によれば次のとおりである。

　　忠君愛国の精神の如きは国民として必ず之を教へざるべからざる所なるも当時の韓国の国状は早晩変革を要することは具眼の士の予知したる所で此際に当り特に之等の徳目に力を注がんか青年の将来に於て却て不幸なる結果を来たす虞れあり ……（中略）…… 当時の力を用ひたる徳目中には勤勉，着実，縄律，信用等の徳目を挙げたるに止まつたやうである。此辺に関する学部在職の日本人官吏と大勢を達観して善処したる韓国有司の甚大なる苦心は吾人の今日に於て想像するに余りあることと思ふのである[65]。

韓国および韓国皇帝が存在する限り，忠君愛国の精神は日本にとって有害であった。したがって，これを刺激することを敢えて避け，一般的な日常道徳のみが強調されたのである。

　しかし，「朝鮮教育令」第2条に「教育ハ教育ニ関スル勅語ノ旨趣ニ基キ忠良ナル国民ヲ育成スルコトヲ本義トス」と謳った以上，忠君愛国を強調せざるをえず，修身教科書もこの線に沿って編纂された。問題は，天皇および日本に対する忠君愛国の精神をいかに抵抗なく育むかという方法論にあった。結論的にいえば，総督府初期の修身教育は，「忠君愛国と云ふ如き徳目を挙げ，正面より之を教ふるが如きことをなさざるを普通とし」[66]，間接的かつ漸進的に「忠良ナル国民」化が図られたのである。日常生活に必要な一般道徳に力点が置かれた点は，前時代と同様である。このような修身教育のあり方を1919年6月，退任間際の関屋学務局長は，「時勢及民度」の論理に則って次のように総括している。

　　教育勅語を以て朝鮮人を教育するには，内地人と同一の程度，同一の方法に於てし難いことは云ふまでもないことで，次にも述べる如く，朝鮮目下の時勢と民度とに応じて宜しきを制せねばならぬのである。即ち勅語の徳目中に於て孝，友，和，博愛，修学習業，智能啓発，徳器成就の如きは

現に主として力を用ふべき点であるが，肇国宏遠の大義，遺風顕彰の本旨，忠の本義に関する十分の理会，又は国憲尊重，緩急奉公，皇運扶翼等に関する実践指導の如きは特に慎重の注意を要し，時運の進展に待つべきものが多いのである。現今に於ては勅語の御精神のあるところを理解せしめ，目下の事情に於て実際遵守し得べきところを適切に指示することを最も緊切とするので，在鮮教育者の特に苦心しつゝあるはこゝにあるのである[67]。

　参考までに，総督府「教科書編輯及検定委員会」の委員であった増戸鶴吉が，「修身ノ教授時数ハ，従来ノ如キ状態ノ下ニアリテハ，毎週一時間ニテモヨカリシナランモ，合邦ノ今日ニナリテハ，精神教育上絶エズ或物ヲ鼓吹スルノ必要アルニ依リ一時間ノ教授ニテハ不十分ナリ」[68]と主張したにもかかわらず，結局週1時間のまま据置かれたこと，また，教師用および私立学校生徒用の修身書には特別に朝鮮訳文が付されたことなども，総督府の腐心の現われと見ることができよう。

2．国語・朝鮮語・外国語

　「朝鮮教育令」第5条は，「普通教育ハ普通ノ知識技能ヲ授ケ特ニ国民タルノ性格ヲ涵養シ国語ヲ普及スルコトヲ目的トス」ることを規定した。この条文は，かつてあくまでも外国語としての「日語」であった日本語が今や「国語」となったこと，それによって，従来「実用」あるいは「処世」に資するためとされてきた教育目的が「国民タルノ性格ヲ涵養」することに直結するに至ったことを宣言したものである。

　これを大前提として編纂された普通学校教科書の国語関連の特色を列挙すれば次のとおりである。

1. 普通学校教科書は，『朝鮮語及漢文読本』を除くほかすべて国語を以て記述された。
2. その仮名遣は，3年生までは総督府制定の表音的仮名遣とし，4年生以上は当時の歴史的仮名遣が用いられた。
3. 教授法は，従来のような翻訳教授によらず，直観的直接教授を旨とし

た。

　4．『国語読本』教材の中で本邦歴史・地理の一斑を授け，『朝鮮語及漢文読本』において朝鮮地理の概要を教えることとした。

　特色の第1は，朝鮮語及漢文の授業を除いて日本語が教授用語となったことを意味する。「普通学校規則」第7条の3には「国語ハ国民精神ノ宿ル所ニシテ且知識技能ヲ得シムルニ欠クヘカラサルモノナレハ何レノ教科目ニ付テモ国語ノ使用ヲ正確ニシ其ノ応用ヲ自在ナラシメムコトヲ期スヘシ」とある。ただし，これが徹底するまでには時間を要した。日本語普及の立役者のひとりであった鹿子生儀三郎は，1912年夏の時点で，「各教科目教授の場合に総て国語を以て教授するといふことは，実に望ましいことであります。しかし，絶対にかくすることは甚だ困難でありませう。けれども，国語を使用する分量を多くすることは教授者の研究次第では如何様にも出来るのであります」[69]と述べている。

　第2の表音的仮名遣の採用は，異民族に対する教育の効率を考慮した総督府独自の措置であった。当時日本内地では，すべて純然たる歴史的仮名遣が用いられていたのである。

　第3の直観的直接教授法は，それまでの翻訳的間接教授法では「一，国語の意義を真に理解せしむることが困難な場合が多い。二，国語に対する語感を養成することが出来ない。三，実用に迂なること」[70]という判断から採用されたものである。これが強引に推し進められた結果，1916年5月ごろには，「学校ニ於テハ教授法其ノ宜シキニ適ヒ生徒ノ国語力頗ル増進シ朝鮮語ヲ用ヒサルモ教育上殆ント不便無キカ如キモノアル」[71]状態になったという。

　特色の第4は，形の上だけでは前時代からの継続である。旧韓国時代も，歴史・地理は「国語」の一部として教えられていたからである。しかし，併合後その内実は一変した。日本語と朝鮮語の地位が逆転し，本邦歴史は日本の国史に，朝鮮地理は日本の外地たる朝鮮半島の地理に変わったのである。また歴史・地理は，普通学校の教育課程上その名称さえ削除された。

　一方，国語の地位を日本語にとって代わられた朝鮮語は，毎週教授時数でも教授方法の上でも，冷遇を余儀なくされた。毎週教授時数は，普通学校の

場合，各学年国語（朝鮮語）6時間，漢文4時間であったのが，朝鮮語及漢文の1科目として各学年6・6・5・5時間となり，実際の教授にあたっても常に国語（日本語）と連絡を保ちつつ教えねばならなくなったのである。もはや朝鮮語・漢文の教育は不要であるが，時勢と民度を勘案して，これを全廃するのは時期尚早であるというのが総督府の本音であった。教科書編纂の責任者であった総督府編修官立柄教俊は，「漢文は惰性にて，幾分か之を課せざれば父兄の不満を買ふを免れず，諺文は俗間には中々深き根柢ある様に存候。併し漢文諺文には大して力を用ひるを要せざるも，之を全廃するは今猶ほ其の時機に非ず，且つ国語には十分見込ある故目今強て漢文諺文を全廃するにも及ばざると存候」[72]と語っている。

　ただ，1912年4月に総督府が制定・公布した「普通学校用諺文綴字法」は，「教材編纂の便宜の為に作られたものであったとはいうものの，初めて実施された正書法であったという点で注目すべきであろう」[73]と，今日の韓国でも一定の評価を得ている。

　以上，普通学校の場合に即して日本語・朝鮮語教育の状況を概観したが，これは，基本的に中等学校においても同様であった。

　次に，中等学校における外国語教育の変化を見てみよう。高等普通学校の前身である高等学校において外国語は，いわゆる加設・随意科目で，英・仏・独・漢語の中から択一とされていた。これが高等普通学校になると英語だけになる。しかもその英語教育は，極めて低調であった。京城高等普通学校の校史には次のような記述がある。

　　当時，日本語だけは日本人中学校の教科書を使ったが，その他の科目は，プリントを配布して教授した。
　　このような状況だったので，学科の水準も落ち，たとえば代数においては，2次方程式を解く公式さえ教えなかったし，何よりも英語は教えもしなかった。英語はただ，商科志望の生徒だけに2年生から1週間に2時間ずつ教えた。
　　したがって，生徒たちが卒業後上級学校に進学する場合，英語の試験のために多くの困難を被ったのである。李泰圭博士は，彼が日本の広島高等

師範学校の入学試験を受けるとき知っていた英語はAからIまでのアルファベットだけだったという。これも，代数や幾何の問題を解くのに必要な記号だったから知っていたというのである[74]。

女子高等普通学校の場合はさらに甚だしく，かつて高等女学校の随意科目であった外国語は，女子高等普通学校となって教育課程からその姿を消した。

3．実業各科

普通学校の教科目は，修身・国語・朝鮮語及漢文・算術を必須科とし，理科・唱歌・体操・図画・手工・裁縫及手芸・農業初歩・商業初歩は，土地の状況により当分これを欠くことができた。すなわち，「普通学校規則」のたてまえ上は，いわゆる読み書き算盤のほかは必ずしも教えなくてもよかったのである。しかし，寺内総督としては当初から実業科目も兼修させる方針であり，その結果，農業初歩・商業初歩等は当分これを欠くことができるという規定は，実際上空文同様となった。1914年5月現在すでに，公立普通学校383のうち農業初歩を課するもの261，商業初歩を課するもの8，手工を課するもの40という状況であった。これは勿論，寺内総督の実業教育奨励策に基づくものであったが，現実問題として，「普通学校の維持経営は地方民度が低いために相当困難なるものがあり，先づ恩賜公債の一部を其基金に充て，利子を以て支弁する外，地方費及び国庫の補助がありました。それでも学童には学用品に事欠くものが多いので，教員は生徒と手工業農業を営み，其売上高を以て支弁することが少くありません」[75]という事情があったことも見落としてはなるまい。なお，普通学校の農業教育との関連で，京城高等普通学校附設臨時教員養成所においても農業教育に力が注がれたことを指摘しておく。

高等普通学校は，前身の高等学校に1909年7月以来課されていた実業に加えて手工をも必修科目とし，「実科中学」的な色彩を一層濃くした。「朝鮮教育令」の施行に際して発せられた総督府訓令第86号に，「高等普通学校ノ教科目ハ主トシテ其ノ生活ノ実際ニ適切ナラシメムコトヲ期シテ之ヲ定メ

タリ就中農商業ノ実業科及手工科ヲ必須ノ科目ト為シタルハ著実ニシテ勤労ヲ尚フノ気風ヲ養成セムカ為ニシテ」云々とある。

　女子高等普通学校も，高等女学校時代より実科教育がさらに強化された。総督府訓令第86号はこれについて，「女子高等普通学校ノ教科目ハ略高等普通学校ト相同シキモ理科，家事，裁縫及手芸等ノ科目ニ比較的多数ノ教授時間ヲ配当シ且裁縫及手芸ノ中ニ於テ裁縫器械使用法，染色，機織等ヲ授クルコトトシタルハ女子ノ教育ヲシテ生活ノ実際ニ近接セシメムトスル旨趣ニ出テタリ」としている。

　寺内総督の実業教育への積極姿勢は，彼が実業学校教科書の編纂を直接指揮したことにも現われている。『寺内正毅日記』の1912年5月18日および6月19日付には，「宇佐美長官来訪実業学校教科書編纂ノ件其他ニツキ示指ス」(ママ)「山県総監已下来訪者ニ接シ且実業教育ノ為メ教科書編纂委員ノ教科書編纂ニ関スル希望ヲ述ヘ置ク」[76]という記述が見える。これに基づいて1913年2月，「農業学校及簡易農業学校教授要目」が発布され，翌1914年3月には，農業各分科・水産など計12種18冊の実業関係教科書が出版・配付された。寺内自身の教科書編纂方針は次のとおりであったという。

　　寺内総督は教科書の編纂に付き一箇の意見を持つて居た。教科書は学校で教授を受けるために必要なるものとするに止めず卒業後も必要あるときは実務の参考になるやう編纂せねばならぬ従て教科書は相当詳密なる記述をしたものたるを要すると云ふのである。一般に教科書は此の趣旨に依つて編纂したが，実業学校の教科書は特に此の趣旨に従つて編纂したのである。寺内総督の考へでは学校の教授上必要のないことは省略して使用すれば分量が多くとも一向差支はないと云ふにあつたけれども実際此の教科書を使用する教師の側では甚だ不評判であつた[77]。

4．体　　操

　以上述べてきた各教科以外では体操科についてのみ若干言及しておきたい。そもそも体育は，朝鮮の伝統教育においてほとんど無視されてきたといってよいが，併合後は，教科としての体操が，国民教育の一環として重視される

ようになった。この姿勢を明確にしたのが，1916年1月に公布された「教員心得」である。ここでは，「忠孝ヲ本トシ徳性ヲ涵養スヘシ」「実用ヲ旨トシテ知識技能ヲ教授スヘシ」と並んで「強健ナル身体ヲ育成スヘシ」が大綱のひとつとされ，3大綱の実践方法の第6に「身体ノ鍛錬ニ留意シ体操ト共ニ適当ナル運動ヲ奨励スヘシ」が掲げられている。これに関する幣原坦の評価は次のとおりである。

　大正五年一月に定められた教員心得は……（中略）……体育の方面に於て，更に強健なる身体を育成すべきを説いてある。即ち国家の富強は，強健なる国民の努力に俟つとして，朝鮮人の体格の改良に多大の注意を払ふに至つたのは，全く同国人としての取扱を表白したものである。全体朝鮮在来の教育では，一向体育に頓着せず，漸く新制によれる教育となつてから，体育を励行するやうになつたが，何分初の間は十分に手の届かない所があつたのを，今回大に力を入れることゝなつたものと見える。故に最初の普通学校令より，「児童身体の発達に留意して」教育すべきを述べ，又朝鮮教育令にも素より之を説いてあるけれども，教員心得の中に見ゆる如き強い言葉はなかつたのである[78]。

すなわち，朝鮮人に対する体育の強化は，「全く同国人としての取扱を表白したもの」だというのである。
　これに対して朴殷植の『朝鮮独立運動の血史』は，次のように，体育に関しても甚だしい民族差別があったとしている。

　体育には，もっとも多くの制限があった。日本人は，小学校または中学校で毎週三時間の体操を課せられたが，朝鮮人の体育は，高等普通学校に限られ，それもほぼ柔軟体操だけであった。日本人は，中学二年以上になると実弾射撃の課目があったが，朝鮮人には，徒手兵式訓練や運動，野球や蹴球などの競技の類はいっさい許されなかった[79]。

このうち兵式訓練については，朴殷植の言うとおりである。高等学校時代，

全学年を通じて普通体操と兵式体操を内容とした体操科が，高等普通学校となって普通体操（1・2学年），普通体操・器械体操（3・4学年）となったからである。しかし，その他の部分は，朴殷植の誇張ないし誤認というべきである。ちなみに，同じ朝鮮側資料でも京城高等普通学校の校史には，「当時生徒たちが楽しんだ運動としては，スケートのほかにも庭球や蹴球，そして野球があった」[80]とある。要するに，「全く同国人としての取扱」であったか否かは措くとしても，普通学校をはじめとする各級学校において体育が次第に強調されたことは事実である。

おわりに

　朝鮮総督府初期の教育政策を統監府時代のそれと比較して概括的に言えることは，「朝鮮教育令」の2大支柱であった「忠良ナル国民」の育成と「時勢及民度」に適合した教育が，前時代からの教育政策の連続・不連続とほとんどの部面において対応しているということである。換言すれば，総督府になってからの教育政策の連続・不連続は，「忠良ナル国民」と「時勢及民度」のいずれに重点を置くか，その兼合いから生じたということができる。

　日韓併合が成り，朝鮮を完全かつ永久に日本の領土として確保しようとした以上，そこにおける教育は，自ずから「忠良ナル国民」の育成を究極の目標とせざるをえない。この意味で，併合後の朝鮮教育が前時代と基本的性格において「不連続」であったことはいうまでもない。

　しかし，いきなり全面的に「不連続」性を打ち出すことは，当時の朝鮮の情勢つまり「時勢及民度」がこれを許さなかった。また，統監府開庁以来，来るべき併合へ向けて着々と準備工作が進められていたことからすれば，すべて「不連続」である必要もなかった。したがって，総督府の政策には，統監府時代からの「連続」性が強い。

　ところで，総督府政務総監山県伊三郎は，1918年の第41帝国議会において衆議院議員鈴木梅四郎と次のような遣り取りをしている。

〔政府委員山県伊三郎君〕　此寺小屋式（ママ）のものは将来之を廃させると云ふ方

針で，今日はやつて居るのであります。何分経費が掛かる事でありますから，今日急に之をやると云ふことも出来ませぬ。……（以下略）……
〔鈴木梅四郎君〕　唯今の御説明では，単に何等の事情はなく，唯に金が無いからと云ふやうに御答になつたやうに心得ますが，さうで御座いますか。
〔政府委員山県伊三郎君〕　さうで御座います[81]。

　この山県発言は，書堂の普通学校化に関してのものであるが，これは，他の教育政策についても示唆を与える。すなわち，「時勢及民度」という場合，朝鮮側のそれを指すのが一般的であるが，日本（総督府）側の財政事情も「時勢」の重要な要素であり，それが，大幅な革新をしないという意味で結果的に教育の「連続」性につながったのである。
　一方，逆に経済的な理由が「不連続」をもたらしたケースもある。上述した漢城師範学校の廃止などは，その端的な例である。
　要するに，「忠良ナル国民」と「時勢及民度」は本来相矛盾する概念であるが，総督府の論理では両者は補完関係にあり，「忠良ナル国民」をより効率的に育成するために「時勢及民度」が適宜利用されたのである。総督府の朝鮮統治35年間中，本章の対象とした期間が，その傾向が最も強い。

　〔註〕（※はハングル文献）

1) 佐々木生『朝鮮の実情』1924年　p.168
2) 黒田甲子郎編『元帥寺内伯爵伝』元帥寺内伯爵伝記編纂所　1920年　p.491
3) 小森徳治『明石元二郎』上巻　原書房　1968年　p.404
4) 同上　p.442
5) 同上　p.449
6) 同上　p.494
7) 同上　p.425
8) 猪俣敬太郎『中野正剛の生涯』黎明書房　1964年　p.102
9) 徳富猪一郎編述『素空山県公伝』山県公爵伝記編纂会　1929年　p.209
10) 同上　p.242
11) 同上　p.2
12) 同上　pp.109-110
13) 『読売新聞』1910年10月2日付　社説

14)　幣原担『朝鮮教育論』六盟館　1919 年　p.118
15)　同上　p.120
16)　弓削幸太郎『朝鮮の教育』自由討究社　1923 年　pp.145-146
17)　『帝国教育』第 433 号　1918 年 8 月　p.11
18)　『季刊三千里』49 号　1987 年 2 月　p.73
19)　弓削幸太郎　前掲書　pp.118-119
20)　『帝国教育』第 344 号（再興第 25 号）1911 年 3 月　p.97
21)　『教育研究』第 87 号　1911 年 6 月　p.110
22)　青柳綱太郎『総督政治史論』京城新聞社　1928 年　前篇　p.263
23)　同上　後篇　pp.112-113
24)　朝鮮総督府『施政二十五年史』1935 年　p.10
25)　徳富蘇峰編著『公爵桂太郎伝』坤巻　原書房　1967 年　p.353
26)　弓削幸太郎　前掲書　pp.117-118
27)　黒田甲子郎編　前掲書　逸話零聞　p.158
28)　弓削幸太郎　前掲書　p.120
29)　姜東鎮『日本言論界と朝鮮　1910～1945』法政大学出版局　1984 年　p.89
30)　田保橋潔『朝鮮統治史論稿（遺稿）』ソウル・成進文化社　1972 年　pp.113-114
31)　黒田甲子郎編　前掲書　p.802
32)　田保橋潔　前掲書　p.169
33)　阿部洋編著『日本植民地教育政策史料集成（朝鮮篇）総目録・解題・索引』龍渓書舎　1991 年　p.202
34)　弓削幸太郎　前掲書　pp.134-135
35)　朝鮮総督府内務部学務局『朝鮮教育要覧』1915 年　p.37
36)　※車錫基・申千湜『韓国教育史研究』載東文化社　1968 年　p.359
37)　鈴木敬夫『朝鮮植民地統治法の研究』北海道大学図書刊行会　1989 年　p.101
38)　弓削幸太郎　前掲書　p.149
39)　『教育時論』第 915 号　1910 年 9 月 15 日　p.40
40)　『教育実験界』第 26 巻第 8 号　1910 年 10 月　p.69
41)　『教育時論』第 922 号　1910 年 11 月 25 日　p.42
42)　朝鮮総督府内務部学務局　前掲書　p.17
43)　※鄭在哲『日帝の対韓国植民地教育政策史』一志社　1985 年　p.326
44)　※金英宇『韓国近代教員教育史（Ⅰ）── 初等学校教員養成教育史 ── 』正民社　1987 年　p.171
45)　幣原担　前掲書　p.251
46)　※京畿高等学校七十年史編纂会編『京畿七十年史』京畿高等学校同窓会　1970 年　p.78
47)　朝鮮総督府『朝鮮統治三年間成績』1914 年　pp.58-59
48)　田保橋潔　前掲書　p.169
49)　『朝鮮教育研究会雑誌』第 7 号　1916 年 4 月　p.2
50)　『教育時論』第915号　1910 年 9 月 15 日　p.40
51)　黒田甲子郎編　前掲書　逸話零聞　p.65

52) ※鄭在哲　前掲書　p.330
53) 『朝鮮教育会雑誌』第 39 号　1915 年 4 月　pp.2-3
54) 同上　p.5
55) ※李萬珪『朝鮮教育史』下　p.218
56) 朴慶植『日本帝国主義の朝鮮支配』上　青木書店　1973 年　p.157
57) 幣原坦　前掲書　pp.233-234
58) 弓削幸太郎　前掲書　p.193
59) 朝鮮総督府内務部学務局『普通学校実業学校学事状況報告要録』1912 年　p.14
60) 朝鮮総督府内務部学務局『朝鮮教育要覧』1915 年　p.66
61) 朱秀雄「韓国における日本語教育に関する研究（Ⅲ）」『京畿大学校論文集』第 20 輯　1987 年　p.129
62) 60) に同じ
63) 弓削幸太郎　前掲書　pp.219-220
64) 朴慶植　前掲書　p.159
65) 弓削幸太郎　前掲書　p.82
66) 同上　p.123
67) 『朝鮮教育研究会雑誌』第 45 号　1919 年 6 月　p.4
68) 阿部洋編著　前掲書　p.207
69) 鹿子生儀三郎述『国語教授法』朝鮮総督府　1912 年　p.81
70) 同上　pp.14-15
71) 『朝鮮教育研究会雑誌』第 9 号　1916 年 6 月　p.3
72) 『教育時論』第 941 号　1911 年 6 月 5 日　p.18
73) 『韓』第 17 号　東京・韓国研究院　1973 年 5 月　pp.90-91
74) ※京畿高等学校七十年史編纂会編　前掲書　p.87
75) 田保橋潔　前掲書　p.169
76) 山本四郎編『寺内正毅日記――1900～1918――』京都女子大学　1980 年　p.549・557
77) 弓削幸太郎　前掲書　p.164
78) 幣原坦　前掲書　pp.53-54
79) 朴殷植『朝鮮独立運動の血史』1　東洋文庫 214　平凡社　1972 年　p.109
80) 74) に同じ
81) 徳富猪一郎編述　前掲書　p.696

第2章

水野錬太郎と朝鮮教育

はじめに

　寺内・長谷川総督時代の「武断統治」が、3・1独立運動後「文化政治」に転換されたことは周知の事実であるが、「文化政治」は、「斎藤総督の文化政治」と、第3代朝鮮総督斎藤実を主語として語られるのが一般的である。しかし、斎藤総督時代に「文化政治」が行なわれたことは事実であれ、斎藤総督が「文化政治」を行なったとみるのは必ずしも妥当でない。「文化政治」の実質的な第一人者は、政務総監水野錬太郎だったからである。

　本章の狙いを一言でいうならば、俗にいう「斎藤の文化政治」が実はむしろ「水野の文化政治」であったことを立証することである。具体的には、総督府高官や臨時教育調査委員会の人事に焦点を合わせる。臨時教育調査委員会は、「文化政治」期の教育政策を集大成した「第2次朝鮮教育令」の基本方針の審議会であるが、この委員会のメンバーと水野政務総監との関連を追究しようというのである。この作業は、水野がその人脈を活かして臨時教育調査委員会を組織したことが、結果的に、総督府学務局が事前に準備していた教育政策の基本方針をオーソライズすることを容易にしたという仮説に基づいている。

　ところで、「第2次朝鮮教育令」に関しては、次のような優れた先行研究がある。

① 弘谷多喜夫・広川淑子・鈴木朝英　「台湾・朝鮮における第二次教育

令による教育体系の成立過程」『教育学研究』第39巻第1号　1972年
② 広川淑子「第二次朝鮮教育令の成立過程」『北海道大学教育学部紀要』第30号　1977年

これらの論文は,「第2次朝鮮教育令」の形成およびそれに基づく教育制度変遷の過程を克明に追跡した労作である。しかし,「第2次朝鮮教育令」の成立過程にどのような人々が, 何を契機として関わることになったかには, 関心が向けられていない。そこで本章は, その部分を少しでも補いたいと思う。

水野錬太郎の教育政策については, 彼の言動に関する多くの資料の中から「水野自身の教育政策」といえるものを抽出してみたい。

第1節　水野政務総監の誕生

1919年3月1日に勃発した3・1独立運動を契機として, 原敬内閣は, 朝鮮の統治方式を変更すべく朝鮮総督府官制等の改正に着手した。官制改正案が閣議決定されたのは, 同年6月24日のことである。これは直ちに枢密院に送付され, 40余日を経た8月8日同院を通過, 8月20日に発布された。

朝鮮総督府官制改正案の審議と並行して総督と政務総監の人選が進められた。新総督として斎藤実に白羽の矢を立てたのは, 原内閣の陸相田中義一であった。1919年5月23日付の『原敬日記』に,「田中の案にては陸軍部内に反対もありて意の如くにもならざるに因り制度は文武官何れにても可なる事に改め, 事実は海軍大将斎藤実を挙ぐる事となしたしとて余の諒解を求む, 余は十分の案とも思はざれば篤と勘考すべしと云へり」とある。原としては, 文官総督が念頭にあり, 当時政務総監であった山県伊三郎を新総督に登用する意向だったのである。しかし結局, 原も, 斎藤を総督とすることに同意し, 6月27日には斎藤を訪問して内諾を得ている。

総督斎藤実に続き, 政務総監候補として水野錬太郎の名が挙がったのが6月13日, これまた発案者は田中義一であった。同日付の日記に原は,「田中の内話に, 斎藤実総督たるの内諾を略々得たれば更に相当の機会に一声を

乞ふ，又政務総監には水野錬太郎如何，可なりとせば内々に相談を乞ふと云ふに付余之を快諾」と記している。水野の起用は，斎藤の希望するところでもあった。これについて斎藤自身，次のように語っている。

　どこまでも原に詰め寄られてのつぴきならなくなり，「それ程のことならば仕方ないから行かう。然し私には却々難かしい。仕事をするには先づ人を集めなければならぬが自分には適当な友達もなければ勿論乾分などいふものはない。たゞ水野（錬太郎氏）は知つて居るし内務畑の男だから行つて呉れれば人を集めるにも都合がいゝだらう。何しろ海軍のものならみな知つて居るが，海軍ではどうにもならん」と云ふ意見を述べた。すると，原も「俺も水野がいゝと思ふ，然し君から水野に話してはいかん，俺が話すから──」といふことになり，水野を呼んで置くから来て呉れといふことだつた[1]。

　こうして原から水野への政務総監就任交渉が始まったのが6月27日，すなわち，斎藤が総督就任を承諾した日の夜のことである。
　ここで，それまでの原と水野の関係を整理しておこう。1892年に帝国大学法科大学を卒業した水野は，直ちに内務省に入った。原と水野が親しく相識るに至ったのは，第1次西園寺内閣（1906年1月～1908年7月）時代である。この内閣に原は内務大臣として入閣し，水野は，神社局長兼大臣秘書官として仕えた。次いで，原が第2次西園寺内閣（1911年8月～1912年12月）の内務大臣となった時には，水野は内務省土木局長兼地方局長の任にあり，第1次山本内閣（1913年2月～1914年4月）において原が三たび内相に就いた際，水野は内務次官を務めている。なお，第2次西園寺内閣の末期（1912年）に水野は貴族院議員となっているが，その推薦人は原であった。水野は，これを機に，原が率いる政友会に入党した。
　その後1916年12月，水野は寺内内閣の内務次官となり，1918年4月には内務大臣に昇任した。これに先立つ1913年6月，植民地に対する統轄を内務省で行なうことになり，内務大臣に朝鮮に関する事務処理の権限が与えられていた。したがって水野は，内務次官～内相として朝鮮植民地行政にも

直接関わっていたことになる。

　上に見たように、原と水野の間には、1906年以来公私にわたる親交があり、水野には、内務省において培った豊かな人脈と行政経験があった。そのような水野を、原は朝鮮総督府政務総監に抜擢したのである。

　しかし、水野政務総監が正式決定するまでには紆余曲折があった。1919年6月27日付の『原敬日記』には、「夜水野錬太郎を招き朝鮮政務総監たらん事を相談し其内諾を得たり、両人（斎藤と水野―稲葉註）共窃に赴任後の改革案に付考究する事に内談し且つ余の対朝鮮意見の大要を告げたり」とあり、すでにこの時点で原は、総督・政務総監ともほぼ決まったものと諒解している。だが、その後水野は、原の申し出を再三にわたって断った。8月6日付の『原敬日記』によれば、水野の人事が決着するまでの経緯は次のとおりである。

　　水野錬太郎を招き彌々政務総監の承諾を得たり、最初余より内談せしときは大体内諾を表したるに、後に来りて辞したき旨を述べ本日又々辞したき旨を述ぶ、談話中俸給等の事を云々せしは其内情も之あらんかと思はるれども、辞任表面の理由は武官たる斎藤の下には調和を得がたしと云ふに在るも、或は再び入閣（官僚内閣後藤等の類か）などの希望ありての事ならんも知るべからざれども、今日に至りて辞するは如何にも不条理なり、最初より峻拒せば余は聖上にも元老等にも申出ざりし訳なれば余も甚だ不快に感じ、多年の友誼上承諾を得たきも強て拒絶なれば不得已と云ひたれば彼れ漸く承諾せり。

　この点、水野自身、6月27日には、「自分は『兎に角充分に考慮した上でお返事する』と言うて、その晩は別れた」[2)]と言っているのとは食い違いがある。

　ともあれ、8月6日に至って水野は、政務総監就任を最終的に承諾した。その際の条件として、総督府官僚の人事を一任することを原に了承させ、次いで斎藤からも、同様の了承を得た。水野に対して原は、「自分は君を信任するのであるから、君が持ち出した人事に就ては、全然それに同意する、他

よりの容喙はさせない積りである，その点は安心せられたい」[3]，斎藤は，「自分は海軍出身で，文官方面の人は一人も知らない。であるから人事のことは総て君に一任するから宜しく頼む」[4]と言ったという。こうして水野は，京城赴任までの僅か3週間ほどの間に，次節で述べるような総督府の新スタッフを編成することになったのである。

ところで，斎藤総督・水野政務総監の登用を田保橋潔は，「原敬の名人事として有名であります」[5]と高く評価している。「名人事」であったかどうかは別として，行政に疎い斎藤とコンビを組むことによって水野が，総督府官僚の人事権を一手に掌握し，これに伴って総督府の行政全般に強大な権限を振るうことになったことは，改めて記憶さるべきであろう。

第2節　水野の総督府高官人事

水野が一瀉千里の勢いで決めた朝鮮総督府の新首脳部は次のとおりである。

総督秘書官	守屋　栄夫
内務局長	赤池　　濃
警務局長	野口　淳吉
殖産局長	西村　保吉
学務局長	柴田　善三郎
財務局長	河内山　楽三
法務局長	国分　三亥
逓信局長	持地　六三郎
庶務局長	青木　戒三
鉄道局長	和田　一郎
参事官兼中枢院書記官長	大塚　常三郎

このうち最初に決まったのは，総督秘書官守屋栄夫であった。守屋は，当時内務省府県課長で水野のかつての部下に当たり，水野によれば，「守屋君は先に朝鮮統治の改革論を唱へて，自分に蹶起を促した因縁があつたからで

ある」[6]。

　静岡県知事であった赤池濃は、「予て最も懇意であつた」[7]ことから、水野の勧めに従って内務局長を引き受けた。

　警務局長野口淳吉は、警視庁警務部長から水野が強引にスカウトしたが、朝鮮への赴任の途上病死した。そこで、赤池濃が内務局長から警務局長に転じ、大塚常三郎が後任の内務局長に任ぜられた。

　学務局長柴田善三郎の人事について、水野は次のように語っている。

　学務局長に就ては、赤池君の意見として、柴田善三郎君が今大阪府の内務部長をして居るが、今日君は寧ろ失意の地に在るやうで、如何にも気の毒だから、同君を抜擢して局長に御採用になつては如何かといふことであつた。自分も予て柴田君のことは心配して居つたのであるから、若し朝鮮行を望まるゝならば、これを迎へたいと言つたので、赤池君は直接柴田君に話した所、柴田君も喜んで行くといふことであつたので、柴田君を学務局長とすることに決めた[8]。

　しかし、柴田の学務局長就任はすんなりと決まったわけではない。その間のいきさつを、守屋栄夫と柴田善三郎自身は、それぞれ次のように回顧している。

　私の承つたところでは野口さんが警務局長、赤池さんが内務局長に内定し、それから赤池さんがわざわざ大阪まで出かけられて説破（ママ）され、私のいくらか力を添へたのでありますが、大阪の内務部長であつた柴田善三郎さんを、学務局長に当てるといふことであつたのでありますが、唯もう一つ重大なる椅子、殖産局長を誰にするかといふことがきまらなかつたのであります。已むを得なければ、柴田さんを殖産局長にして、学務は朝鮮在勤の人のうちから挙げようといふやうな話もありました[9]。

　総監に宛て、一体私は何をやるのかと訊ねると、殖産局長と云ふことであつた。承諾して上京して見ると、学務局長をやれ、と云ふのである。若

い頃文部省にゐたためしはあるけれども，教育行政には自信はない。私はひどく躊躇したのだが，改革と云ふものは，むしろ素人の方がズットよいのではないかと某々先輩などが言はれるので，所管の仕事は何でもよいと言ふ気持になつて赴任した[10]。

　これらの話を総合すると，柴田は，当初から学務局長に予定されていたものの，いったんは殖産局長に擬せられ，その後西村保吉が，埼玉県知事から総督府殖産局長に転ずることになったため，最終的に学務局長に落ち着いたのである。水野にすれば，いわば元の鞘に収めたとはいえ，「教育行政には自信はない」柴田を学務局長に据えたところに，水野の朝鮮教育に対する安直な姿勢を窺うことができる。
　上記リスト中これまでに触れた者以外と水野との直接の縁は明らかにできないが，水野は，「内地地方官の間から局長・知事・事務官・警察部長等を選定し」[11]たと言っており，彼が指名して朝鮮に帯同した者は約20名に上った。その中のひとりで，大阪府在任当時の上司であった柴田学務局長の下，宗教課長に任じた半井清は，「水野政務総監は内務官僚の大先輩でして，私はその水野政務総監から，是非一緒に来いということで朝鮮に行つたわけです。その時，いわゆる局長級からわれわれのような事務官級までそろつて二十人位行きました」[12]，「われわれ二十人ばかりの新しい官僚が水野政務総監を頭にして内地から乗り込んでいつたのです。これを『新来種』といいました，以前からいた人は『旧来種』というのです」[13]などと証言している。
　いわゆる「新来種」は「旧来種」に対して批判的であったといわれるが，水野自身は，次の発言にあるように必ずしもそうではなかった。

実は今回総督府官制の改正に伴つて，必ずしも従来の人を総て代へなければならぬとは思はなかつた。殊に其内でも宇佐美勝夫氏や，関屋貞三郎氏，小原新三氏の如きは，予て自分もその手腕性格をよく知つて居るのであるから，それ等の人を罷めなければならぬとは思はなかつたが，併し改革の際は従来の行掛りある人を，その儘にして置くことは，却て本人の為でない，寧ろ総てを一新するがよからうと思つて，それ等の人には甚だ気

の毒であつたが，罷めて貰ふことにしたのである[14]。

　結果的に，総督府内務部長官であった宇佐美勝夫は東京府知事，学務局長関屋貞三郎は静岡県知事（すなわち赤池濃の後任），殖産局長小原新三は和歌山県知事に転じたが，いずれも水野の推薦によるものであった。

第3節　水野の教育政策

　いわゆる「文化政治」と原敬の関係について，「この'文化政治'の発想は，原敬が外務次官在職当時から，あるいは彼が台湾総督府官制を作った台湾事務局委員当時から持論として主張してきた基本方向に沿ったもの」[15]，つまり，「文化政治」の萌芽は，すでに1890年代の原敬にあったといわれるが，これが具体化したのは3・1運動勃発直後のことである。1919年4月9日付の日記によれば原は，朝鮮に帰任する山県政務総監（当時）に対して，「文官本位の制度に改むる事，教育は彼我同一方針を取る事，憲兵制度を改め警察制度となす事等の方針を内示し，要するに内地の延長と認めて朝鮮を同化する事必要なりと訓示し」ている。

　しかし，原のその他の発言にも，「文化政治」という文言そのものは出て来ない。文書の上でこれが初めて登場するのは，斎藤実が1919年9月の赴任直後に発した総督訓示においてであり，この訓示に「文化的制度の革新」「文明的政治」といった字句を挿入したのは，実は水野錬太郎であった。これについては，総督訓示案を作成した守屋秘書官が次のように述べている。

　　愈々，大体の成案と言ひますか，水野総監にお目に掛ける決心のついた案が出来ましたのが，出発の前日でありました。それを自分が懐ろに入れて参りまして，伊勢から京都，それから大阪ホテルに着きました時に，その原案を西村さんと赤池さんにお目に掛け，文字を直していたゞき，その後で水野総監にもお目にかけましたら，大体それでよからう，唯文化的政治を行ふことを，適当の所へ挿入するやうにとの御注意があつたので，それを加へて，文案を整へまして九月の一日釜山に着き大池旅館に泊りまし

た時に，もう一度水野政務総監にお目にかけ，総督にもお目に掛けまして，大体この調子で宜からうといふやうなことで安心を致しました[16]。

　要するに，「文化政治」は原の構想に基づくものであったが，「文化政治」という言葉自体の生みの親は水野だったのである。のみならず，「文化施設の燦然たる成業は朝鮮一千五百年の史乗中，固より未だ嘗て見ざる所である。而して是れ実に武人にして文質に富めること当時第一人者なる斎藤総督の慈眼愛撫の下に行政の神として一世の瞻仰する新政治家水野政務総監に依つて案出施設せられた所のもの多きに居るのである」[17]という。この評価は，水野によって京畿道第三部長（後に警察部長と改称）に推挙された千葉了によるものであるので多少の割引が必要であろうが，水野が，総督府施政の事実上の第一人者であったことは間違いない。

　水野によれば，総督府の5大政策は，治安の維持，教育の普及・改善，産業の開発，交通・衛生の整備，地方制度の改革であった。すなわち，教育の普及・改善以下の諸政策は，すべて治安の維持を大前提としたのである。水野自身，「世間或は武断政治と称へ若は文化政策と呼び，朝鮮施政の根本義に著大なる差違を生じたるかの如く評する者もあるが，是れ素より評者の誤解であつて，帝国が朝鮮に臨むの根本政策に至つては曾て異なる所が無いのである，即ち我皇一視同仁の大御心を奉体し，善良なる民衆を愛護すると同時に，苟も国憲に反抗し併合の精神に乖戻するが如き不逞行動者に対しては，寸毫も仮借する所なく，秋霜烈日の威を以て之を取締るのである」[18]と断言している。

　警察組織を大幅増強して治安の維持に努める傍ら，水野は，教育行政にも主導性を発揮し，「教育制度の改革を行ふ為めに，当時の学務局長柴田善三郎氏を初め，学務当局に対し之れが調査を命じた」[19]。その結果，1919年12月，高等普通学校規則・女子高等普通学校規則の改正（高等普通学校における外国語の必修科目化，女子高等普通学校における外国語〈随意科目〉の新設など），1920年3月，私立学校規則の改正（各種学校教科目制限撤廃，教員資格緩和），1920年11月，普通学校の修業年限延長（4年→6年）および高等普通学校への補習科設置，等々の応急措置がとられることになった。

このうち私立学校規則の改正に関連して若干補足すると，この措置は，私立各種学校における聖書教育を認めるなどとくにキリスト教系私立学校に対する規制緩和を眼目としたが，折しもこの規則改正と時を同じくして起こった培材学堂の3・1運動1周年記念デモに際しては，総督府は，アッペンゼラー校長の解職という厳しい処分に出た。キリスト教会側の強硬な抗議を受けて，斎藤総督はいったん処分取消の意向を示したが，水野政務総監と柴田学務局長がこれを拒否したため，結局，アッペンゼラー校長の解職処分が確定したのである。この一件は，私立学校に対する総督府の姿勢が私立学校規則の改正後も基本的に変わらなかったことを示すとともに，総督府の実務をめぐる斎藤と水野の実質的な力関係を象徴している。

上述のような応急措置と並行して，初等・中等学校の増設が急がれ，大学の新設も検討された。初等学校の増設計画は，公立普通学校「三面一校計画」と称され，すでに1918年にスタート，1926年に完成の予定であったが，水野は，政務総監通牒によってこれを24年までに達成するよう指示した。ついては多額の費用を要するため，水野は，日本政府および国会に対して総督府予算の増額を積極的に働きかけた。次は，1920年1月，政府に予算説明のため上京中の水野が斎藤総督にあてた書簡の一節である。

　尤も今回之予算問題に関しては小生は原首相に対しては強硬に之を主張し予算之大部分は新官制実施に伴ふ政策の実行に有之既に内外に宣伝したる事なれば之が費用を削減せられ若くは延期せられては内外に対して申訳無之責任ある当局者としては立場無之若し政府に於て之を承認せざるが如き事あれば小生は辞職之外無之と主張致候事有之首相とは殊に従来より懇意之間柄にも有之候へば打開けて執拗に主張致候事は有之候[20]

朝鮮における大学について水野が初めて公言したのは，1919年10月13日に招集された道知事会議での政務総監訓示においてである。このとき，「朝鮮人に対する普通教育の修業年限延長内容の改善学校の増設高等教育機関の新設並改善等に付目下企画を進めつつあり」[21]と述べている。その後水野は，いろいろな場で大学を設置すべきことを説いているが，彼が大学開設

の必要性を認識するに至ったのは，次のような理由からである。

　　中等以上の教育機関に在りては，現在殆んど施設の見るべきものなく，僅かに医学・工学・農学・法学の専門学校，各々一あるも，規模の小なる，到底内地に於ける此種の学校と比すべきにあらず。特に大学に至りては，外国宣教師の経営に係る宗教学校に於て，大学なる名称の下に，堂々たる家屋を建設して其の施設を見るに拘らず，今に一の官立大学なく，米国人及び其の他の外国人の，常に日本の朝鮮統治を非難する一点として，『日本帝国は，朝鮮の統治を行ふに，何等文化的施設なく，一の大学を設けざるを見ても，其の誠意を疑はざるを得ず』と称し，甚だしきは，『日本政府は，朝鮮人を愚にして之を治めんとす』との言をさへ放つものあるを聞くは，畢竟半島文化の向上に必要なる，最高学府の設備を欠如せるが為ならざるべからず[22]。

　すなわち水野は，政務総監就任直後から朝鮮に大学が必要であることを認識していたが，それはいわゆる外圧によったのであり，朝鮮の教育発展のために自ら発想したのではない。したがって，水野が提示する大学像は二転三転した。
　朝鮮有識者の間では，3・1運動の余勢をかって，民族の民族による民族のための大学を目指す「民立大学設立運動」が勃興した。これに対して総督府がとった最初の対応が，民立大学の代案としての東洋大学分校設置案である。1920年8月4日付の『東亜日報』によれば，斎藤総督と水野政務総監が，民立大学設立運動の関係者を総督府に招致し，東洋大学の分校として朝鮮民立大学を設置することをもちかけている。しかし，9月21日には，「東洋大学の分校を設置するとかよりは，朝鮮人子弟の教育のための総合大学を設立する第一段階として，まず現存の京城医学専門学校を朝鮮医科大学にするのが捷径であるので，目下総督府において計画中であるから諒解せよ」[23]と申し渡した。民立大学設立運動を，総督府直轄学校の枠内に取り込もうとしたわけである。
　その後，同年12月に臨時教育調査委員会が発足，ここで教育制度全般の

改革が改めて審議された結果，朝鮮にも大学を設置する道が正式に開かれることになった。実際に京城帝国大学の予科が開設されたのは，水野政務総監離任（1922年6月12日）後の1924年5月のことである。

水野の教育政策として，このほか美術学校・音楽学校の設立計画があった。これに関して水野は，次のように述懐している。

　或る時，余は青年朝鮮画家の主催に係る，書画展覧会に行つたことがある。見るとなかなか書も巧みであり，画も相当立派に出来て居るのを見た。そこで此の方面の奨励に，少しく意を須ひたならば，美術家として立派な者も出来るであらうし，また朝鮮人の無趣味な政治論などを，さういふ方面に向けることが，出来るであらうと考へたのである。茲に於て余は朝鮮に医科，法科専門学校の外に，美術学校や，音楽学校といふものを設けて，その方に人心を向はしめて，所謂趣味教育，情操教育を施さうと企てたのであるが，予算の関係上それは実現するに至らなかつた。しかしながら美術展覧会を開設するといふ事は，あまり経費を要することでもないから，先づ第一着手として之を興さうと考へたのである[24]。

こうして水野の美術学校構想は，結局，朝鮮美術展覧会へと形を変え，その第1回が，水野が朝鮮を離れる直前の1922年6月1日に開幕した。

教育政策と直接の関係はないが，水野の朝鮮語奨励策についても言及しておきたい。水野は，自らも朝鮮語を学び，「内鮮人の会合に於て，朝鮮語で御演説になつて，内鮮人を驚かした」[25]こともあったが，異民族統治策の一環として日本人官公吏の朝鮮語習得を強力に奨励した。これを明文化したものが1921年5月発布の「朝鮮総督府及所属官署職員朝鮮語奨励規程」で，これについて水野の述べるところは次のとおりである。

　朝鮮の如き異民族統治の上に於ては，言語の問題が，極めて必要な事になると思ふ。そこで余はその当時，彼地に在る日本人の官公吏に対して，朝鮮語の奨励を企てたのである。殊に警察官，町村役場の吏員，学校教員等，直接に朝鮮民衆に接触する者には，成べく朝鮮語を学ばしめることを

奨励した。即ちこれが為に相当の予算を計上して朝鮮語を話し得る者には，特別の手当を支給すること〻したのである[26]。

第4節 臨時教育調査委員会の人脈

1920年12月23日，「朝鮮教育令」の大改正へ向けて「臨時教育調査委員会規程」が発布された。これについて高橋濱吉は，「此の規程は時の学務局長柴田善三郎閣下が，一大決意の下に，従来の教育制度を根本的に改造するの目的を以て，取計らはれたもので，此の規程公布後疾風迅雷的に委員の依嘱，委員会開催と進捗したのであつた」[27]と，柴田学務局長のイニシアティブを指摘している。だが，「疾風迅雷的に委員の依嘱」をするには，同委員会委員長たる水野政務総監の人脈が不可欠であったろう。この推論を裏打ちするため，以下，各委員と水野との関連を，次の委員リストに沿って見てゆきたい。

侯　　　爵	李　完　用
文部省普通学務局長	赤　司　鷹一郎
法制局参事官	馬　場　鍈　一
東京帝国大学教授	姉　崎　正　治
水原農林専門学校長	橋　本　左五郎
朝鮮総督府内務局長	大　塚　常三郎
京都帝国大学教授	小　西　重　直
朝鮮総督府学務局長	柴　田　善三郎
朝鮮総督府参事官	和　田　一　郎
朝鮮総督府財務局長	河内山　楽　三
大蔵省参事官	三　土　忠　造
拓殖局次長	後　藤　祐　明
文部省宗教局長	粟　屋　　謙
貴族院議員	沢　柳　政太郎
貴族院議員	鎌　田　栄　吉

貴族院議員	江原素六
貴族院議員	永田秀次郎
法制局参事官	山本犀蔵
平壌高等普通学校長	田中玄黄
実業家	石鎮衡
朝鮮銀行総裁	美濃部俊吉
早稲田大学学長	平沼淑郎
私立普成法律商業学校長	高元勲

　赤司鷹一郎は, 内務省時代の水野の部下にあたる。1898年, 著作権法を起草することになった水野は, 赤司を補助者として使った。後に, 「著作権の法制は日本に於ては初めてであり, 未だ之に関する専門家もなかつたのでありますから, 自分一人で之を研究起案せねばならない事になつたのであります。そこで補助者としまして小倉正恒君（今の住友の総務理事）, 赤司鷹一郎君（元文部次官）が当時大学を出て, 見習として内務省に在勤して居りましたので, 此の両人を補助者として著作権法制定に関し研究する事となつたのであります」[28] と回顧している。臨時教育調査委員会編成当時, 赤司は文部省普通学務局長の地位にあり, 「第2次朝鮮教育令」の制定を目指す水野にとって赤司は, まさにうってつけの「補助者」であったとみることができる。

　馬場鍈一は, 水野との直接の関係は明らかでないが, 「朝鮮教育令」の改正作業に早くから携わっていたことは確かである。1920年5月7日付の『原敬日記』に, 「朝鮮教育令の件に付斎藤総督閣議前内談をなしたり, 此際朝鮮人の教育を内地人同様になさんとの趣旨なれども詳細の案文成らず, 依て其趣旨を示す丈け勅令になしたしと云ふ事なるも, 大体出来居る事ならば此際全文提出する方枢密院関係に於て得策なりと法制局の論に付, 斎藤に馬場参事官をして協議せしむる事となせり」とある。また柴田学務局長も, 改正教育令の「成案前一度法制局で叱られたことがあつた。それは寺内総督時代の教育綱領の大眼目の一つを外さうと考へたからだ。……（中略）……その頃拓殖局長官は川村竹治氏, 法制局には前長官黒崎定三君や勧銀総裁の

馬場鍈一君外に山本犀蔵君などが参事官をやつてをつた。馬場君などは後に委員に御願ひして完全に諒解して下すつたがね」[29]と語っている。このような行掛りがあって，法制局参事官馬場鍈一，そして同じく山本犀蔵は，臨時教育調査委員会委員を委嘱されたものと思われる。

姉崎正治は，水野の東京帝大の後輩である。専攻分野は異なるが（水野は法科，姉崎は文科），両者の間に，穂積陳重を通じて面識があったことは考えられる。水野は，「穂積陳重博士は余の恩師である。大学在学中は勿論，学校を出たる後に於ても常に博士より指導を受けたのである。」「余は朝鮮赴任後に於ても朝鮮の事情は常に博士に報告し，出京の際には必らず博士を訪問して教を受け博士も亦喜んで意見を述べられた」[30]と言っており，穂積が，東京帝大教授の中から姉崎を臨時教育調査委員会委員に推薦した可能性がある。

大塚常三郎・柴田善三郎・和田一郎・河内山楽三については，第2節で見たとおりである。臨時教育調査委員会の委員23名中4名は，水野が朝鮮に帯同した人々だったのである。ただ，和田一郎のポストは，赴任時の鉄道部長から参事官に変わっている。

小西重直に関しては，水野が京都帝大とも縁があったということのみ指摘しておく。水野は，著作権法を起草して以来この分野の専門家として名声を博し，京都帝大でも著作権法の講義を担当していたのである。

三土忠造は，1906年6月から1908年4月まで旧韓国学部の学政参与官を務めた朝鮮教育行政の先達である。水野とは，政友会および寺内内閣直属の臨時教育会議（1917年9月～1919年5月）を通じて浅からぬ縁があった。臨時教育会議には，水野は内務次官～内務大臣として，三土は政友会代議士として参加していたのである。

水野・三土とともに臨時教育会議の委員だったのが，沢柳政太郎と鎌田栄吉である。

三土忠造と鎌田栄吉はまた，学政研究会（1894年6月～1919年6月，1895年7月学制研究会と改称）の中心メンバーでもあった。江原素六も同様である。このように，三土・沢柳・鎌田は，すでに日本内地において水野とともに教育改革に尽力したことがあり，江原も含めて，臨時教育調査委員会の委

員となるに足る経歴を有していたのである。

ちなみに鎌田栄吉は，1922年6月，水野が朝鮮から帰って加藤友三郎内閣の内相に就任した際，同内閣の文相となった。

永田秀次郎は，水野が寺内内閣の内相であった当時の警保局長である。1919年8月，政務総監就任を承諾した水野は，まず守屋栄夫の総督秘書官人事を決め，続いて永田らに，「今度総督府に於ては警務局，内務局，殖産局，学務局等総て局長を変へなければならないが，君等はこれ等どれかの地位に就いて貰ひたいと思ふが，どうであるか」[31]と誘いをかけた。このとき永田は，「自分はあなたが行くのなら御一緒に行くのが情誼であるけれども，実は長く腸胃を悪くして居つて，今渡鮮することは困難である。殊に今後藤（新平―稲葉註）さんが外国に行つて不在中であるから，東洋協会のこともあるし，今暫く猶予して貰ひたい」[32]と言って断っている。水野が赤池濃以下の人選を進めたのは，この後のことである。かくて永田の朝鮮行きは実現しなかったが，水野が早くから永田の能力を買っていたことは明らかである。

臨時教育調査委員会委員当時，沢柳政太郎・鎌田栄吉・江原素六・永田秀次郎の身分は貴族院議員であるが，水野もまた，1912年以来貴族院議員であったことは前述のとおりである。

美濃部俊吉は，単に実業家であるばかりでなく，「文化政治」の担い手のひとりでもあり，そこに臨時教育調査委員会委員長水野との接点があった。総督府の「対外親善事業は，朝鮮銀行総裁美濃部俊吉の主宰する『国際親和会』が中心になって活躍した」[33]といわれる。

なお，李完用・石鎭衡・高元勲の朝鮮人委員については，「朝鮮人は僅か三人であるが，その三人の朝鮮人は，頭脳と心腸(ママ)が日本人と化してしまった完用・石某・高某なんぞであった」[34]という韓国側の評価があることを紹介しておく。

臨時教育調査委員会には，委員のほかに総督府官吏が幹事として加わっていた。その氏名は次のとおりである。

　　朝鮮総督府事務官　　弓　削　幸太郎
　　同　　　　参事官　　守　屋　栄　夫

同	事務官	松村松盛
同	視学官	上田駿一郎
同	視学官	田中広吉

　守屋栄夫の肩書きがここでは参事官となっているが，彼はもともと「秘書官を主として参事官を兼ねさせて貰ひたい」[35] という希望で，両職を兼務していたのである。

　松村松盛は，水野によって福岡県理事官から全羅北道第三部長に抜擢され，その後総督府秘書課長に転じた。1921年2月，鉄道部長に昇進した弓削幸太郎の後を襲って学務課長の職に就いたが，この人事は，松村と弓削が，ともに臨時教育調査委員会の幹事であったことが契機になったものと考えられる。

　これまで見てきたように臨時教育調査委員会は，水野と直接間接につながりのある人々を中心として構成され，1921年1月7〜10日，同年5月2〜5日の2回にわたって開催された。その結果，水野によれば，「内地から来られた教育家其の他の人が殆んど全会一致を以て，吾々の意思と殆んど径庭のない結論に到着した」[36] という。要するに，「原の彼我同一方針を漸進主義で，つまり現実主義的に推し進めようとした」[37] という水野の教育方針が貫徹されることになったのである。

　これに対して青柳綱太郎（南冥）は，「往年水野前政務総監は，朝鮮教育調査会なるものを組織して，何を為したかと考へて見れば，結着する所は内鮮文政の統一を断行せしに過ぎなかつた」[38] と，形式的な「内鮮文政の統一」を批判している。しかし，筆者が注目したいのは，教育改革の内容如何ではなく，当時の在鮮日本人社会のオピニオン・リーダーであった青柳が，臨時教育調査委員会を水野が組織し，その後の教育改革を主導したと認識していた，その事実である。

おわりに

　「文化政治」の生みの親が原敬であったとすれば，育ての親は水野錬太郎

であった。朝鮮総督ならぬ政務総監水野が「文化政治」の育ての親たりえたのは、首相原敬と総督斎藤実から総督府の人事を一任されていたからである。水野は、内務官僚および内務大臣として培った人脈と行政経験を活かして、総督府のスタッフを組織し実務を遂行した。「朝鮮に政務総監あつて総督なし」[39]という世評があったほどである。

　本章の第2節と第4節は、総督府高官および臨時教育調査委員会メンバーと水野との関係を追究することによって「文化政治」の人的側面の一端を明らかにしたものである。不充分ながら、「文化政治」研究に新たな視点を提供できたのではないかと思う。

　本章の第2のポイントは、水野本人の教育政策の性格を改めて究明したことである。そもそも「文化政治」の窮極の狙いは、朝鮮の治安の維持にあり、その点において「武断統治」と本質的な差異はない。当然のことながら水野の教育政策も、治安の維持を大前提とし、朝鮮民衆の民族的欲求を宥めるために案出された。上述した美術学校構想や民立大学設立運動への対応が、それを端的に示しているであろう。

　政務総監として華々しく活躍したとはいえ、水野の朝鮮在任期間は、1919年8月から1922年6月までの2年10ヵ月に過ぎない。この間、水野は原にしばしば辞意を漏らしており、密かに政界復帰の機会を窺っていたようである。そしてその願望は、加藤内閣の内相に就任することによって実現された。後任の政務総監には、兵庫県知事であった有吉忠一が就いたが、これは水野の推薦によるものであった。したがって、水野の路線は、水野が朝鮮を離れた後も有吉によって継承されたとみることができる。

[註]（※はハングル文献）

1)『子爵斎藤実伝』第2巻　斎藤子爵記念会　1941年　pp.364-365
2)「朝鮮行政」編輯総局編『朝鮮統治秘話』帝国地方行政学会朝鮮本部　1937年　p.5
3) 同上　p.12
4) 同上　p.15
5) 田保橋潔『朝鮮統治史論稿（遺稿）』ソウル・成進文化社　1972年　p.191
6)『朝鮮統治秘話』p.16
7) 同上　p.17

8）同上　p.18
9）同上　p.40
10）同上　pp.269-270
11）『子爵斎藤実伝』第2巻　p.369
12）『斎藤総督の文化統治』友邦シリーズ　No.16　友邦協会　1970年　p.2
13）同上　p.12
14）『朝鮮統治秘話』pp.18-19
15）※金雲泰『日本帝国主義の韓国統治』博英社　1986年　p.266
16）『朝鮮統治秘話』pp.43-44
17）井本幾次郎・発行『朝鮮統治問題論文集』第1集　1929年　p.45
18）『朝鮮』第79号　1921年9月　p.5
19）『朝鮮統治秘話』p.295
20）『子爵斎藤実伝』第2巻　p.460
21）高橋濱吉『朝鮮教育史考』帝国地方行政学会朝鮮本部　1927年　p.371
22）松波仁一郎編『水野博士古稀記念　論策と随筆』水野錬太郎先生古稀祝賀会事務所　1937年　pp.363-364
23）※『東亜日報』1920年9月21日付
24）『朝鮮統治秘話』pp.257-258
25）同上　p.247
26）同上　p.250
27）『文教の朝鮮』1933年12月号　p.57
28）『水野博士古稀記念　論策と随筆』p.785
29）『朝鮮統治秘話』pp.271-272
30）『水野博士古稀記念　論策と随筆』p.655・657
31）『朝鮮統治秘話』pp.16-17
32）同上　p.17
33）姜東鎮『日本の朝鮮支配政策史研究』東京大学出版会　1979年　p.79
34）※李萬珪『朝鮮教育史』下　乙酉文化社　1949年　p.254
35）『朝鮮統治秘話』p.16
36）『水野博士古稀記念　論策と随筆』p.380
37）広川淑子「第二次朝鮮教育令の成立過程」『北海道大学教育学部紀要』第30号　1977年　p.76
38）青柳綱太郎著・発行『総督政治史論』後篇　1928年　p.173
39）『子爵斎藤実伝』第2巻　p.370

第3章

李軫鎬研究
―― 朝鮮総督府初の朝鮮人学務局長の軌跡 ――

はじめに

　韓国においていわゆる「親日派」研究書の嚆矢とされているのは，林鍾国の『親日文学論』（平和出版社，1966年）である。その後，韓国ナショナリズムの高揚とともに「親日派」研究も進展し，とくに2003年2月の盧武鉉政権成立後は，市中の各書店に関係書コーナーが特設される状況となった。「親日反民族行為」糾弾運動の一環である。

　李軫鎬（イ・ヂンホ　1867〜1943年）は，これら多くの「親日派」研究書にほぼ漏れなく登場する。それは，彼が朝鮮総督府始まって以来初の朝鮮人局長だったからである（学務局長，在任1924年12月12日〜1929年1月19日）。朝鮮総督府の朝鮮人局長としては他に，李軫鎬と同じく学務局長を務めた厳昌燮（日本名　武永憲樹）がいるが，厳の局長在任は1944年8月から敗戦までの1年間に過ぎない。したがって，「日帝植民統治のお先棒をかついだ親日官僚の典型」[1]といえば，それはまず李軫鎬を指すのである。

　李軫鎬はまた，帝国議会議員を務めた朝鮮人ふたりのうちのひとり，貴族院議員としては唯一の朝鮮人であった（もうひとりは衆議院議員朴春琴）。このため「親日売族の元凶」[2]ともいわれている。

　このように李軫鎬は，「親日派」として悪名高く，確かにそれなりの経歴の持ち主ではあるが，しかし，これまでの先行研究は，単に彼の履歴を列挙するだけで，学務局長時代をクローズアップしたものは，管見の限りまだない。

本章は，そもそも李軫鎬が「反民族」とイコールの「親日」派であったのかという素朴な疑問から出発し，李学務局長の具体的な言動を再吟味することを中心課題として，彼の生涯を辿ろうとするものである。手前味噌ながら，李軫鎬を初めて本格的に植民地朝鮮教育史の俎上に載せた論考といってよかろう。

第1節　李軫鎬の前半生

1．日本亡命からの帰国まで

李軫鎬は，1867年，朝鮮の首都漢城（京城，現ソウル）に生まれた「生ツ粋の京城ッ児」[3]である。筆者の手持ち資料のうち李軫鎬について最も詳しい反民族問題研究所編『親日派99人』は，「親日派」以前の李の経歴を次のように記している。

 1882年武科に及第したが，武官職に就かず，外衙門が設置した英語学校である同文学校(ママ)に入学して英語を勉強した。その後李軫鎬は，米国人宣教師アレン（H.N.Allen）博士が朝鮮政府に西洋医学を教育する意志を示して1886年3月に設立した済衆院医学校に入学して医学を学んだ。医学校が開設される際，13名の学生が選抜されたが，李軫鎬は，英語を勉強していたので抜擢され，医学を修めることになったようである。
 しかし，医学の勉強が適性に合わなかったのか方向を転換し，1888年，米国人軍事教官ダイ（William Mcentyre Dye, 茶伊）を招聘して朝鮮政府が設立した陸軍士官学校である錬武公院に入学して軍事訓練と教育を受け，卒業まで優秀な成績を収め，教官ダイの信任を得た[4]。

李軫鎬が親日的傾向を帯びる契機となったのは，日本軍人が指揮する「訓練隊」への入隊であった。『旧韓国外交文書』には，督辦交渉通商事務（外務大臣）金允植から日本公使大鳥圭介への1894年8月20日付「兵丁訓練武官選聘依頼」[5]があるが，訓練隊は，恐らくこれに基づいて創設されたも

のである。
　ところで，浅井良純の研究によれば，韓国併合前後の朝鮮人官吏の一般的傾向は次のように要約できるという。

　朝鮮人官吏は，韓国併合によって形成されたものではなく，日清戦争の勝利を背景とした日本の朝鮮保護国化政策によって形成された，いわゆる甲午改革を契機として登場した官吏たちであった。彼らの社会的身分は，甲午改革期の親日派官僚のそれを継承した，いわゆる朝鮮支配層社会の周辺的な存在（例えば中人，庶子，没落両班など）であり，従来の支配層社会にたいして，不満を持つ者たちであった。彼らは，年令的にも若く，伝統社会のなかで不振であった近代学校（特に日本留学，日語学校，日本系私立学校など）に入り，その背後にあった日本の勢力を利用して，政治的な地位の上昇をはかろうとした[6]。

　この指摘は，李軫鎬にもほぼそのまま当て嵌まる。ただ李軫鎬は，日本系の近代学校の代わりに日本軍人指揮下の訓練隊に入り，「その背後にあった日本の勢力を利用して，政治的な地位の上昇をはかろうとした」のであろう。
　1895年10月8日，閔妃暗殺事件（乙未事変）が勃発，訓練隊第3大隊長であった李軫鎬も，この事件に加担した。当時，閔妃を中心とする王室側には，政府直属部隊である訓練隊を解散させようとする動きがあり，これに不満な訓練隊と，訓練隊のクーデターの如く装って閔妃一派の勢力を除こうとした日本側との利害が一致したのである。
　閔妃事件は，次のような意味で「親日派」を定義づけることになる大事件であった。

　1884年の甲申政変を起こした人々は親日派であった。彼らと彼らの行為はおおいに批判されたが，彼らが親日的であったという点を挙げて批判した者は，当時も後代にも稀であった。
　親日派という言葉に悪い意味が込められ始めたのは，1894年の清日戦争以後，日本が朝鮮を実質的に占領してからである。朝鮮に対する日本の

影響力が次第に強化され，朝鮮の独立が脅かされるや，親日派は，「自身の利益のために日本の意図に従う輩」という意味を帯びるようになった。親日派という言葉に質的変化が生じ，その用語の定義において「朝鮮の利益よりも日本の利益を優先させる行為」という要素が浮き彫りになったのである。今日，韓国社会で用いられる場合，親日派という用語はこのような狭い意味を持つ。……（中略）……

　異論の余地がない親日行為をした人々は，すなわち親日派として指折りの人々は，1895年の乙未事変に参加した朝鮮人である[7]。

こうして李軫鎬は，韓国側でいうところの狭義の「親日派」に属することになったが，閔妃事件後直ちに社会の第一線を退いたのではない。訓練隊解散命令（1895年10月30日）とともに，第1大隊長禹範善と第2大隊長李斗璜が免職～潜伏を余儀なくされたのに対して，第3大隊長であった李軫鎬は，それまでの訓練隊と侍衛隊（王室警備隊）を合して新たに発足した親衛隊の第1大隊長となったのである。そして約1ヵ月後の11月28日，いわゆる春生門事件が起こる。事件の概要は次のとおりである。

　侍従林最洙，参領（佐官級に当たる）李道徹らが中心になり，李範晋らの親露，親米派が呼応して，国王をそっと宮城の外に避難させた後，国母殺害事件の責任を糾弾し，金弘集内閣を一挙に打倒，政府を全面的に改編する計画をひそかに進めた。彼らは十月十二日（陽暦11月28日―稲葉註），親衛隊（侍衛隊と訓練隊を統合した）の将兵までも糾合し，大挙，三清洞側の北墻門と春生門をとびこえて宮中に入ろうとした。しかしその時すでに親衛大隊長李軫鎬が背信して政府に報告したため，クーデター発生後直ちに反撃に会い，林最洙以下四，五十名が検挙投獄された。
　このクーデター未遂事件を「春生門事件」と称している[8]。

この時の李軫鎬の「背信」の理由は明らかでない。憶測として，「典型的な権力追求型の人物だっただけに，彼は，彼なりに世の中の流れに乗ろうとしたのではないか」[9]と見られている。いずれにせよ李軫鎬は，春生門事件

第 3 章 李軫鎬研究

後，反日派からすればいよいよ「親日派」の色彩を濃くしたことになる。

1896年2月11日，国王高宗がロシア公使館に遷居（俄館播遷）した。実際には，当時勢力を増していた親露派が，高宗の身柄を確保するとともに，勅命の威を借りて「親日派」の粛清に乗り出したのである。この時，市街各所に詔勅なりと称して次のような掲示がなされたという。

　　目下我国変乱断ヘズ之ヲ要スルニ乱臣賊子ノ蔓延ニヨル朕故ヲ以テ玆ニ露公使館ニ臨御シ各国使臣ノ保護ヲ受ク然レトモ汝有衆決シテ騒乱スル事ナク各々其業ニ安ンジ而シテ禍乱ノ張本者タル禹範善，李斗鎬(ママ)，李範来，リシンコウ，趙義淵，権瀿鎮(ママ)等ヲ斬首シテ露館ニ来リ朕ノ観覧ニ供セヨ[10]

ここでいう「リシンコウ」が李軫鎬その人で，彼は，この時点でついに指名手配のお尋ね者にされたのである。こうして李軫鎬は，日本に身を避けざるをえなくなったわけであるが，彼自身が語ったこの間の経緯は次のとおりである。

　　当時の閣員にして逮捕令を受けた者の顔触れを見ると，殺された三氏（金弘集・趙秉夏・魚允中――稲葉註(ママ)）の外，内務大臣兪吉濬，軍部大臣趙義淵，法部大臣張博，警務使許○，訓練隊（親衛隊の誤り――稲葉註）の第一大隊長の私と第二大隊長の李範来（元参与官）それに前訓練隊長李斗璜（元全北知事）禹範善，前警務使権栄鎮(ママ)の諸氏で，その外種々なことが原因して亡命した者は卅余名に達した。かくて私は皆と共に日本に亡命したが，その間趙義淵，権栄鎮(ママ)，李斗璜，禹範善の五氏と私は欠席裁判をもつて死刑の宣告を受けた[11]。

李軫鎬が実際に日本の土を踏んだのは1896年の11月，指名手配から9ヵ月後のことであった。それまで日本軍守備隊に匿ってもらい，仁川発の御用船を待って亡命の途に就いたのである。

李軫鎬の日本亡命は，1907年9月に特赦によって帰国するまで実に11年

に及んだ。長期間の亡命生活が可能だったのは、日本人有志の援助や亡命者個々人の自助努力、亡命者同士の相互扶助などがあったからであろうが、注目すべきは日本外務省の補助である。林外務大臣から伊藤韓国統監への1907年8月1日付電報に、「韓国亡命者中今尚本邦ニ留マレルモノ趙義淵以下七八名アリ彼等ハ……（中略）……従来当省ヨリ支給シ来リシ手当四五ヶ月分ヲ一時ニ受取リ帰国シタキ旨内願シ居レリ」[12]というくだりがあり、いつからかは不明であるが外務省が韓国人亡命者に「手当」と称する補助金を出していたことがわかる。

日本官民の助けを得て李軫鎬は、「兪吉濬を中心に、日本陸士出身の青年将校らとともに大韓帝国を打倒し大韓政府を樹立するというクーデター計画に参加し、その総指揮を引き受けるよう約束していたが、準備段階で霧散した」[13]という。また、1898年1月4日の『近衛篤麿日記』には、「面会　奥村五百（朝鮮学生の事に付）李範来　禹範善　申応煕　李軫鎬（何れも朝鮮亡命者なり同上の件に付）」[14]という記述がある。これは、李軫鎬らが、朝鮮人留学生のために便宜を図ってくれるよう近衛篤麿に要請したことを示している。つまり李軫鎬ら亡命者は、留学生のことまで心配するだけの余裕があったのである。

2．道観察使～長官～知事時代

1906年7月23日の第9回「韓国施政改善ニ関スル協議会」において統監伊藤博文は、「亡命者ノ件ニ関シテモ種々ノ風説アリト雖是レ亦何等ノ根據ナキ説ナリ元来亡命者帰国ノ事タル陛下ノ許可ナクムハ之ヲ実行スルコトヲ得サルハ勿論ナルノミナラス自分ハ近時本件ニ関シ何等ノ要求ヲ為シタルコトナシ」[15]と発言している。亡命者のみならず、就任初期の伊藤統監が韓国人の人事に直接介入することはなかったのである。そのような伊藤の姿勢が大きく変化したのは、1907年7月24日の第3次日韓協約締結後である。同協約の第4条「韓国高等官吏ノ任免ハ統監ノ同意ヲ以テ之ヲ行フコト」と第5条「韓国政府ハ統監ノ推薦スル日本人ヲ韓国官吏ニ任命スルコト」は、一般に日本人官僚による「次官政治」を正当化したものとして重視されているが、韓国人亡命者を帰国させ道観察使に任命する根拠となったという意味で

第3章　李軫鎬研究

も重要である。第3次日韓協約締結の翌々日（7月26日），亡命者の特赦帰国が，伊藤統監の同意を得て事実上決定された。李軫鎬が，兪吉濬・李斗璜・趙義聞・李範来・張博らとともに東京を発ったのは8月12日である。

帰国した李軫鎬は，10月8日，中枢院副賛議に任じられた。なお同日，李斗璜・趙義聞・李範来にも同様の辞令が発せられている。

1908年6月11日，「観察使ハ尸位素餐シ郡守ハ非行ヲ敢テス」[16]という当時の韓国人地方官僚に対する伊藤統監の評価を反映してか，13道中6道の観察使の人事異動が断行された。この時，李軫鎬は平安北道の，趙義聞は黄海道の，李範来は咸鏡南道の，申応熙は全羅南道の，李圭完は江原道の観察使に新任され，朴重陽は平安南道から慶尚北道に異動したのである。李軫鎬から李圭完までの5名はいずれもかつての日本亡命者で，申応熙と李圭完は，時期的に李軫鎬・趙義聞・李範来よりも先輩にあたる。また朴重陽は，青山学院に留学し，日露戦争時は日本軍の通訳を務めた経験があり，「若い時分は伊藤博文から大変可愛がられたとかいう話」[17]がある。

6道観察使の人事異動直後（6月17日）の「各道観察使ニ対スル統監訓示演説」の中で伊藤は，新任観察使の任務や権限について次のように述べている。

　　新任観察使ハ如何ナル考慮ヲ有スルヤ知ラサレトモ政府ノ議ノ在ル所ニ依テ察スレハ勅語ニ所謂友邦ノ謀忠ニ頼リ施政ノ改善ヲ行ハント欲セハ之ヲ実行スルニ足ルノ人物ヲ挙テ要所ニ置クト共ニ日韓両国人ノ意思ヲ遺憾ナク疎通スルノ必要アリ而シテ諸君ハ長ク日本ニ滞留セルヲ以テ君主ノ眼中諸君ナラハ日本語及日本ノ事情ニモ精通セルカ故ニ諸君ヲ採用セラルルコトニ決定相成リタル次第ニテ之レ即チ更迭ノ眼目ナルカ如シ ……（中略）……

　　諸君ハ今回韓国ニ於テ従来類例ナキ権能ヲ付与セラレタリ之ト共ニ諸君ノ責任ハ益々重ヲ加ヘタリ将来道内各郡守ノ人選ハ観察使ニ於テ為スコト即チモレナリ内部大臣ハ今後諸君ノ推薦スル人物ヲ直ニ郡守ニ任命セラルル様奏請スヘキヲ以テ諸君ノ責任ヤ実ニ重シト謂ハサルヲ得ス ……（中略）…… 加之諸君ハ各道各郡ノ主事ヲ任免スルノ権能ヲモ併セテ付与セ

ラレタレハ之レ亦責任ノ帰スル所ヲ大ニ考慮セサルヘカラス[18]

　すなわち，上記の6道観察使は，「日韓両国人ノ意思ヲ遺憾ナク疏通スルノ必要」のために任命され，彼らを含む各道観察使は，この後，郡守・主事の人事権が強化されたのである。ただし，彼らが人事権を有する主事は日本人を除くという制約があったし，さらに大きな制約として彼ら観察使には警察権がなかったことに留意すべきである。1907年8月以後，統監府は，各道に日本人警務顧問を置き，全国各地の分遣所・分派所に日本人警察官を配置して韓国警察を支配していたのである。

　平安南道観察使としての李軫鎬は，官立平壌日語学校およびその後身である官立平壌高等学校（1909年4月～）の校長を兼ねた。しかし，これは，同校校長は平安南道観察使が兼任するという慣例に従ったまでで，特別の意味はない。

　1910年8月22日「日韓併合ニ関スル条約」が調印され，10月1日，朝鮮総督府が開庁された。「朝鮮総督府官制」の施行によって旧韓国の政治家・高級官僚の多くは職を解かれ，中枢院顧問・賛議・副賛議などの名誉職に祭り上げられた。しかし，13道中6道の長官には，併合前の観察使が引き続き任用された。この人事政策は，併合条約第7条「日本国政府ハ誠意忠実ニ新制度ヲ尊重スル韓人ニシテ相当ノ資格アル者ヲ事情ノ許ス限リ韓国ニ於ケル帝国官吏ニ登用スヘシ」に基づくものであったが，朝鮮人の道長官は，「言語が異なる朝鮮を統治する際朝鮮民衆との媒介体として，また大韓帝国官吏らの抗日化防止とその懐柔策としても重要であった」[19]と評されている。

　李軫鎬は，平安南道観察使から慶尚北道長官となった。また，朴重陽は慶尚北道観察使から忠清南道長官に，申応熙は全羅南道観察使から咸鏡南道長官に転じた。一方，李斗璜は全羅北道の，李圭完は江原道の，趙義聞は黄海道の観察使から長官に横滑りした。

　彼らにはいくつかの共通点がある。まず，6名全員が長期の日本生活経験者であり，朴重陽を除く5名は武官出身であった。「これは，1910年代の植民政策であった武断政策が官僚任用においても適用され，主として武官出身の親日分子を道長官に任用した」[20]とみることができる。次に，彼らの任地

に関しては,「治安と関連が大きな京畿道や平安南北道,そして慶尚南道には,朝鮮人長官は一度も任命されなかった」[21]という特色がある。ちなみにこれは,植民地期を通じての朝鮮人長官(知事)全般についていえることであった。彼らはまた,終始日本人官吏(部長)のコントロール下にあったし,数的にも日本人長官(知事)より多く同時在任することはなかった。

1916年3月,李軫鎬は慶尚北道から全羅北道に異動した。そして,それから3年後の1919年3月,3・1独立運動が勃発する。3・1運動に対する李軫鎬の姿勢は次のとおりであったという。

　3・1運動が朝鮮各地に拡散し,独立を主張する民族主義運動が盛り上がるや,日帝は,親日官僚と地主を中心として「自制団」という御用団体を組織し,民族運動を抑圧する宣撫工作を企てた。……(中略)……
　当時全羅北道知事であった李軫鎬は,このような計画に同調して自らの主導下に「全北自制団」を,3・1運動が展開されつつあった1919年4月21日に組織した。自制団の組織は,独立運動に参加した者を検挙し,彼らの内部に入り込んで諜報活動をすることを目的とし,地主が抱えている作男や小作人を自制団の組織内に引き入れ,彼らの反日闘争を地主の力で押え込ませる方法を採った[22]。

1919年8月19日「朝鮮総督府地方官官制」が改正され,道の長官は知事と改称された。そして9月25日,全羅北道知事李軫鎬は,高等官1等に陞叙された。この陞叙が,李軫鎬が後日総督府学務局長に任命される伏線となる。というのは,総督府人事の慣例として道知事は高等官2等が相場であったが,局長は高等官1等のポストとされていたからである。

1921年7月,李軫鎬全羅北道知事は辞意を表明し,8月5日に辞任,東洋拓殖株式会社唯一の朝鮮人理事となった。7月2日付『東亜日報』の「李知事東拓入社説」によれば,その間の経緯は大略次のとおりであった。

　中枢院参議を地方各道からも選抜任命することになり,全羅北道知事李軫鎬も候補者を上申したが,結果的に全然意外の人物が任命されたので,

総督府当局のこの措置に不満を抱いた李軫鎬は知事の辞表を提出した。水野政務総監が慰留に努めたが，李の辞意は固かった。そこで当局は，一計を案じた。当時，朝鮮人農民との紛争が多く東拓の事業が円滑を欠いたので，李軫鎬を東拓の理事に据え，農民の不平不満の宥め役にしようというのである。東拓の朝鮮人理事は，韓相龍が辞任して以来置かないことになっていたが，水野政務総監が，朝鮮人理事制の復活，李軫鎬の理事就任を強力に推し進めた。

第2節　学務局長としての李軫鎬

1. 朝鮮人学務局長の誕生

1924年12月，李軫鎬は，東洋拓殖株式会社顧問（当時）その他民間会社の役職を辞して朝鮮総督府学務局長となった。斎藤実が「道知事李軫鎬をわずか二，三年ではあるが，はじめて総督府の学務局長に据えた」[23]といわれているように，李軫鎬の学務局長抜擢は，確かに形式的には斎藤総督の人事である。しかし，実際に李を登用したのは，1924年7月から政務総監の座にあった下岡忠治であった。斎藤総督が唱える「文化政治」の一環として朝鮮人を総督府高官に登用することは，下岡政務総監の就任当初からの方針だったようであるが，具体的な人選には時間を要した。下岡が李軫鎬を知るに至った経緯は次のとおりであったという。

　　初め総監は，其の人選について余程腐心の模様だつた。其の意中には，朴泳孝侯の如き声望閲歴第一流の人物か，さなくば朝鮮青年崇敬の的となつてゐた李商在氏の如きを其の局に膺らしめたく思つてゐたらしい。しかし以上の両氏は，周囲其他の事情から，就任は困難といふよりも不能だつた。一日朴泳孝侯に対して
　　　　然らば何人が適材か
と尋ねた。その時挙げられた人名中に李軫鎬氏があつた[24]。

学務局長就任以前の李軫鎬と教育界との関係について,「氏は韓国時代から教育の急務を高唱し,率先,日語学校を創設して育英に力め,未だ教育熱の絶無な時代,非常の苦心を以つて大邱並びに全州の高等普通学校を新設し,育英の師父として朝鮮人間にも重んぜられてゐた」[25]という説がある。しかし,これは,下岡政務総監の学務局長人事を正当化するためのこじつけというべきである。日語学校の創設に関しては今のところ確かめえないが,官立高等普通学校を各道に順次設立することは朝鮮総督府の既定路線であって,1916年の大邱高等普通学校,1919年の全州高等普通学校の創立は,慶尚北道・全羅北道の長官(知事)が李軫鎬でなくても実現した筈だからである。李学務局長の抜擢は,「3・1運動後,朝鮮人本位の教育を実施することを主張する要求が引き続き高まるや,総督府が採った朝鮮人撫摩・懐柔策の一部であった」[26]という韓国側の見方が正鵠を射ているであろう。

　朝鮮総督府なかんずく下岡政務総監の肩入れにもかかわらず李学務局長は,難産の末に誕生した。人事案の段階で最も強硬に反対したのは日本政府法制局であった。下岡政務総監が「対朝鮮人経綸の一として,鮮人登用の門を拓かんとして李軫鎬氏を学務局長に任命するに方り,当時の法制局は之を難んじて休まなかつた。一時,案の通過は怪ぶまれ,非常なる苦心を費した」[27]という。法制局の反対理由は公表されていないが,「今後特別任用で盛に鮮人を高官に採用することになると鮮人の高官は益々増加し従うて鮮人の高等文官試験を受くるものは多くはならずに却て減少し,朝鮮の官海は無資格者が多く,終には高等文官試験を受けた内地人官吏と特別任用の朝鮮人官吏とは益々資格階級の争ひより反目を助長すると云ふ風になる」[28]ことを恐れたものと思われる。

　李軫鎬の学務局長人事が確定するや,日本言論界は,これを批判する論陣を張った。その一例である『朝鮮及満洲』1925年1月号の時事論評「鮮人の学務局長」は次のとおりである。

　　今回の人事異動に依りて学務局長に鮮人李軫鎬氏を持て行つたのは奇抜である,総督府設置以来十余年未だ総督府の各局部長には鮮人としては一人も採用されたものは無い,総督府の幹部には鮮人入るべからずの観があ

つたのに今回の整理時期に於て鮮人を局長級に据えたと云ふことは破天荒の企てで下岡政務総監の英断にして亦之に依りて下岡政務総監の朝鮮人政策も忖度することが出来ると云ふもの，鮮人も大に之を喜で居ること丶思ふ，但し鮮人を学務局長に持つて行つたと云ふことは大なる問題ではあるまいか，教育は平凡の機関で誰れでも善いやうなもの丶決して然らず，教育の如何は一国の盛衰興亡に最も関係深きものにして人心を左右する中枢機関である，殊に朝鮮人の教育に於ては最も重大なる意味を有し，又朝鮮の学務局は内鮮人両方の教育を司る府にして，最も困難なる機関である之を司る者は特に人格の優秀なるものたると同時に朝鮮統治の要諦に黙識心通し，相当の識見と相当の手腕ある人物にあらざれば適任者とは言へない，此意味に於て関屋，柴田，長野の今日迄の各局長の如き決して朝鮮の学務局長として適任者であつたとは言へない，まして教育上の智識経験に乏しい朝鮮人を以てするに於てをや，仮令ひ其朝鮮人が教育上の智識経験を有して居つても総督府の学務局長として鮮人を採用すると云ふ事は考へ物であると同時に本人に取りても決して望ましき事にあらず，鮮人が国民として内地人と同じ理想目的感情を有し，内地人と同じく日本帝国の忠良なる臣民となり，日本人として何処迄も世界に立つて行きたいと云ふことになつた暁は朝鮮人の学務局長は教育上の智識経験抱負さへあらば其れで可なりと思ふが，鮮人の一般思想にして今日の如く朝鮮人は朝鮮人として教育されたいと云ふ理想目的感情を有し，然して総督府の方針と内地人側の希望は之に反し飽迄朝鮮人は日本国民として養成して行きたいと云ふ方針希望を有する以上は，鮮人学務局長は仮令教育上の智識経験あるも両者の板挟みとなつて藻掻かねばならぬことになる，或は総督府の方針に副はず，内地人の希望に反し鮮人の希望理想に副はんとして反逆的態度を取る時は何うする，其際はただ一片の辞令一つで馘首出来るでは無いかと言はば，成る程其れ迄の事であるが，そこまで行くまでに言ふべからざる色々学務局長と内地人官吏や内地人教育者との間に色々の葛藤を起す懸念は無きか，又其れまでの事無しとするも，鮮人学務局長は善く朝鮮統治の大方針を会得黙識心通して着々其実行に忠実なるを得るか，吾人の懸念する所は即ち此に在るなり[29]

このような批判が沸き上がることを事前に察知していたからであろうか，下岡は巧妙な手を打った。敏腕の商工課長として鳴らした平井三男を，李学務局長の女房役たる学務課長に配したのである。「平井君が商工課長から学務課長に転じたのは栄でも不栄でも無い，才物で人交きの善い，さうして識見も確かりした平井君は何処に行つても可ならざる無しであるが，鮮人局長の女房役に持つて行つたのは総監，人を見る明ありと云ふべし」[30]と評されている。ちなみに平井三男の学務課長発令は，李軫鎬の学務局長就任に6日先立つ1924年12月6日で，それから1928年2月24日までの3年余は，20年に及んだ平井の朝鮮生活の掉尾であった。

2．学務局長としての業績

　1924年12月14日付，すなわち李学務局長が就任して2日後の『東亜日報』は，その前日に李が記者に語った内容を次のように報じている。

　　普通学校の教授用語使用も，早くから民間において激烈に主張するところであるが，勿論，自分個人の意見としては，日語の時間には日語で教授するにせよ，他の学課の時間は朝鮮語で教えるほうがよいと信じる。しかし，これは○○（判読不能）の方針なので，自分の考えだけでそうできるかどうか……（中略）……
　　民立大学は，日本におけると同様，政府の補助で造成するのもよいが，普通教育や官立大学も財政関係で苦労しているというから，どうしてそこまで力が及ぶであろうか。

　李軫鎬を「親日派」として非難する勢力はこの発言を捕らえて，「民立大学設立問題については，財政が貧弱だから力が及ばないだろうと懐疑的な姿勢を示すなど，朝鮮人側の期待とは初めから食い違っていた」[31]と評している。確かに，学務局長就任時の李軫鎬には，朝鮮同胞の期待に積極的に応えようとする姿勢は見られなかった。
　1925年11月，各道知事宛の学務局長通牒「実科教育ニ関スル件」が出さ

れた。その要旨は次のとおりである。

　　農業，商業又ハ手工等所謂実科ニ属スル教育施設ハ ……（中略）……
　最緊要ノ事ニ属シ候今般各道普通学校並小学校ニ於ケル此ノ種科目加設ノ
　情況ヲ調査スルニ ……（中略）…… 地方ニ依リテハ尚未タ之ヲ加設セサ
　ルモノモ有之ヤニ認メラレ候ニ就テハ爾今一層御督励ノ上益之カ普及発達
　ヲ図ルト共ニ各道府郡ノ産業施設ノ方針ニ窮ヘ又是等技術員トノ連絡ヲ緊
　密ニシテ特ニ児童将来ノ生活ニ直接有用ナル実際ノ技能ヲ習得セシムル様
　致度[32]

このように学務局長通牒「実科教育ニ関スル件」は，当時まだ必修科目でなかった初等学校の農業・商業の必修化を意図していたとみることができる。第3代朝鮮総督としての斎藤実の任期は1919年8月から1927年12月の8年余に及び，「其の統治八年の後半期に於ける教育の大目標は，実に実業実科の生活教育に在つた」[33]といわれているが，実科教育の重視が，斎藤総督のみならず李学務局長の方針でもあったことは，後述するような李軫鎬の実科教育関係の発言からも明らかである。

1926年正月，李学務局長は次のような「年頭所感」を発表した。

　　自分は学務局長としての重職についてからもう早丁度一年になる。……
　（中略）…… 解決すべき多くの問題は大部分本年度に残されて居る。初等
　教育の拡張問題，その内容の充実問題，教科書の改訂問題等の問題と必然
　的に関係を有する師範教育問題，其他実業教育の改善問題，女子教育問題，
　軍事教育問題，視学機関の改善問題等がそれぞれ当面の急務として，自分
　の前途に置かれてある上に，更に専門学校の充実或は拡張問題，大学創設
　問題等も亦一日も忽にし得ざる重要事件である。自分は今，部下の人々と
　共に，是等の諸問題に就いて慎重審議を重ねて居る[34]。

すなわち，すでに1926年1月の時点で，初等教育の拡張，その内容の充実，教科書の改訂，師範教育・実業教育の改善等々，後の山梨総督時代

(1927年12月～) に本格的に取り組まれる諸問題が，李学務局長と部下の間で慎重審議されていたのである。

同年6月10日，朝鮮王朝最後の王純宗の葬儀に際して朝鮮人学生・生徒らが独立示威運動を展開した。いわゆる6・10万歳運動である。この結果，多くの学生・生徒が退学処分となったが，李学務局長は，夏休み明けを待って，「万歳事件の処分学生の復学は，当該学校長の職権で決めてよい」旨の談話[35]を発表した。これは，朝鮮人学務局長が朝鮮人退学生の救済を図った措置と見ることができる。

同じく1926年の秋，1927年度予算の編成に際して京城法学専門学校の校舎新築費が問題となった。すなわち，「法政(ママ)専門学校の校舎新築費拾五万円を削除したと云ふので李学務局長は財務局長が教育に無理解だと云て，政務総監の面前で大激論を闘はし，局長は職を賭しても之を明年度予算に要求し」[36]たのである。当時の官立専門学校5校のうち京城医学専門学校・京城高等工業学校・水原高等農林学校・京城高等商業学校は内地人学生の比率が圧倒的に高かった（62～87％）が，唯一京城法学専門学校だけは朝鮮人中心（72％）であった。その京城法学専門学校の校舎新築費を李学務局長が「職を賭して」要求したのである。

李学務局長の1927年「年頭所感」のポイントは，次のような論理展開で「旧年に倍し生産教育を提唱し，学校教育の生活（生活化か―稲葉註）を高調せんと」したことである。

　　近時世界の大勢と朝鮮の現状とを鑑みるときは，唯に教育ばかりで無く一般の人々も考慮せなければならぬ事は，生活と職業，職業と教育とを調和せしむる事であると信ずる。教育は生きた人間を作る(ママ)が目的であり，働きのある国民を作るのが教育であるとするならば，すべての教育は生活に即し，職業に即してゐなければならぬ。何れの職業に従ふも必要な基礎を築くのが普通教育であり，特定の職業に就く為め授くる教育が職業教育である。かくてこそ何れの教育に於ても，強き実際的生産的活動のできる人間が出来るのである。……（中略）……

　　将来斯土の住民に幸福をもちきたらす唯一つの方案は生活と職業と教育

とを調和せしめることであり，教育の一要素として生産的活動を高調し，徹底せしむることである。されば本年は旧年に倍し生産教育を提唱し，学校教育の生活を高調せんとするものである[37]。

これを受けて1927年3月末，「中学校規程」「高等普通学校規程」が改正され，4月の新学期から実業科が必修科目となった。なお，小学校・普通学校の職業科については後述のとおりである。

山梨半造が第4代朝鮮総督として京城に赴任して旬日を経たばかりの1928年正月，李軫鎬は，「新年所感」の中で次のように述べている。「私は……したい」と，「自身の希望の一端」を口語体で率直に語っている点が注目されるところである。

　　私は初等教育の拡張を第一としたい，朝鮮にはまだ義務教育の制度は布かれて居ない，此の制度がないからとて多数の子弟を無学に終らしめてよいといふのでは決してない，真に内鮮融和の実を挙ぐるには，将又，朝鮮の人々をして，真に帝国の国民たるの資質と自覚を得しむるには，何をさておいて初等教育の普及発達を急務としなければならぬ。
　　次に私は朝鮮の教育を，今よりも更に多く実生活に即した教育としたい，是は内地に於ても盛んに唱導せらるゝ所であるが，教育が単に学問の教授とされて，実際生活と没交渉に取扱はるゝ事は，大なる誤謬でなければならぬ，私は過去両三年に於て，実業補習学校を起し，初等学校の実科教育を奨励し，更に中等諸学校に実科を必修課目としておいたのは，此の精神からである。今や世界の思潮は盛に教育の実際生活化を叫んでゐる。私は此の点に一層の考慮を払つて，万遺算なき様にしたいとおもつてゐる。
　　師範教育に関しても，最も慎重の考慮を要するものと思ふ。教育は日進月化する。これが任に当る教師其の人の素質も亦日に新なるを要する。其の点から見て現在の各道師範学校の組織，修業年限，その他の各般が果して適当であるといひ得るだらうか，若し不適当であるとせば，如何様に改善すべきか，私は之等の件に関して目下充分の調査をなさしめて居る[38]。

第 3 章　李軫鎬研究　　　　　　　　　　　　　　　　　　　75

　ここにある初等教育の拡張，実科教育の充実，師範教育の改革は，後に山梨総督の 3 大教育方針と称されるようになる。しかし，1928 年 3 月の時点でも，「山梨さんは着任以来既に三箇月になつてまだ引込思案に日を暮して何等為す所無く」[39)]といわれるほどであったから，李軫鎬が上の「新年所感」の原稿を書いたころ，山梨に具体的な案があったとは考え難い。したがって，山梨総督の 3 大教育方針は，もともと李学務局長の方針に他ならなかったと見られるのである。

　1928 年 4 月，総督府は，「朝鮮総督府ニ於ケル一般国民ノ教育普及振興ニ関スル第一次計画」[40)]を発表した。その「一般方針」は次のとおりである。

一，初等教育ノ根本要義ニ就テハ従来内地等ニ於ケルカ如キ読書教育ノ弊ヲ排除シ朝鮮ノ実情ニ鑑ミテ国家社会人トシテ必要ナル資質ヲ向上シ勤労好愛ノ精神ヲ振興セシメ興業治産ノ志向ヲ教養スルニ努ムルコト
一，教育ノ実際施設ニ就テハ機会均等ノ主義ニ依リ此際少数者ニ対スル教育ノ向上ヲ図ルヨリモ寧ロ多数民衆ニ対スル教育ノ普及ヲ図ルコトトシ兎モ角一面一校主義ノ実現ヲ期シ之ニ依リテ各面ニ将来普通学校発展ノ中核トナルヘキ設備ヲ植付ケ尚之ヲ基礎トシテ社会教育施設ノ進展ヲ図ルコト
一，初等教育及社会教育ノ施設ハ大体ニ於テ其ノ費用ヲ地方団体ニモ之ヲ負担セシムルノ主義ニ依リ教育ニ対スル民衆ノ義務心ヲ喚起セサルヘカラサルハ言ヲ俟タサル所ナルモ現下半島ノ民度ニ鑑ミ本計画ニ依リ新ニ各面ニ教育機関ノ中核ヲ植付クル迄ノ費用ハ当分ノ内補助政策ヲ主トスルコトトシ将来民度ノ増進ト共ニ漸次地方ノ負担ニ依リテ教育施設ノ維持発展ヲ図ルノ方針ニ進ムルコト

　この「一般方針」に基づいて，「第一　普通学校普及ニ関スル事項」「第二　内地ニ於ケル実業補習学校等ノ例ニ準シ新ニ簡易国民学校ノ制ヲ設クル事項」「第三　師範学校ノ改善ニ関スル事項」「第四　現ニ設置スル実業学校中乙種程度ノ実業学校ニ関スル事項」「第五　青年訓練所ノ制ハ朝鮮ニモ之ヲ実施スルコトニ関スル事項」「第六　学校教育以外ニ於テ一層堅実ナル青少年ノ

修養ヲ奨励スル為社会教育ノ一施設トシテ青年修養団体ノ施設振興ヲ策スル事項」「第七　道及府郡島ノ視学増員及新設ニ関スル事項」のそれぞれに関する具体的な施策が計画されている。李軫鎬が,「これを発表するまで4年も掛かった」[41]といっているところをみると, この「第一次計画」は, 李学務局長就任以来3年余 (足掛け4年) の集大成である。そしてこの計画は, 1928年6月の「臨時教育審議委員会」, 8月の「臨時教科用図書調査委員会」における審議を経てオーソライズされ, 順次実行に移されていった。李軫鎬自身は,「当務者の一人である私としては, むしろ文化の飢饉に泣く幾多の幼い同胞がいることを思えば, 何よりもまず普通教育の普及振興を急先務として与望に副わねばならないことを痛感した。そこで普通学校一面一校の達成と師範教育の改善計画を樹立した」[42]と語っている。「第一次計画」は多岐にわたるが, なかんずく李軫鎬が力を注いだのは上掲の第一・第三事項だったのである。

　では, 学務局長としての李軫鎬はどのように評価されたのであろうか。次の引用は, 朝鮮教育会が, 同会副会長でもあった李軫鎬に贈った送別辞の一節である。

　　氏が在職中, 朝鮮の教育は恰も奔馬の如き勢を以て進展した。京城帝国大学の開設を始め, 実業補習学校の設置実科教育の普及等枚挙に遑あらざるも, 殊に現総督を補佐して, かの臨時教育審議会に於ける第一次計画, 即ち一面一校の実施及師範教育の改善等に尽したる氏の効績(ママ)は極めて偉大なるものがある。又多年懸案たりし教員優遇令の発布の如きも過半は氏の努力の賜である[43]。

　李学務局長の特筆すべき功績として, 李自身が言及した「一面一校計画」の遂行と師範教育の改善のほか, 教員優遇令の発布が挙げられている。教員優遇令とは, 李学務局長辞任直後の1929年2月2日に公布・施行された「朝鮮公立小学校長及朝鮮公立普通学校長優遇令」のことで, その内容は,「朝鮮ニ於ケル公立ノ小学校又ハ普通学校ノ学校長ニシテ十五年以上訓導ノ職ニ在リ現ニ四級俸以上ヲ受ケ功労著シキ者ハ公立ノ小学校及普通学校ヲ通

ジ四十人ヲ限リ特ニ奏任官ノ待遇ヲ受ケシムルコトヲ得」というものである。小学校長はすべて内地人であったが，普通学校長の中には少数ながら朝鮮人がおり，優遇令の案を作成した李学務局長の念頭には彼ら朝鮮人校長のことがあったものと推測される。

　1924年12月から「第一次計画」がまとまる直前の1928年2月まで学務課長として李学務局長に仕えた平井三男は，朝鮮を離れて後，「山梨朝鮮総督の秕政」という長文の論文を物している。タイトルが示すとおり全文が山梨批判で貫かれているが，次に示すように，山梨に対する批判が同時に李軫鎬批判になっている部分が少なくない。

　　山梨総督の就任後，黙過すべからざる失政として，批難の焦点となりつゝある所は，……（中略）……或は民力を測らず且財政上の無理押を敢てして，朝鮮人教育の促進を企て，無謀突飛なる初等学校増設の計画に着手し……（中略）……

　　元来朝鮮人の為に，大に教育の進展を期せむとする本案には，三大骨子がある。一は朝鮮人の初等教育機関たる普通学校の増設，二は国民学校と名くる変態にして不完全なる初等教育機関の普及，三は朝鮮人初等教員の資格と其の修学年限とを，民度不相応に引上げむとする，数個の官立師範学校の設立である。何れも統治上重大なる影響を予想すべき，緊切の事項を含んで居るのみならず，本計画の諸要点を点検すれば，何れも甚しく朝鮮の実情を閑却し，錯覚逆行と認むべきもの少からざるに拘らず……（中略）……

　　池田前局長の言を借用すれば「教育問題は朝鮮に於ける随一の人気問題である。一時の人気に迎合せむとする者に取りては，これ以上好個の問題はあるまい」又或人は云ふ。「百舌鳥の如く喋々し，いたちの如く軽卒なる山梨総督は，朝鮮人たる学務局長に甘く乗せられたのであらう」更に或人は云ふ。「不人気にして而も身辺の禍のみを是恐るゝ山梨総督は，之を人気政策とし，又避難場として其の蔭に隠れたのであらう。此の心理を読破した，朝鮮人局長の巧智は称すべきではあるが，聊か盲者の手引たるを免れなかつた」

若し然らば，乗せらるゝ者非にして，乗するもの是なるか。山梨総督と李局長，吾人は曲非の何れにあるやを知らぬ[44]。

平井三男の批判のポイントは，「無謀突飛なる初等学校増設の計画」「朝鮮人初等教員の資格と其の修学年限とを，民度不相応に引上げむとする」「何れも甚しく朝鮮の実情を閑却し，錯覚逆行と認むべきもの」などといった表現に集約されているが，裏を返せば，これこそが李軫鎬の狙いであったとみることができる。「朝鮮人局長の巧智は称すべきではある」という評価は，皮肉を込めながらも結局，李学務局長の功績を認めたものに他ならない。

おわりに

1929年1月19日，李軫鎬は，朝鮮総督府学務局長を依願免官となった。「李学務局長が突如免官となるや，世人は頻りに取沙汰して，刑事々件に因る起訴を喧伝して居る。吾人は真相を審にせざるも，山梨総督が朝鮮人教育第一主義を高調して，唯一の金看板とせる今日，其の膝下にさへ斯る不祥の声を聞くは果して何の天意であらうか」[45]といわれているところをみると，少なくとも円満退職ではなかったようである。しかし，1月20日付の民族紙『東亜日報』は，「李学務局長の辞職は，氏が在任中，普通教育普及一面一校案，師範教育改正案，その他教育行政方面に多くの貢献があっただけに一般の哀惜を受けている」と李軫鎬の更迭を惜しむ声を伝えている。

学務局長を辞した李軫鎬は民間会社に就職したようであるが，詳細は不明である。その後1934年4月，中枢院参議に任命されて再び官禄を食むようになり，1940年10月には国民総力朝鮮連盟評議員，1941年5月には中枢院副議長，同年8月には臨戦対策協議会委員，同年10月には朝鮮臨戦報国団顧問，1943年10月には中枢院顧問・貴族院議員となった。国民総力朝鮮連盟評議員以後は，戦争に積極協力した文字どおりの「親日派」であったといってよい。

しかし，学務局長としての李軫鎬は，晩年の「親日派」李軫鎬と一線を画することができるのではないか。李学務局長時代，一貫して殖産局農務課長

の職にあり，後に（1933年8月～1936年5月）学務局長も務めた渡辺豊日子は，朝鮮人の教育観について次のように語っている。

　朝鮮の人はこと教育に関する限り，日本人の想像も及ばないような熱意を持ち，教育を盛んにして貰えねば自分達の目的は達せられない，不逞の考えでなくても日本人とは同一になれない，況や独立をしようと思うならば今日教育よりほかに道はないと一般に考えられていたようである[46]。

李軫鎬にもこのような考えがあったことを証明することはできないが，渡辺のいうところをベースにすれば，日本人から見て「無謀突飛なる初等学校増設の計画」を強行したことも，ある程度納得されよう。
　李軫鎬自身が「一面一校計画」の必要性を説いた論理は次のとおりである。「総督政治の体面」を楯に取って日本人の反対を封じたところが，まさに朝鮮人学務局長の「巧智」というべきである。

　新教育を受けて居る就学児童は学齢児童の一割八分で私立学校を入れても三割に達しないと云ふ有様だ，是れでは食う方が先きとか後とか云ふ問題ではあるまいと思ふ，朝鮮人も文明人の仲間入をせようと思へば，せめて学齢児童の半分なりとも教育を受けさせないと文明国人なんかと威張ることは出来なからうと思ふ，又総督政治の体面から言ふても教育の普及は最も急務中の急務だらうと思ふ[47]

東大法学部～高文試験を経て典型的な朝鮮総督府エリート官僚の出世コースを歩んだ八木信雄は，李軫鎬をはじめとする総督府の朝鮮人高官に言及しながら彼らの心境を次のように推察している。

　そこで，これらの人たちの心境や如何ということなんだが，僕の察するところ今挙げたような幹部級官吏大部分の本心は，「吾々韓国人には今直ちに総督府を転覆させて，独立を達成するだけの実力が備わっていない。依って，この際は進んでその機構の中に入り込み，吾々自身の手で韓国人

の実力の伸張を図り，それによって独立の機の熟するのを待つのが得策である」ということになるんじゃないかと思うんだ[48]。

　李軫鎬が朝鮮語で，「何よりもまず教育に主力を傾注すべきである。これが，国民全般の康福を増進し，半島の民度を向上させる所以である。………（中略）……願わくは同胞よ！自重せよ」[49]と叫んだ時の心境が，上の引用の「心境」に通じるとみるのは穿ち過ぎであろうか。

[註]（※はハングル文献）

1）※反民族問題研究所編『親日派99人』トルペゲ（石枕）　1993年　p.202
2）※金三雄『親日政治100年史』東風新書　1995年　p.98
3）阿部薫編『朝鮮功労者銘鑑』民衆時論社　1935年　p.25
4）1）に同じ
5）※『旧韓国外交文書』第3巻（日案3）高麗大学校附設亜細亜問題研究所　1967年　p.19
6）『朝鮮学報』第155輯　1995年4月　p.47
7）※ポクコイル『死者たちのための弁護』トゥルリンアチム（晴れやかな朝）　2003年　pp.22-23
8）李瑄根『民族の閃光──韓末秘史』時事通信社　1967年　p.326
9）※反民族問題研究所編　前掲書　p.203
10）外務省編『日本外交文書』第29巻　日本国際連合協会　1954年　p.682
11）三城景明編『韓末を語る』朝鮮研究社　1930年　pp.29-30
12）外務省編　前掲書　第40巻第1冊　1960年　p.553
13）9）に同じ
14）『近衛篤麿日記』第2巻　鹿島研究所出版会　1968年　p.3
15）金正明編『日韓外交資料集成』第6巻上　巌南堂書店　1964年　p.304
16）同上　第6巻中　p.923
17）八木信雄『日本と韓国』日韓文化協会　1978年　p.118
18）金正明編　前掲書　第6巻中　pp.925-927
19）※民族問題研究所編『親日派とは何か』亜細亜文化社　1997年　p.113
20）※朴ウンギョン『日帝下朝鮮人官僚研究』学民社　1999年　p.106
21）同上　p.52
22）※反民族問題研究所編　前掲書　p.204
23）姜東鎮『日本の朝鮮支配政策史研究』東京大学出版会　1979年　p.189
24）三峰会編『三峰下岡忠治伝』三峰会　1930年　pp.452-453
25）同上　p.453

26) ※反民族問題研究所編　前掲書　p.205
27) 三峰会編　前掲書　p.42
28) 『朝鮮及満洲』第28巻第206号　1925年1月1日　p.198
29) 同上　pp.197-198
30) 同上　p.190
31) ※反民族問題研究所編　前掲書　p.206
32) 『朝鮮教育法規例規大全』朝鮮教育会　1929年　pp.302-303
33) 『斎藤実文書』第5巻　高麗書林　1999年　p.379
34) 『文教の朝鮮』1926年1月　p.54
35) ※『東亜日報』1926年9月9日付
36) 青柳南冥『総督政治史論』後篇　私家本　1928年　pp.143-144
37) 『文教の朝鮮』1927年1月　pp.2-3
38) 同上　1928年1月　pp.3-4
39) 『朝鮮及満洲』第33巻第244号　1928年3月7日　p.11
40) 阿部洋編『日本植民地教育政策史料集成（朝鮮篇）』龍渓書舎　1987-1991年　第17巻所収
41) ※『東亜日報』1928年4月25日付
42) ※『新民』第45号　1929年1月　pp.31-32
43) 『文教の朝鮮』1929年3月　p.61
44) 『斎藤実文書』第5巻　pp.365-378
45) 同上　pp.378-379
46) 渡辺豊日子口述『朝鮮総督府回顧談』友邦シリーズ第27号　友邦協会　1984年　p.60
47) 『朝鮮及満洲』第33巻第251号　1928年10月5日　p.42
48) 八木信雄　前掲書　p.116
49) ※『新民』第45号　p.35

[附録]　李軫鎬略年譜

1867年8月	漢城（現ソウル）に生まれる
1882年	武科及第，しかし武官にはならず，同文学に入学して英語を学ぶ
1886年3月	済衆院医学校入学
1888年	錬武公院にて修学
1894年	訓練隊第3大隊長となる
1895年10月	閔妃殺害事件に関与，訓練隊を改編した親衛隊の第1大隊長に任命される
1896年11月	日本へ亡命
1907年9月	特赦
1907年10月	中枢院副賛議に就任
1908年6月	平安南道観察使に就任

1909 年 4 月　　官立平壌高等学校長を兼任
1910 年 10 月　　慶尚北道長官に就任
1916 年 3 月　　全羅北道長官に就任（1919年8月以後は知事）
1921 年 8 月　　全羅北道知事を辞任，東洋拓殖株式会社理事となる
1924 年 12 月　　朝鮮総督府学務局長就任
1929 年 1 月　　同上　辞任
1934 年 4 月　　中枢院参議となる
1940 年 10 月　　国民総力朝鮮連盟評議員となる
1941 年 5 月　　中枢院副議長となる
1941 年 8 月　　臨戦対策協議会委員となる
1941 年 10 月　　朝鮮臨戦報国団顧問となる
1943 年 10 月　　中枢院顧問，貴族院議員となる

第4章

山梨総督時代の朝鮮教育

はじめに

　朝鮮近代教育史研究の草分け的存在である大野謙一は，その著書『朝鮮教育問題管見』で，公立普通学校「一面一校計画」と並ぶ山梨総督の教育政策の柱であった「普通教育の改善」について次のように述べている。

　　寺内総督時代普通教育に於て特に重きを置いた農商業初歩・実業が大正九年の教育制度一部改正及び新教育令に基く関係学校規程に於て之を選択科目又は随意科目と為した結果，教育の実際に膺る者をして兎もすれば教育の実用を軽視せんとするの風を生ぜしめ，将来半島に於ける堅実なる文化の発展と根柢ある経済の繁栄を図る上に於て大なる障害たらんとするの虞あるに至つたので，昭和四年六月小学校規程並に普通学校規程に改正を加へて職業を必修科目と為し，旧制の如く教育の実用に重きを置き，大いに勤労好愛の風習を涵養せしめんことを期したのである。之を換言すれば実科訓練主義への復元とも称すべきであらう[1]。

　また，韓国教育学会の草創期に刊行された「韓国教育全書」シリーズの一冊『韓国教育史研究』にも次のような記述がある。

　　1919年の3・1運動による朝鮮民族の民族的反抗を宥めるために登場した斎藤実の形式的文化政治は，1927年12月に新しく第4代朝鮮総督とし

て赴任した山梨半造によって漸次廃棄される現象が現われ，結果的に，寺内総督によって実施された武断政治が復活する傾向を示すようになった[2]。

このように，「実科訓練主義への復元」と「武断政治の復活」の違いこそあれ，山梨総督時代が朝鮮植民統治初期への回帰という意味でのターニング・ポイントであったという認識は，日韓双方に共通である。

しかし，大野の記述にある昭和4（1929）年6月は，山梨総督の在任期間（1927年12月10日〜1929年8月17日）の最末期に当たる。したがって，1929年7月の「田中（義一──稲葉註）首相の退陣は，つまり山梨の解任を意味し，……（中略）……第四代朝鮮総督山梨半造は，これという治績も残すことなしにあっけなくひきさがった」[3] という見方も可能である。

そこで本章は，山梨総督時代にどのような教育行政が行なわれたかよりも，教育関係の諸政策が，いつごろから，どのような過程を経て形成されたかに重点を置く。とくに教育政策形成のキー・パーソンである総督・政務総監・学務局長・学務課長に注目し，「山梨総督の」ばかりではない「山梨総督時代の」教育政策を追究してみたい。換言すれば本章の狙いは，朝鮮植民統治中期のターニング・ポイントとしての山梨総督時代の，実質的教育政策担当者および政策形成過程を中心とする再吟味である。

第1節　教育政策関連の主要メンバー

1．総督山梨半造

第3代朝鮮総督斎藤実の辞任が確定的になるや，その後任と目されたのは，斎藤がジュネーブ海軍軍縮会議に日本全権として出席するため朝鮮を留守にしていた間（1927年4〜11月）総督代理を務めた宇垣一成であった。宇垣の評価が高かっただけに，「斯う云ふ立派な総督の候補者があるのに何を苦で山梨大将なんかを担ぎ出すのであるか」[4] というわけで，「山梨総督説台頭するや，内鮮の国文新聞は一斉に反対説を掲げ，京城に於ては操觚界の一部には，山梨氏反対の決議さへ行はれむとし」[5] たほどであった。

第4章　山梨総督時代の朝鮮教育

　山梨半造を第4代朝鮮総督に推したのは，時の首相田中義一であった。田中と山梨は陸軍士官学校・陸軍大学校の同期同窓であり，田中が原敬内閣（1918年9月～1921年11月）の陸軍大臣であった際，山梨は陸軍次官であった。「秀吉における竹中半兵衛のように田中の蔭には必ず山梨がいた。というよりは，田中が陸軍大臣としての切り盛りと対議会策の処方箋は，ことごとく次官であった山梨さんの方寸から出ているといってよいだろう」[6]という評さえある。

　1927年12月19日，釜山に上陸した山梨は，朝鮮総督としての第一声を発した。その要旨は次のとおりである。

　　朝鮮統治については全く白紙である。しかし，斎藤前総督の意図を踏襲し，時勢に遅れぬよう努力するつもりである。……（中略）……個々の問題に関しては，政府の方針もあり，時代の進運に適応した施設をする必要があるので，この点については充分に研究した後決定したい[7]。

　これを額面どおりに受け取れば，朝鮮赴任当時の山梨は，基本的に斎藤前総督時代の政策を引き継ぐ方針であったことになる。

　朝鮮の教育に関して山梨が初めて自分なりの考えを述べたのは，1928年1月の中枢院会議においてだったようである。同年2月の『朝鮮及満洲』は次のように報じている。ここに後の「一面一校計画」，すなわち4年制公立普通学校増設計画の萌芽を見ることができる。

　　山梨総督は未だ具体的何等朝鮮及び朝鮮人に対する意見を発表せざるも，一月の初めに開かれた中枢院会議に於て鮮人より朝鮮人の小学教育（普通学校）を内地人と同じく四年を六年制度にして貰ひたいと云ふのに対し，「朝鮮人の就学児童の割合はまだ三割に達して居ないでは無いか，故に今日の朝鮮では学年を増すより学校を増設して一人でも多く小学教育を受けさすべく努むるのが急務である，其れには朝鮮人其者が児童の入学を奨励すると共に教育費の負担を少しでも多く負担するやうに努めて貰ひたい」と喝破したと云ふことである[8]。

1928年3月になっても,「山梨さんは着任以来既に三箇月になつてまだ引込思案に日を暮して何等為す所無く,期待された剃刀式の切れ味と新味とを見せないのは,何となく物足らぬ感がする」[9)]といわれていたが,そのころ総督応接室で行なわれた対談では,釈尾東邦の「朝鮮人教育に就ては何う云ふ御方針ですか」という質問に対して自らの意見を次のようにかなり具体的に語っている。

　　イヤ別に変つた考へも持つて居ないが,内地のまねをして矢鱈に高等の学校を沢山設けることには不賛成だ,其れよりは初等教育の普及と云ふことに力を注ぎたいと思ふて居る,……（中略）……朝鮮の教育は進歩したと言ふもののまだ初等教育は就学児童の三割にも達して居ない,二割五分位だ,是れでは仕方が無い,普通学校を増設して就学児童をして不学の徒無からしむるのが今日の急務だ,……（中略）……其れから朝鮮人は軽佻浮華で虚栄心が強く役人になりたがる者が多くて実業に従事するものが寡(ママ)くないと云ふことだが,其れでは朝鮮の発達進歩は駄目だ,何うしても朝鮮の青年に実業を尊ぶ気風を盛にせねばならぬ,さうして実業上に役に立つ青年を沢山造り出すことが必要だ,故に吾輩は簡易な実業学校を沢山設立したいと思ふて居る,朝鮮の教科書は内地の教科書其者を余りに多く取り入れ過ぎて居る,朝鮮には朝鮮の特色があり,朝鮮人には朝鮮人特殊の長所と欠点があるから朝鮮人に適するやうな教材を取捨して編纂するやうにと指示して置いた[10)]

そして4月7日,「朝鮮総督府ニ於ケル一般国民ノ教育普及振興ニ関スル第一次計画」が発表された。同計画の内容は後述するが,上の山梨談話をほぼ全面的に反映したものであった。

しかし,この「一般国民ノ教育普及振興ニ関スル第一次計画」の中核をなす公立普通学校「一面一校計画」は,すんなりと受け入れられたわけではない。ある総督府官僚は次のように回想している。

　　朝鮮に永く居り半島の実情を知っている人は,「早過ぎる。経費の出よ

うがない，不完全な学校を作って不完全な教育をやるのなら，寧ろやらぬ方がよい」と反対する人も少くなかったようで，殊に総督府の内部においても，この一面一校主義の政策には賛成する者は，少なかったように記憶します。

　唯この時も山梨総督は，寺内さんの「朝鮮の教育は空理空論を助長してはいけない。飽くまで職業を考えてやらねばならない。」という考えを踏襲され，普通学校の教課程（ママ）の中に職業科を必須課目にするよう注意を払われると同時に，何としても一面一校主義は実行するという固い決意を持って当っておられたようでした[11]。

　このほか，「山梨総督の教育政策中最も重きを為すものは公立普通学校の一面一校計画であつて」[12]，「一面一校主義は山梨総督の新案では無いが，特に一面一校主義を強調して実行を急ぐことになつたのは全く山梨総督の発案で，山梨総督が如何に新附臣民たる鮮人の教育と初等教育の普及に熱心なるかを語つて余りあるものである」[13]という証言もあり，「一面一校計画」を抜きにして山梨総督の教育政策を語りえないことは周知の事実である。

　一方，歴代朝鮮総督の事績を要約した渡部学は，「山梨総督時代は朝鮮人学生の同盟休校事件の頻発した時代であったが，その原因を道徳教育の不足にありとし，とくに徳風作興に関する訓示を発して師道の振作をはかった。他方では一面一校計画を樹立実施して公立普通学校体制のいっそうの強化をはかるとともに，書堂規則を改正してその開設廃止につき監督を厳にしかつ使用図書についての規制を明確化した」[14]と総括している。また，韓国近代教育史研究の韓国側の先駆者である李萬珪は，山梨の教育政策の特色として，「新たに赴任した総督山梨は，朝鮮人の生活があまりにも窮乏化して学生の思想が民族的あるいは自由主義に流れることを心配した。そこで教育方針を修正することにした。再び実用主義をある程度まで復活させ，思想取締りを強化する教育策を採った」[15]と評した。これらは，ともに思想史に重点を置いた見方で，その分「一面一校計画」の比重は，相対的に低下することになる。

2．政務総監池上四郎

　池上四郎は，明治維新に先立つこと11年（1857年）会津若松に生まれ，正式の近代学校教育を受けることなく成長した「独学立身の人」[16]であったが，警察官～内務官僚として頭角を現わし，3期10年（1913年10月～1923年11月）にわたって大阪市長を務めたことによりその名声を確立した。

　市長退任時すでに67歳の高齢であったので，いったん社会の第一線を退いたものの，朝鮮総督の交替が池上を再び表舞台に呼び戻した。「池上老人の推薦者は鈴木内務大臣だと云ふ話」[17]もあったが，最終的には1927年12月23日，「田中義一首相の強い要請で朝鮮総督府政務総監（親任官）に就任」[18]したのである。

　就任後5ヵ月の時点で，「山梨総督は特に教育方面や思想方面の施設に頭を注ぎ，池上政務総監は産業や経済や社会方面に主として研究の歩を進めて居た」[19]といわれており，池上の追悼辞（1929年4月4日，在任中に死去）における治績も，「細農小額資金の貸付・寄附金募集の弊害矯正・夫役の廃止・火田の整理及火田民救済・小作慣行の改善・公営住宅及公益質屋等の社会的施設・教育の実際化・教科書の改訂・師範教育の改善・初等教育の普及其他築港治山産業等に関する計画並に旱水罹災民及朝鮮貴族の救済案など」[20]とされている。すなわち，池上本人にとって教育の優先順位は高くなかったのである。その行政手腕と人柄からして「池上氏の名声と徳望は慥かに総督以上であつたことは事実であつて今日（1935年当時―稲葉註）尚ほ池上の名は朝鮮に好印象を残しつゝ」[21]あったというが，こと教育行政に関しては，後述する大阪市長時代の腹心福士末之助に肩代わりさせる形をとった。

3．学務局長李軫鎬

　李軫鎬が韓国政界の表舞台に登場したのは，1908年6月，平安南道観察使に任命されてからである（観察使はその後，長官～知事と名称変更される）。1910年8月韓国併合が断行され，10月の総督府開庁とともに朝鮮13道に6名の朝鮮人長官が配置されたが，李軫鎬は，そのひとりとして慶尚北道長官となった。続いて1916年3月，全羅北道長官となり，1921年8月まで勤

続した。すなわち李は，13年余にわたって道行政の第一線にあったものの，教育行政に直接携わったことはなかった。教育関係といえば，平安南道観察使時代に官立平壌高等学校の校長を形式上兼任したぐらいのものであった。

その李軫鎬が，1924年12月，畑違いの総督府学務局長に任命された。朝鮮総督府始まって以来初の朝鮮人局長の誕生であった。3・1独立運動後の「文化政治」の一環として朝鮮人官吏登用の流れがあり，「文官特別任用令」の適用範囲拡大による合法的人事ではあったが，一般には奇異の目をもって迎えられた。1925年1月の『朝鮮及満洲』は次のように評している。

　今回の人事異動に依りて学務局長に鮮人李軫鎬氏を持て行つたのは奇抜である，総督府設置以来十数年未だ総督府の各局部長には鮮人としては一人も採用されたものは無い，総督府の幹部には鮮人入るべからずの観があつたのに今回の整理時期に於て鮮人を局長級に据えたと云ふことは破天荒の企てで下岡政務総監の英断にして亦之に依りて下岡政務総監の朝鮮人政策も忖度することが出来ると云ふもの，鮮人も大に之を喜で居ること、思ふ，但し鮮人を学務局長に持つて行つたと云ふことは大なる問題ではあるまいか，教育は平凡の機関で誰れでも善いやうなもの、決して然らず，教育の如何は一国の盛衰興亡に最も関係深きものにして人心を左右する中枢機関である，殊に朝鮮人の教育に於ては最も重大なる意味を有し，又朝鮮の学務局は内鮮人両方の教育を司る府にして，最も困難なる機関である之を司る者は特に人格の優秀なるものたると同時に朝鮮統治の要諦に黙識心通し，相当の識見と相当の手腕ある人物にあらざれば適任者とは言へない，此意味に於て関屋，柴田，長野の今日迄の各局長の如き決して朝鮮の学務局長として適任者であつたとは言へない，まして教育上の智識経験に乏しい朝鮮人を以てするに於てをや[22]

学務局長に就任して1年後の1926年正月，李軫鎬は，自ら副会長を務める朝鮮教育会の会員に向けて次のような「年頭所感」を発表した。

　自分は学務局長としての重職についてからもう早丁度一年になる。……

（中略）……解決すべき多くの問題は大部分本年度に残されて居る。初等教育の拡張問題，その内容の充実問題，教科書の改訂問題等の問題と必然的に関係を有する師範教育問題，其他実業教育の改善問題，女子教育問題，軍事教育問題，視学機関の改善問題等がそれぞれ当面の急務として，自分の前途に置かれてある上に，更に専門学校の充実或は拡張問題，大学創設問題等も亦一日も忽にし得ざる重要事件である。自分は今，部下の人々と共に，是等の諸問題に就いて慎重審議を重ねて居る[23]。

すなわち，すでに1926年1月の時点で，初等教育の拡張問題，その内容の充実問題，教科書の改訂問題，師範教育・実業教育の改善問題など，後の山梨総督時代（1927年12月～）に本格的に取り組まれるイシューが，李学務局長の下で「解決すべき多くの問題」として俎上に載せられ，李は，「部下の人々と共に，是等の諸問題に就いて慎重審議を重ねて居」たのである。

上の「年頭所感」に先立つ1925年11月，普通学校・小学校における実科教育の強化を求めた各道知事宛学務局長通牒「実科教育ニ関スル件」が出されていた。その要旨は次のとおりである。

　　農業，商業又ハ手工等所謂実科ニ属スル教育施設ハ……（中略）……地方ニ依リテハ尚未タ之ヲ加設セサルモノモ有之ヤニ認メラレ候ニ就テハ爾今一層御督励ノ上益之カ普及発達ヲ図ルト共ニ各道府郡ノ産業施設ノ方針ニ竅ヘ又是等技術員トノ連絡ヲ緊密ニシテ特ニ児童将来ノ生活ニ直接有用ナル実際ノ技能ヲ習得セシムル様致度[24]

この段階で普通学校の農業・商業は，まだ随意科目もしくは選択科目のままであり，規定上は課しても課さなくてもよかった。しかし，学務局長通牒「実科教育ニ関スル件」は，実質的に農業・商業の必修化を意図していたとみることができる。現に李は，1927年の「年頭所感」において次のように「旧年に倍し生産教育を提唱し，学校教育の生活（生活化か—稲葉註）を高調せん」ことを宣言している。

近時世界の大勢と朝鮮の現状とを鑑みるときは，唯に教育ばかりで無く一般の人々も考慮せなければならぬ事は，生活と職業，職業と教育とを調和せしむる事であると信ずる。教育は生きた人間を作るが(ママ)目的であり，働きのある国民を作るのが教育であるとするならば，すべての教育は生活に即し，職業に即してゐなければならぬ。何れの職業に従ふも必要な基礎を築くのが普通教育であり，特定の職業に就く為め授くる教育が職業教育である。かくてこそ何れの教育に於ても，強き実際的生産的活動のできる人間が出来るのである。……（中略）……

　将来斯土の住民に幸福をもちきたらす唯一つの方案は生活と職業と教育とを調和せしめることであり，教育の一要素として生産的活動を高調し，徹底せしむることである。されば本年は旧年に倍し生産教育を提唱し，学校教育の生活を高調せんとするものである[25]。

山梨総督時代が開幕してすぐの 1928 年正月，李軫鎬は「新年所感」の中で次のように述べている。

　私は初等教育の拡張を第一としたい，朝鮮にはまだ義務教育の制度は布かれて居ない，此の制度がないからとて多数の子弟を無学に終らしめてよいといふのでは決してない，真に内鮮融和の実を挙ぐるには，将又，朝鮮の人々をして，真に帝国の国民たるの資質と自覚を得しむるには，何をさておいて初等教育の普及発達を急務としなければならぬ。
　次に私は朝鮮の教育を，今よりも更に多く実生活に即した教育としたい，是は内地に於ても盛んに唱導せらるゝ所であるが，教育が単に学問の教授とされて，実際生活と没交渉に取扱はるゝ事は，大なる誤謬でなければならぬ，私は過去両三年に於て，実業補習学校を起し，初等学校の実科教育を奨励し，更に中等諸学校に実科を必修課目としておいたのは，此の精神からである。今や世界の思潮は盛に教育の実際生活化を叫んでゐる。私は此の点に一層の考慮を払つて，万遺算なき様にしたいとおもつてゐる。
　師範教育に関しても，最も慎重の考慮を要するものと思ふ。教育は日進月化する。これが任に当る教師其の人の素質も亦日に新なるを要する。其

の点から見て現在の各道師範学校の組織，修業年限，その他の各般が果して適当であるといひ得るだらうか，若し不適当であるとせば，如何様に改善すべきか，私は之等の件に関して目下充分の調査をなさしめて居る[26]。

　李軫鎬は，この「新年所感」の末尾で，「私がこゝにあげた諸問題の如きも，唯，私自身の希望の一端として見て戴きたい。之れを私が振り出した約束手形と認められては大に迷惑である」[27]と断わっているが，「私は……したい」と，「自身の希望の一端」を直截に語っている点が注目される。初等教育の拡張，実科教育の充実，師範教育の改革の3課題は，李軫鎬が学務局長に就任して以来取り組んできた多くの課題から，恐らくは山梨総督の意を受けて絞り込んだものであろう。

　1928年4月，総督府は，「朝鮮総督府ニ於ケル一般国民ノ教育普及振興ニ関スル第一次計画」[28]を発表した。李軫鎬が，「これを発表するまで4年も掛かった」[29]といっているところをみると，この「第一次計画」は，いわば李学務局長が就任以来温めてきたプランの集大成である。「勤労好愛ノ精神ヲ振興セシメ興業治産ノ志向ヲ教養スルニ努ムルコト」「兎モ角一面一校主義ノ実現ヲ期シ之ニ依リテ各面ニ将来普通学校発展ノ中核トナルヘキ設備ヲ植付ケ尚之ヲ基礎トシテ社会教育施設ノ進展ヲ図ルコト」などの一般方針に基づいて「初等教育並ニ社会教育普及振興ノ方法ヲ立案」したこの計画は，その後（1928年6月，8月）の「臨時教育審議委員会」「臨時教科用図書調査委員会」における叩き台となった。

　1929年1月，李軫鎬は4年1ヵ月にわたって務めた学務局長の職を辞した。1月20日付の『東亜日報』は，「李学務局長の辞職は，氏が在任中，普通教育普及一面一校案，師範教育改正案，その他教育行政方面に多くの貢献があっただけに一般の哀惜を受け」云々と李の更迭を惜しむ声を伝えている。

　今日の韓国では，李軫鎬を「日帝の忠僕」「親日売族の元凶」[30]などとする否定的評価が定着している。李が，結果的に「親日派」の代表として日本に協力することになったのは事実である。しかし，李学務局長の言動の端々に朝鮮人としての心意気を窺うことはできる。たとえば総督府の1927年度予

算編成の際，「法政専門学校の校舎新築費拾五万円を削除したと云ふので李
学務局長は，財務局長が教育に無理解だと云て，政務総監の面前で大激論を
闘はし，局長は職を賭しても之を明年度予算に要求し」[31]た。当時の官立専
門学校（全5校）は全体的に内地人学生の比率が圧倒的に高かったが，唯一
京城法学専門学校だけは朝鮮人中心であった。その京城法学専門学校の校舎
新築費を李学務局長が「職を賭して」要求した理由も頷けようというもので
ある。また，「一面一校計画」を推進するにあたっては，「朝鮮人も文明人の
仲間入をせようと思へば，せめて学齢児童の半分なりとも教育を受けさせな
いと文明国人なんかと威張ることは出来なからうと思ふ，又総督政治の体面
から言ふても教育の普及は最も急務中の急務だらうと思ふ」[32]と語っている。
ここには，「総督政治の体面」を楯に取って朝鮮人教育の普及を図ろうとす
る論理を見ることができる。

4．学務課長福士末之助

　福士末之助は，青森県の出身で，1904年東京高等師範学校地歴科を卒業し
た。その後いつどのような経緯で大阪市職員となったかは不明であるが，
「大阪における学制改革の恩人とさるゝ」[33]ようになった。当時大阪市長で
あった池上四郎と深い縁があったわけである。大阪市の学務課長を務めた後
は文部省の事務官となり，1927年12月27日，東京高等師範学校教授兼文
部事務官から朝鮮総督秘書官となった。ただし，「総督秘書官」は官報上の
職名で，実際は池上政務総監の秘書官であった。そして，1928年2月24日
付で学務課長を命じられたのである。『朝鮮及満洲』記者の新学務課長月旦
は次のとおりである。

　　福士君は池上さんの秘蔵っ子だ，池上さんが大阪で市長をして居た時代
　に大阪市の学務課長を勤め後ち文部省に入つたのだ，高師出身ではあるし，
　学務課長としては経歴から言ふても最適任だ，人物は地味で堅実味を帯び
　真摯誠実の人らしく見受ける，さらっとして人触はりも善い，教育行政に
　就ては経験もあるし新智識も豊からしい，名学務課長であらう，其れに出
　過ぎない人であるから李学務局長との折れ合も善からう，又朝鮮の教育界

に就ては大に刷新改善を要することが多い，氏の腕を試むるに最も善い[34]。

福士末之助が学務課長に就任して以来，学務局長李軫鎬の存在は相対的に小さくなったようである。当時総督府山林部長であった渡辺豊日子は，福士学務課長を次のように見ていた。

　山梨，池上さんの時にも矢張臨時教育審議委員会を作って，従来の三面一校を拡張して一面一校にする。そして昭和四年から向う八ヶ年間で完成するとの計画が審議決定され実行に移されたものでした。
　学務局長は朝鮮人の李軫鎬氏，学務課長は福士末之助という教育には一隻眼のある人で，総督総監と一緒に内地から着任された方でした。その福士君が総監の命を受けてその計画，立案，実行に当り，殆ど福士君の案ではないかと云われた程のものでした[35]。

福士自身も，あちこちで自らの考えを「私の所見」あるいは「私見」として直接吐露している。そのうち最もまとまったもの（「朝鮮教育諸法令改正等に就いて」1929年7月）を紹介すると次のとおりである。

　朝鮮の教育の現状はこの国民一般を基調とし対象とすべき教育，統治上の潜在的部面に対する深刻なる任務を負ふ所の教育，即ち初等教育に於て，先刻も申しましたる如く，漸くにして二面に一校の割合に施設せられて居るに過ぎぬのであります。是の如きは断じて統治の基調を健全ならしむる所以でないと共に政治の要諦，目的に合致したる所の情勢にあると見ることが出来ぬと思ふのであります。今回の朝鮮の教育の施設について先づ以て私共の脳中に往来致したものは，即ち此の点であつたのであります。
　第二は教育の機会均等の主義を達成せんとするの考を有つたことでありますが，第一に述べましたる統治の基調と教育との関係を考へますれば，当然の推論上，此の点を考へなければならぬのであります。……（中略）……
　第三は地方開発の根源に着眼致したのであります。御承知の通り地方の開発は或は産業的に，即ち経済的に，或は精神的に其の実績を収めなけれ

ばならぬといふことは，苟も農村発達の歴史を眺め，尚且つ文化の要素及其の発展の根源の如何なる部面に存するかを考へる者の何人も悟了する所と思ふ。……（中略）……私共は今回の法規の改正或は一面一校と言ひますが，普通学校の拡張を図るに付て此の点にも深く留意致したのであります。

第四は教育政策と産業政策との調和に着眼したことであります。……（中略）……

第五は教育事業の濫設を予防することを考へたのであります。……（中略）……国家の期待に副はざるが如き教育施設が，任意の事業として行はるゝ場合に於ては，一面に於ては，一面国家の統治の見地から，他面民衆の生活の将来を憂ふるの見地から，之に対して相当の取締方法を講ずると共に，又是の如き事業に対して，指導上依遵すべき所を定むることは，国家当然の措置と思ふのであります。今回私立学校規則中に改正を加へましたのも書堂規則を改正致しましたのも，専門学校の入学者の検定に就いての指定学校に関する規定を公示致しましたのも皆この趣意によつて出来たのであります[36]。

さらに勤労教育については，「従来の書本教育は，真の教育ではない。又勤労教育は，全人教育の本旨に出でたものであつて，決して経済界に於ける労務の需給関係に左右せられたる所の労働者の教育でないのである。真に価値ある所の自我の完成を期するのである」[37]と述べている。小学校・普通学校の随意科目「実業」を必修科目「職業」とするにあたって中心的役割を果たした福士の「私見」である。

1929年11月8日，福士末之助は学務課長を辞した。池上政務総監が死去して後ろ楯を失ったためか，あるいは学務課長としてやるべき事はやったと判断したためか，その真相は知る由がない。ただ福士は，学務課長辞任とともに総督府を離れたわけではない。ひと月後の12月14日には京城帝国大学予科教授兼朝鮮総督府視学官に就任し，その1年後には視学官専任となった。最終的に総督府官吏を依願免となったのは，1931年10月24日のことである。

第2節　教育政策の形成と展開

　総督府は，1928年4月，「朝鮮総督府ニ於ケル一般国民ノ教育普及振興ニ関スル第一次計画」を発表し，これを具体化するために同年6月，「臨時教育審議委員会」を組織した（委員長：政務総監池上四郎，委員：学務局長李軫鎬ほか13名）。同委員会は6月28日の1回だけ開催され，5つの議案（普通学校普及に関する件，普通学校の内容改善に関する件，国民学校の新設に関する件，師範教育改善に関する件，青年訓練所に関する件）を審議したが，数名の委員が部分的に疑義を挟んだ以外，学務局が準備した内容をほぼそのまま承認した。6月15日の時点で『東亜日報』が，「その原案はすでに学務局において作制されているので，審議会は専ら諮問の形式を踏むに過ぎないであろう」と見ていたとおりになったのである。
　ともあれこうして，臨時教育審議委員会で審議された5つの案件は，正式に山梨総督時代の主要教育政策となった。以下，各政策ごとにその形成と展開の過程を見ていこう。

1．普通学校の普及（いわゆる「一面一校計画」）

　斎藤総督時代の1919年から1922年にかけて「三面一校計画」が遂行され，その後も公立普通学校が漸次増設されたので，1928年度には実質「二面一校」の割合に達していた。しかし，学齢児童の就学率は約18％に過ぎなかったため，「一般国民ノ教育普及振興ニ関スル第一次計画」において「兎モ角一面一校主義ノ実現ヲ期」すとされたのである。臨時教育審議委員会はこれを受けて，「普通学校は昭和四年度より向ふ六年間に於て凡各面一校の方針を以て之が普及を期すること　前項に依る普通学校は修業年限を四年とするを常例とし各校概ね二学級の編制とすること」[38]とした。問題は，計画の遂行期間（6年）と新設普通学校の修業年限（4年）であった。
　総督府が打ち出した「一面一校主義」は，社会的には不評であった。「曩に本府に於て普通学校の一面一校主義を実現すると云ふことを発表された時，余りに朝鮮の地方経済を知らぬ無謀の計画であると云ふので，一般に呆然た

第4章　山梨総督時代の朝鮮教育　　　　　　　　　　97

るものがあつた」[39]という。朝鮮人指導層の左右（社会主義と民族主義）陣営を統合して1927年に成立した新幹会も義務教育の実施を主張していたくらいであるから，普通学校の増設自体に反対する意見はほとんどなかったが，内地人・朝鮮人を問わず人々は，総督府教育財政の貧困とそれに伴う地方の負担増を懸念したのである。そこで世論は，せめて「一面一校計画」の期間延長を，という方向に動いた。たとえば1928年9月16日付の『京城日報』は，「四箇年間（6年間の誤り―稲葉註）に一千百校の急激なる増設は余りに突飛であり現在の貧民状態を無視せる成案なるを以て，之を短かくも十年計画位ひに案を立て直し山梨総督の断案を希望」する識者の意見を掲載している。

　このような世論を勘案してか，池上政務総監は，同年9月27日東京での記者会見で，「普通学校増設は七ヶ年計画」[40]と語った。ところが12月になると，期間はさらに延びて8ヵ年計画となった。大蔵省における1929年度予算の査定過程で8年の線が浮かんだもののようである。こうして「一面一校計画」は，1929〜36年度の8年間に公立普通学校1,074校を増設することが確定したのである。

　普通学校の修業年限は，1919年の3・1運動後，6年を原則とした（ただし，土地の情況により5年または4年とすることをえた）。小学校の修業年限になるべく合わせるという意味での「内地延長主義」であった。ところが「一面一校計画」における新設普通学校は，当初から修業年限4年，2学級複式編制を原則とした。臨時教育審議委員会の席上，「本計画に依る普通学校修業年限を四年とするを常例とする事は上級学校との連絡上，其の他の理由により将来に昇格運動等頻発する如き憂なきや」「本計画に依る普通学校の修業年限は四年を常例とするは一般的に朝鮮に於ける初等教育を此の程度に於て妥当なりとするものなるか」[41]という意見も出されたが，結局，原案がそのまま認められたのである。この結果，「一面一校計画」がスタートした1929年に公立普通学校1,499校中4年制472校（31.5％）6年制1,027校（68.5％）であったのが，1936年には4年制1,155校（47.9％）6年制1,256校（52.1％）となった。

　「一面一校計画」の過程で開設された4年制公立普通学校の中には，私立

の各種学校や書堂を換骨奪胎したものも少なくなかった。これに関して北朝鮮の社会科学院は, 次のような見方をしている。

　かれらはまた, 教育刷新のスローガンのもとに, いわゆる「一面一校主義」を唱え朝鮮人民を欺こうとした。
　日本帝国主義は一面一校主義が朝鮮人民の「負担を減少」させ, 現代的教育体系に基づき朝鮮に「新文明を注入」しうる画期的な措置であると主張した。しかしかれらが一面一校主義を唱えた目的は, 民族主義教育の温床となっていた私立学校と書堂を一掃し, すべての普通教育機関をかれらの統制下に置くことによって, 朝鮮民族の民族的伝統と民族語, 民族的自覚と誇りを抹殺し, 軍国主義思想と奴隷的な屈従思想を徹底的に植えつけようとするところにあった。
　この後, 日本帝国主義は私立学校と書堂に対する弾圧を強め, その数を減らすために力を注いだ[42]。

2. 教育内容・教科書の改編

1926年2月,「普通学校規程」が一部改定され, 第7条第3項 (修業年限ヲ四年ト為シタルトキハ……農業, 商業及漢文ハ之ヲ加フルコトヲ得ス) から「農業, 商業及」が削られた。つまり4年制普通学校で農業・商業を教科として課すことができるようになったのである。また, 同規程第24条第3項は次のように改められた。

　　随意科目又ハ選択科目トシテ農業又ハ商業ヲ加フルトキハ修業年限四年ノ普通学校ニ在リテハ第四学年ニ於テ, 其ノ他ノ普通学校ニ在リテハ第五学年, 第六学年ニ於テ一科目ニ付毎週二時以内之ヲ課シ其ノ毎週教授時数ハ学校長ニ於テ他ノ教科目ノ毎週教授時数ヲ減シ又ハ各学年毎週教授時数ノ合計ヲ増加シテ之ニ充ツヘシ

この段階ではあくまでも「随意科目又ハ選択科目トシテ」の農業・商業であったが,「文化政治」期の朝鮮総督府にとっては大きな政策転換であった

とみてよい。当時の学務課長平井三男は,「教育の大主眼の一つを, 実科教育乃至産業教育に置いて居る」[43]と公言している。

「普通学校規程」の改正に続いて 1927 年, 京畿道においていわゆる普通学校卒業生指導が開始された。これらの土台の上に, 後述する普通学校「職業」科の必修化が図られたのである。

1927 年末に山梨総督が赴任するや,「勤労教育」「実科教育」が改めて強調されるようになった。そして 1928 年 4 月,「一般国民ノ教育普及振興ニ関スル第一次計画」の中で「小学校規程及普通学校規程中改正ヲ加ヘ実業ニ関スル科目ハ必設必修科目トシ之ニ依リテ今後一層勤労主義ヲ徹底セシメムトスル」ことが謳われたのである。

この「小学校規程及普通学校規程中改正」は, 1929 年 6 月に実現した。6 月 20 日付で, これに関する山梨総督の訓令が出ているが, その執筆者は, ほぼ間違いなく学務課長福士末之助である。というのは, 福士が, 自らの言葉で次のように解説しているからである。

　　各規程改正の本旨は右訓令の通りでありますが, 以下稍々審かに私見を述べて参考に供することとする。
　　第一は文字通り勤労主義に基いて教育の実際化を期した。語を換へて言へば, 全人たるところの国民の総ての素質を実際社会に即しつつ発達させることを主眼として規定が改正せられて居る。その条文に現はれた事柄を申せば, 小学校規程第十五条第二号並に普通学校規程第八条第二号の次ぎに, 従来の規程に無かつた一号を加へたのであります。即ち「勤労好愛ノ精神ヲ養ヒ興業, 治産ノ志操ヲ鞏固ナラシムルコトハ何レノ教科目ニ於テモ常ニ深ク留意ヲセムコトヲ要ス」と入れたのであります。
　　又小学校規程第十二条第一項及普通学校規程第七条第一項を改正致しまして, 従来の実業科目は随意科目でありましたのを, 必修科目とし, 尚「実業」を「職業」と改称することにしたのであります。……（中略）……「実業」を「職業」と改めました所以はこの科目の基調を, 教育論上の所謂職業指導の事にも之を取りました関係上, 其の意義が, 従来慣称し来つた所の「実業」の観念よりも稍広いと認めたからであります。……（中略）

……尚小学校規程第二十一条ノ二，及普通学校第十五条ノ二(ママ)を新に加へまして職業に関する教則を規定致しましたことや，職業の毎週教授時数を従来の実業の時数より増加致した事なども篤と御留意ありたい。

　なほ附加へて申しますることは，従来女子に対しては所謂実科教育のことを余り閑却してをつたやうでありますが，併しながら，女子としても経済生活を営んで行く場合に於ては，何等かの職業がなければならぬのである。それ故に今回の改正規定に於きましては女子に対しても職業を必修せしむることに致したのであります。尤も性が違つてをりまするから，女子に課する「職業」の内容は男子に課するものと大体に於て異なるべき筈のものたることは更に言を要せぬことでありませう[44]。

　「職業」と「家事及裁縫」は，4年制普通学校では3学年から，5・6年制普通学校では4学年から課された。参考までに毎週教授時数を示すと，尋常小学校および6年制普通学校の場合，「職業」が，4学年男子2・女子1時間，5・6学年男子3・女子1時間，女子の「家事及裁縫」が，4学年2時間，5・6学年4時間であった。このほか，学校長の裁量によって「実習」を付加することもできた。普通学校における「職業」科教育および「実習」の状況は次のとおりである。

　　職業学校に非ざる学校に於ける職業科教育而も初等普通教育に於て，労働を嫌忌し，実業就中農業を極端に卑下する因襲に育まれた半島の児童に対し，職業就中農的職業陶冶の徹底を期せんことは洵に難事中の難事であつて，この間に処し，克く読み書き偏重の弊に陥らず，作業偏重の譏を受けず，真に知目行足事上練磨の功を積ましめて，腹の出来たそして腕に充分な覚えのある次代国民を育成せんが為めには，半島朝鮮人初等教育界を挙げて，傍たの見る目も涙ぐましいやうな苦心と努力が続けられてゐるのである。農村普通学校に於ける農業実習は普通農事は勿論，養蚕・畜産・農業手工・窯業，沿海部に於ては水産製造，山野部に於ては農林手工・薬草に依る製薬等頗る広範囲に亙り，所謂適地適業主義に依る農漁家副業の素地を培ふことに就ても相当の貢献を為し来つて居るのであつて，これが

指導の任に当る者は経費等の関係上特に専科教員を置く余裕がない為め，孰れも学校長以下全職員が一般授業の傍ら献身的に働いて居るのである[45]。

教科書の改訂にあたっては，1928年6月22日，「臨時教科用図書調査委員会」が組織された。委員長は，「臨時教育審議委員会」と同じく政務総監池上四郎，委員は，学務局長李軫鎬・学務課長福士末之助など総督府官僚や京城帝国大学教授・各中等学校長など学識経験者から成る18名であった。同年8月3日に第1回会合が開かれ，山梨総督は次のような挨拶を行なった。

　惟フニ，教育ハ国家統治ノ大義ニ基キ，国民統合ノ根本トナルベキ国民精神ヲ振作シ，社会共同生活ニ須要ナル資質ヲ向上シ，文化及経済ノ根源ヲ涵養シ，以テ一生ヲ健全且安栄ニスルヲ以テ究極ノ目的ト致シマスルガ故ニ，教科書ノ編輯ニ当ツテハ，先ヅ以テ，深ク此ノ点ニ留意ヲ要スルコトト考フルノデアリマス。
　特ニ輓近ノ時弊ニ徴スルニ，或ハ軽佻詭激ノ思想ヲ誘発セントスル事項ノ如キ，或ハ剛健質実ナル性格ノ陶冶ヲ阻害セントスル事項ノ如キハ，断ジテ之ヲ排除セネバナリマセヌ。又半島ノ実情ニ鑑ミ，或ハ農村文化ノ発達ヲ促ス事項ノ如キ，或ハ産業開発ニ必要ナル事項ノ如キニ付テハ，何レノ教科書ニ於テモ深甚ノ注意ヲ加フルト共ニ，或ハ孝悌友愛ノ如キ，或ハ礼譲ヲ重ンズルガ如キ，或ハ長幼ノ序ヲ尊ブガ如キ，其ノ他東洋道徳ニ胚胎スル半島多年ノ歴史的美風ハ，大ニ之ヲ推奨シ，殊ニ自立自営ノ精神ハ極力之ヲ鼓吹セネバナラヌト信ズルノデアリマス[46]。

「臨時教科用図書調査委員会」は，このような総督の意向を受けて普通学校用新教科書の編纂綱領を決定し，それに基づいて総督府編輯課が作業を進めた。その結果，改訂された教科書は，「(一)何れの教科書を問はず，就中修身・国語・歴史等に於て　皇室・国家に関する教材を豊富に採択し，且其の取扱を最も鄭重にして忠君愛国の至情を涵養する上に遺憾なからしめたること。(二)勤労好愛，興業治産の精神を涵養するに資する教材を多くし，

之に準じて一般に教科用図書の調子を実際化したこと等」[47] の特色をもつことになった。

3．国民学校の新設

「一般国民ノ教育普及振興ニ関スル第一次計画」に「簡易国民学校」構想が盛り込まれ，これが「臨時教育審議委員会」で「国民学校」として公認された。その要点は次のとおりである。

- 一．国民学校は普通学校の教育の本旨に基き簡易適切なる方法に依りて普通学校に入学せざる少年を教養し特に勤労好愛の精神を養ひ興業治産の志操を鞏固ならしむるを以て目的とすること
- 一．国民学校の修業年限は二年を下らざるものとすること
- 一．国民学校に入学することを得る者は年齢六年以上の者とすること
- 一．国民学校の教科目は修身，国語，朝鮮語，算術，職業，家事及裁縫(女子)，体操とすること
  （中略）
- 一．公立の国民学校は当分の内之を公立普通学校に附設せしむること
  （中略）
- 一．国民学校の教科課程に準ずる教科課程を授くる書堂及各種学校は地方長官の認可を受け指定国民学校と称するを得しむること
- 一．国民学校及指定国民学校の修了者又は卒業者は試験の上普通学校の相当学年又は実業補習学校の前期に編入するを得しむるの途を開くこと[48]

しかし，この「国民学校」は，制度としては実現せず，構想倒れに終わった。その原因は，「既にその名称に於て実質と相伴はざるの嫌あり，……（中略）……尚本案の実質に付て考察するに当時に於ける普通学校就学の状況は入学志望者が校門に溢れ，既設学級を以てしては之れが収容不可能なりと云ふにはあらず。寧ろ既設の学級にして児童定員の充実せざるものが少くなかつたやうな実情である。従つて之を普通学校内に附設することはそれ自

身多少の矛盾を含むもの」[49]とされている。だが,「所謂国民学校案なるものは,全く机上の計画」[50]にとどまったのではない。その理念が,「普通学校卒業生指導学校」の中で,間接的にではあれ活かされたからである。1929年3月30日付の『大阪朝日新聞』は,京城発の消息として次のように伝えている。

　京畿道では……（中略）……一昨年から実業補習学校と簡易国民学校との粋をあつめた卒業生指導学校の設置に努めた結果すでに十八校に達し……（中略）……今年からさらに利川郡竹南普校その他四校にこの指導学校を設置することになり三十日道庁会議室で関係各校長集合し実習教育の方針について協議したが,確定した教育方針は山梨総督の一枚かんばんたる教育振興案中の一項で目下立消えの形となつてゐる簡易国民学校の教育方針より一歩進んだものであるといはれてゐる

　山梨総督時代に構想された「国民学校」は,宇垣総督時代の1934年,簡易学校という形で具現されたとみることができる。簡易学校は,入学児童の年齢は10歳が標準であったこと,修業年限2年の後普通学校の3学年に連絡するというようなことのない完成教育であったこと,教科目に家事及裁縫と体操がなく職業陶冶に格別力を入れたこと,などの点で「国民学校」とは異なった。
　前述した「国民学校」の要点のひとつに「国民学校の教科課程に準ずる教科課程を授くる書堂及各種学校は地方長官の認可を受け指定国民学校と称するを得しむること」とあるように,「国民学校」は,書堂および私立各種学校を公立学校体系に取り込むことを狙ったものでもあった。そしてその実,「国民学校」は実現しなかったものの,書堂等の抑圧は,山梨総督時代の教育政策として推進されたのである。
　『東亜日報』には,1928年2月以降私設学術講習所の閉鎖を報じた記事がしばしば登場し,このころから総督府の私設学術講習所取締りが本格化したことが窺われる。そして1929年2月19日,「私立学校規則」の一部改正が行なわれた。この改正は,「何等法規に拠る所なく学校類似の教育施設をな

して，或は幼児を教育し或は初等普通教育を施し，或は青少年の教育をなすもの漸く多く，其の社会に及ぼす影響の甚大なるものに鑑み，これ等多数の施設を国家の法規に拠らしめ積極的に指導監督をなす必要あるに出でた」[51] ものであった。

それから 4 ヵ月後（6 月 17 日），「書堂規則」が改められた。その要点は次のとおりである。

　　（一）名称及び位置・児童の定数・教授用図書等従来単に府尹・郡守又は島司へ届出となしたるものを新に道知事の認可を受けしむることゝした。（二）書堂に於て国語・朝鮮語・算術を教授する場合に於ては，其の教授用図書は本府編纂教科書を使用すべきこと等であつた。又同時に書堂の指導監督上訓令を発し，（一）書堂の開設認可申請の際具申した事項に付て其の調査を周到にすること。（二）適宜の方法に依り国民道徳に関する事項を授けしむること等を注意した[52]。

「書堂規則」改正の結果，日本側から見れば，「所謂改良書堂等の名に依つて，その教育内容の改善に多大の努力を払つた向も少くな」[53] かったが，朝鮮側にしてみれば民族教育の途が遮られたに他ならず，したがってこの後，書堂の数は急速に減少した。

4．師範教育の改革

旧韓国時代の官立漢城師範学校が 1911 年 11 月，第 1 次「朝鮮教育令」の施行と同時に解体されて以来暫くの間，朝鮮には師範学校がなかった。独立の教員養成機関としての師範学校が復活したのは 1921 年 4 月で，「朝鮮総督府師範学校」として創設された京城師範学校がそれである。続いて 1922 年から 23 年にかけて朝鮮各道に公立（道立）師範学校が開設され，「1 官立・13 公立」体制となった。京城師範学校は，普通科 5 年と演習科 1 年を合わせた 6 年制（中等学校卒業後演習科のみの履修も可），各道の公立師範学校は，特科（当初 2 年制，1924 年から 3 年制）を本体とするいわゆる「特科師範学校」であった。

しかし，総督府はこのような師範学校のあり方に満足しておらず，早くも1925年，第51帝国議会の説明資料として学務局が作成した「師範教育並教員養成状況及将来ノ計画」には次のような記述がある。

　現在地方ニ於ケル師範教育ニ関シテハ近キ将来ニ於テ根本ヨリ改善ヲ策スル要アルヲ認ム出来得ヘクムハ師範教育ハ将来本府直轄ノ下ニ統一シ官立師範学校凡四校ヲ増設シテ現在ノ特科公立師範学校ニ換ヘ以テ重大ナル国民教育ノ普及実施上遺憾ナカラシメムコトヲ期スル要アリト認ム[54]

　だが，公立師範学校の官立化は，おいそれとは行かなかった。1927年8月の時点でも，「目下具体的な方法について調査立案を進めている最中」[55]だったのである。

　このような過程を経て1928年4月，「一般国民ノ教育普及振興ニ関スル第一次計画」が発表された。師範学校の改革に関しては，師範学校の修業年限を7年とし普通科5年高等科2年とすること，演習科を高等科と改めること，特科の制は廃止すること，師範学校は官立とすること，などがポイントであった。

　同年6月の「臨時教育審議委員会」は，これらをほぼそのまま認めた。そして8月には，「改正師範は全部官立に引直し現在各道一校づゝ設立してゐるものを三道に一校位の割に改め全鮮に四校になすことになつてゐ」[56]たのである。総督府学務局は，新制度を1929年度から実施するため「師範学校規程」の改正作業を進めた。しかし，その改正案は，1929年3月末に至っても日本政府（法制局および文部省）の認めるところとならなかった。法制局や文部省の反対理由は，次のような新聞記事から窺うことができる。

　目下法制局で審議を進めてゐる朝鮮教育令改正案は遂に暗礁に乗りあげいまのところ総督府から妥協案を提示しない以上法制局の審議通過は絶望となるに至つた，法制局が頑強に反対した要点は今回の改正案があまりに突拍子で朝鮮の教育現状に鑑みて遥にかけはなれてゐるといふのである，すなはち現行令によれば師範学校の修業年限は三年であるが，改正案によ

ると普通科，高等科を通じて七年に改め内地の師範学校の修業年限と同様にせんとするものである，しかし朝鮮の民度を考慮するときはかゝる急激なる改正案は時期尚早といはねばならぬといふにある[57]

　事のこゝに至るまでには文部省側からも相当の意見現れ，主として前掲第三項の演習科を高等科と改めて年限を一ヶ年延長する案に対しては，文化の程度比較的高き内地においてすら，一ヶ年にて足れりとする現状なるにも拘らず，朝鮮において殊更に二ヶ年の高等科とし，徒らに理想に走るは面白からずとして極力これが阻止に努めたので，本府においてもこれを諒として文部省側に一歩を譲り，まづ原案中の第三項は削除して両者の間に妥協成り，そのまま法制局および内閣の承認を得た次第である[58]。

　日本政府と朝鮮総督府との妥協の結果，1929年4月19日，新「師範学校規程」が公布された。主な改正点は次のふたつである。①特科を尋常科に改め，その修業年限を5年（女子にあっては4年）とし，入学資格を尋常小学校卒業程度とする。②尋常科のみを置く師範学校に第二部演習科を置くことを得しめる。
　すなわち，総督府の改正原案にあった「普通科」は「尋常科」に名称変更され（ただし，京城師範学校の普通科は従前どおり），2年制「高等科」は認められなかったのである。しかし，新たに設けられた尋常科（尋常小学校・普通学校卒業後5年，通算修業年限11年）は，旧制特科に比べれば高水準のものであった。というのは，特科は，法規定上高等小学校卒業（修業年限8年）を入学資格としたが，実際の入学者はほとんどが6年制普通学校の卒業生で，特科卒業までの通算修業年限は，現実には9年だったからである。
　「第二部演習科」の「第二部」は，「第一部」が小学校訓導の養成機関であるのに対して，普通学校訓導の養成機関であることを意味する。「主として高等普通学校及女子高等普通学校等の卒業者を収容する演習科を置くの要あると，一面普通学校に於て職業科の実績を挙げ，以て特に勤労を好愛するの精神を涵養するの必要上，之が教師としての適任者を教養する為，実業学校卒業者を収容する演習科をも設くるの要切実なるものあるを以て」[59]とくに

開設の途が開かれたのである。つまり，前述した普通学校の職業科とも連動していたわけである。

新しい「師範学校規程」に則って，1929年6月，官立の大邱師範学校と平壌師範学校が新設された。この時，公立の慶尚北道師範学校と平安南道師範学校がそれぞれ大邱師範学校・平壌師範学校に吸収され，残りの公立師範学校11校は，在校生の卒業を待って1931年3月に廃校となった。しかし，当初予定されていた官立師範学校4校のうち2校は，暫く開設されなかった。大邱・平壌に続く官立師範学校は京城女子師範学校（1935年4月創立）と全州師範学校（1936年5月創立）で，この4校が「一面一校計画」期間内に設立されたものである。

5．その他

その他の教育政策として青年訓練所の設置と同盟休校（学校ストライキ）対策に触れておきたい。

青年訓練所は，そもそも1926年4月，「青年訓練所令」に基づいて開設された日本内地の機関であった。その目的は，実業補習教育と軍事教練の強化にあった。1928年4月の「一般国民ノ教育普及振興ニ関スル第一次計画」は，「青年訓練所令」を朝鮮にも適用しようとしたのである。ただし，その実施は当分の内地方の任意たらしめるという条件付きであった。それは，次のような朝鮮独自の事情があったからである。

　　青年の心身鍛練と国民たるの資格向上とを目的とする青年訓練所の設置がいよいよ近く総督府令で認められることになつた模様である，規程は内地のものと変らぬらしいが……（中略）……たゞ気遣はれてゐることは朝鮮青年をも青年訓練所に入所させることになると，兵役義務のないのに訓練を受けても仕様がないと朝鮮人側に誤解されはしまいかといふことである，然し青年訓練の目的は勤労主義の教育によつて規律節制，責任観念などの美徳を涵養さすことにあつて，軍国主義の吹き込みでも何でもないことが理解されたならば朝鮮青年も喜んで入所するに至らうといはれてゐる[60]

「臨時教育審議委員会」によってオーソライズされた青年訓練所は，朝鮮総督府1929年度予算において具体化され，同年中に30余ヵ所の設立をみた。ただその性格は，内地の青年訓練所が，1935年4月以後，義務教育の延長としての青年学校に転化したのとは異なり，朝鮮の場合，農村振興運動につながる普通学校卒業生指導の一形態であったとみることができる。

1928年3月，記者会見の場で山梨総督は，「一般善良な朝鮮人に対しては飽迄一視同仁の温かい精神で臨まねばならぬが，苟くも日本に対して反抗気分を持つとか，独立運動をやるとか云ふ徒輩に対しては飽までも弾圧的態度を以て取締らねばならぬと思ふ」[61] と語っている。また池上政務総監も，同年8月各道知事に対して，「いったん同盟休校が勃発した場合は，あくまでも断乎たる処置に出で，少なくとも教権を失墜するような姑息の手段をとることなく，不良生徒は厳重処分すること」[62] を示達した。これらの発言は，当時頻発していた朝鮮人学校のストライキに対する総督府の強硬姿勢を示したものである。しかし，実際の処分は，この後の宇垣総督時代以降ほど苛酷なものではなかった。その象徴が，昭和天皇の即位にちなんで1928年11月10日に出された総督府訓令第31号である。同訓令により，「学校の同盟休校に関聯して，懲戒処分を受けたる学生生徒の取扱に付いて，……（中略）……大体に於て停学謹慎中の者は之を解除し退学処分を受けたる者にして，入学を希望する者があれば，其の処分を受けざる者と同様に取扱ふこと丶なつた」[63] のである。

同年9月12日付の「教員服務及徳教ノ振作ニ関スル訓示」も，微温的という意味で性格的には同類である。これに関して韓国側では，「不健全な思想の学園侵入を警告し，忠良なる皇国臣民としての朝鮮人の教育に積極的に努力することを強調した」[64] と解釈しているが，学園対策としてはほとんど実効のない単なる総督訓示に終わった感が強い。そもそも朝鮮人学校の同盟休校は，「凡ソ徳風ヲ作興スルノ途ハ他ナシ唯師表タル志操ヲ健ニシ常ニ協戮ノ誼ヲ厚ウシ以テ崇高ナル職分ヲ完ウシ情ヲ尽シ理ヲ明ニシ諄諄教ヘテ倦マザルニ在リ」[65] といった教員の取組みで押え込めるようなものではなかったのである。この訓示の1年後（1929年11月），光州学生事件が勃発し全朝鮮的な反日運動へと発展したことが，それを証明している。

おわりに

　公立普通学校「一面一校計画」と普通教育における実業科の重視が，山梨半造自身が強調し推進したという意味において山梨総督の2大教育政策であったことは疑いない。しかし，これらの政策は，山梨総督独自のものとは言えない。いずれも，そのルーツは山梨総督時代以前に遡るからである。すでに1919年「三面一校計画」がスタートする際，いずれは「一面一校」，さらにはそれ以上にまで普通学校を普及させることが想定されていた。また，寺内・長谷川総督時代の「実科訓練主義」への回帰が政策の俎上に載せられたのが何時かは明らかでないが，遅くとも1926年1月には，先に見た李軫鎬学務局長の「年頭所感」の中で公言されている。

　のみならず李軫鎬は，1924年12月の学務局長就任以来，初等教育の拡張・教科書の改訂・師範教育の改善などについても検討を重ね，1928年4月「朝鮮総督府ニ於ケル一般国民ノ教育普及振興ニ関スル第一次計画」をまとめたことでも注目される。この「第一次計画」は，1928年6月の「臨時教育審議委員会」，同年8月の「臨時教科用図書調査委員会」においてほぼ原案どおり承認され，山梨総督の下での正式な教育政策となった。これまで「第一次計画」や李軫鎬学務局長に注目した先行研究にお目に掛かったことはないが，山梨総督時代の諸教育政策の基礎となった「第一次計画」と，その中心的立案者としての李学務局長は，改めて評価さるべきであろうと思う。

　学務局長李軫鎬とともに学務課長福士末之助の存在にも注目すべきである。福士は，「第一次計画」が発表される2ヵ月前に学務課長となり，同計画の策定や「臨時教育審議委員会」「臨時教科用図書調査委員会」の実務を担当した。李軫鎬が，勅任待遇の学務局長であったとはいえ，朝鮮総督府始まって以来初の朝鮮人局長，それも高等文官試験を経ない特別任用による局長であったためその活動には陰に陽に制約が伴ったであろうことを勘案すると，池上政務総監の信任厚かった福士学務課長の活躍の場は，一般の課長職以上に広かったであろうと推測される。喩えて言うならば，山梨総督時代の教育政策は，李軫鎬がファウンダー，福士末之助がプロモーターというところで

あろう。

　山梨総督時代の教育政策に関するもうひとつの特色は,「一面一校計画」も普通学校「職業」科の必修科目化も道立師範学校の官立化も, その実施がいずれも1929年度から, すなわち山梨総督の在任末期にスタートしたことである。山梨は, 主要教育政策が実質的な緒に就いた時点で辞任し, その成果を目にすることはなかったのである。山梨総督時代が, 1年8ヵ月という短さもさることながら, 教育史上影が薄い主たる理由はここにある。

[註]（※はハングル文献）

1）大野謙一『朝鮮教育問題管見』朝鮮教育会　1936年　p.175
2）※車錫基・申千湜『韓国教育史研究』載東文化社　1968年　p.395
3）柳周鉉『小説　朝鮮総督府』（中）講談社　1968年　p.332
4）『朝鮮及満洲』第32巻第241号　1927年12月8日　p.6
5）青柳綱太郎『総督政治史論』京城新聞社　1928年　後篇 p.425
6）『文藝春秋』第42巻第8号　1964年　p.305
7）※『東亜日報』1927年12月20日付
8）『朝鮮及満洲』第33巻第243号　1928年2月7日　p.2
9）同上　第33巻第244号　1928年3月7日　p.11
10）同上　第33巻第245号　1928年4月7日　pp.3-4
11）渡辺豊日子口述『朝鮮総督府回顧談』（友邦シリーズ第27号）友邦協会　1984年　p.61
12）大野謙一　前掲書 p.170
13）『朝鮮及満洲』第33巻第246号　1928年5月10日　p.10
14）梅根悟監修『朝鮮教育史』（世界教育史大系5）講談社　1975年　p.288
15）※李萬珪『朝鮮教育史』（下）乙酉文化社　1949年　p.293
16）阿部薫編『朝鮮功労者銘鑑』民衆時論社　1935年　p.17
17）『朝鮮及満洲』第33巻第242号　1928年1月1日　p.12
18）『大阪春秋』第98号　大阪春秋社　2000年　p.88
19）『朝鮮及満洲』第33巻第246号　p.9
20）『朝鮮』1929年5月　p.2
21）16）に同じ
22）『朝鮮及満洲』第28巻第206号　1925年1月1日　p.197
23）『文教の朝鮮』1926年1月　p.54
24）『朝鮮教育法規例規大全』朝鮮教育会　1929年　pp.302-303
25）『文教の朝鮮』1927年1月　pp.2-3
26）同上　1928年1月　pp.3-4

27) 同上　同上　p.4
28) 阿部洋編『日本植民地教育政策史料集成（朝鮮篇）』龍溪書舎　1987-1991 年　第 17 巻所収
29) ※『東亜日報』1928 年 4 月 25 日付
30) ※金三雄『親日政治 100 年史』図書出版トンブン　1995 年　p.97，98
31) 青柳綱太郎　前掲書　pp.143-144
32) 『朝鮮及満洲』第 33 巻第 251 号　1928 年 10 月 5 日　p.42
33) 『南鮮日報』1928 年 12 月 14 日付
34) 『朝鮮及満洲』第 33 巻第 245 号　1928 年 4 月 7 日　p.74
35) 11) に同じ
36) 『文教の朝鮮』1929 年 8 月　pp.22-29
37) 同上　同上　p.30
38) 同上　1928 年 9 月　p.47
39) 『南鮮日報』1928 年 12 月 25 日付
40) 『京城日報』1928 年 9 月 28 日付
41) 大野謙一　前掲書　p.168
42) 朝鮮民主主義人民共和国社会科学院歴史研究所近代史研究室編（金曜顕訳）『日本帝国主義統治下の朝鮮』朝鮮青年社　1978 年　p.105
43) 『文教の朝鮮』1926 年 11 月　p.2
44) 同上　1929 年 8 月　pp.33-35
45) 大野謙一　前掲書　p.238
46) 『文教の朝鮮』1928 年 9 月　pp.55-56
47) 『施政二十五年史』朝鮮総督府　1935 年　p.587
48) 『文教の朝鮮』1928 年 9 月　pp.48-49
49) 大野謙一　前掲書　pp.181-182
50) 同上　p.182
51) 『文教の朝鮮』1929 年 3 月　p.4
52) 『施政二十五年史』pp.586-587
53) 大野謙一　前掲書　pp.246-247
54) 『大正 14 年第 51 帝国議会説明資料』p.163
55) 『中外日報』1927 年 8 月 20 日付
56) 『京城日報』1928 年 8 月 29 日付
57) 『大阪朝日新聞』1929 年 3 月 24 日付
58) 『京城日報』1929 年 4 月 12 日付
59) 『朝鮮』1929 年 5 月　p.8
60) 『京城日報』1928 年 4 月 26 日付
61) 『朝鮮及満洲』第 33 巻第 245 号　p.4
62) ※『東亜日報』1928 年 8 月 8 日付
63) 『文教の朝鮮』1928 年 12 月　p.7
64) ※車錫基・申千湜　前掲書　p.397
65) 『文教の朝鮮』1928 年 10 月　p.3

第5章

宇垣総督時代の朝鮮教育

はじめに

　宇垣一成は，武人にしては非常に筆まめな人で，克明な日記（原題「一如庵随想録」）を残している。しかし，総督として統治にあたった朝鮮に関する記述は多くない。一方，いったんは首相に擬せられたほどの人物であるだけに伝記の類も十指に余るが，朝鮮総督としての宇垣に割かれたページはごく僅かである。たとえば，渡辺茂雄著『宇垣一成の歩んだ道』（新太陽社 1948年）では本文291ページ中6ページ（2.1％），額田坦著『秘録　宇垣一成』（芙蓉書房　1973年）では386ページ中3ページ（0.8％）を占めるに過ぎない。これらの事実は，宇垣88年の生涯（1868～1956年）の中で朝鮮総督時代5年余（1931年6月～1936年8月）の占める比重があまり大きくなかったことを意味する。

　とはいえ，植民地朝鮮35年の歴史における宇垣の存在は，決して小さくはない。1930年代から朝鮮人初等学校の訓導を務め，「解放」後，韓国教育史研究の先達となった朴尚萬は宇垣を，「事実彼は，歴代総督の中でも稀な熱情家であり，農村振興運動に及ぼした功罪は半々であったが，その足跡は非常に大きなものがあった」[1]と評している。すなわち，朴によれば，宇垣は強力なリーダーシップを発揮し，その施政も「罪」ばかりではなかったというのである。ここに他の総督とは異なる宇垣研究の意義が見出される。

　本章は，宇垣総督時代の朝鮮教育を再吟味しようとするものであるが，筆者の主たる関心は次の2点にある。ひとつは，政策立案・施行の最前線にあっ

た総督府スタッフの言動を追跡することである。「一九三二年（昭和7年）の十月に，全朝鮮の郡守，島司をソウルに招集して，山口盛の作文による訓示を宇垣が講演した」[2]といわれているように，宇垣がリーダーシップを発揮したとはいえ，実際に手足となって働いたのは総督府の官僚であった。彼らの具体的言動を追究することなしには，「宇垣の」ではない「宇垣時代の」教育政策を明らかにすることはできないであろう。

　もうひとつは，宇垣時代の前後，つまり山梨～斎藤総督時代や南総督時代との関連において宇垣時代の位置付けを究明することである。これは，「『皇民化』が論じられる際には，一九三〇年代の後半に南総督によって推進されたものとして認識され，それ以前の時期からの連続性が見失われる傾向にある」[3]という先行研究の指摘に触発された問題意識である。

第1節　朝鮮統治の概要

1．宇垣総督の統治方針

　宇垣一成が第6代朝鮮総督に任命されたのは1931年6月17日のことである。これ以前（1927年4月15日～12月9日）宇垣は，第3代総督斎藤実のジュネーブ出張（海軍軍縮会議出席）に伴い総督の臨時代理を務めたことがあり，「臨時代理から本官になりたかった」[4]ようであるが，実際に総督「本官」となるのは3年半後だったのである。

　総督の辞令を受けた宇垣は，赴任に先立って天皇に暇乞いのため参内し，自らの朝鮮統治の方針として次の2点を強調した。

　　　其一は内地人と朝鮮人との融合一致所謂内鮮融和に関して更に大に歩を進むべく努力致し度考へて居ります。……（中略）……
　　　其二は朝鮮人に適度にパンを与ふることであります。……（中略）……
　　　即ち精神生活及物質生活の両方面に於て彼等に安定を与へることを差当り第一義として進む積りであります[5]。

当時, 1929年以来の世界恐慌の影響によって朝鮮社会は疲弊の底にあり, 農民の8割を占める小作人たちの小作争議も激しくなっていた。そこで宇垣は,「精神生活及物質生活の両方面に於て彼等に安定を与へることを差当り第一義として進」まざるをえなかったのである。また, 宇垣の総督就任3ヵ月後の9月18日には満州事変が勃発した。満州事変は朝鮮半島の戦略的意義を一挙に高め, 総督府の政策は, それまでの重農政策から農工併進政策へと転換されることになった。

宇垣自身,「朝鮮在任中の治績」として「半島電気の統制, 農山漁村の振興・自力更生, 心田の開発, 産金の奨励, 工業の誘致, 北鮮の開拓, 大陸進出の足場の整備」などを挙げている[6]。すなわち, 農山漁村の振興・自力更生の運動（いわゆる「農村振興運動」）と鉱工業の開発によって大陸進出の足場を整備したというのであるが, 宇垣の諸政策の中核を成したもの, そして教育史の上からも注目されるものは農村振興運動であった。

1932年5月, 朝鮮総督府の機構改革が行なわれた。殖産局の農務・畜産の2課および土地改良部と山林部が廃止され, 代わってこれらの部・課の事務を一括管掌する農林局が新設されたのである。これを以て農村振興運動の実質的スタートと見做すことができる。

同年9月には, 農村振興運動の最高指導機関として朝鮮総督府農村振興委員会が設置された。同委員会は, 政務総監を委員長とし, 内務局長・財務局長・殖産局長・農林局長・法務局長・学務局長・警務局長・逓信局長・鉄道局長・専売局長・京畿道知事・文書課長・地方課長・司計課長・理財課長・商工課長・水産課長・土地改良課長・林政課長・学務課長・社会課長・保安課長および朝鮮総督府嘱託2名を委員とした。委員の中に学務局長と学務課長が含まれていることが, 農村振興運動が教育運動でもあったことを示している。朝鮮総督府農村振興委員会に続いて, 全鮮の各行政区域ごとに農村振興委員会が組織され, 農村振興運動の指導体制が構築された。

一方, 1932年11月10日の「国民精神作興ニ関スル詔書」渙発記念日を期して国民精神作興運動が開始され, 以後この運動は, 農村振興運動と密接に関連しながら展開された。農村振興運動が「精神作興, 農山漁村の振興, 自力更生の運動」[7]をフルネームとするのはこのためである。

1933年3月, 政務総監から各道知事に「農家経済更生計画樹立ニ関スル件」が通牒され, 農村振興運動は本格的な実施段階に入った。その意味合いを宇垣は,「之れが完成の暁には, 内鮮の融和も, 悪思想の是正も, 労資の協調も, 陋習の打破も, 経済の更生も, 生活の安定乃至は向上も, 地方自治の発達等も皆此の雰囲気裡に醞醸せられ, 覆育せられて出来上り得るのであります。所謂一薬以て万病を医し得ると申すが如き頗る微妙なる意味を有して居る」[8] と評している。

昭和の10年, そして総督府施政25周年の節目に当たる1935年に入ると「更生指導部落十ヶ年拡充計画」が樹立され, 農村振興運動はさらに拡大された。また, それまでの国民精神作興運動も, 宇垣自身の命名による「心田開発」運動へとエスカレートした。しかし, 宇垣は, 同年晩秋健康を害していったん辞意を固めており, 2・26事件を契機として1936年3月末には辞表を提出した。朝鮮統治に対する宇垣の情熱は, すでに1935年晩秋には翳り始めていたのである。

1936年8月4日, 宇垣の辞表が受理され, 南次郎が後任総督に着任した。南は, 陸軍大臣 (1931年4月就任) としても宇垣の後継者であり, 一貫して宇垣に目を掛けられていたが, 経済政策としての農村振興運動は受け継がなかった。ただ, そのイデオロギー政策的側面を精神総動員運動, さらには国民総力運動へと拡充したのである。

では, 農村振興運動を総体としてどう評価すべきであろうか。次は, ある韓国人教育史学者の言である。

　その内容において受け入れられない点も多かったが, 彼 (宇垣—稲葉註) が最も力を注いだ農村振興運動は, 朝鮮の人々に大きな感銘を与え, また, その成果においても大きなものがあった。これによって農村はいくらか生気を回復し, したがって教育も, ある程度進展して郷土啓発に貢献したところが多かった[9]。

かつての総督府当事者の自画自賛の他にも, このように肯定的な評価がないことはないが, 学界では否定的な評価が一般的である。次に日韓双方にお

ける代表的な見解を紹介しておこう。

　　たしかに経済面では宇垣の意図は達成されたとは言いがたい。なぜなら
　ば，この運動は，そもそも財政的支援なしに推進され，農民に精神的側面
　ばかりが強調されていたからである。しかし，この運動がもっていたイデ
　オロギー的効果と農村社会の再編および統制強化という面では宇垣の意図
　は十分成就されたと言いうる[10]。

　　振興運動は，農村救済策としてはこれといった実効がなかったが，治安
　上には多くの成果があった。……（中略）……いわゆる官民融和・内鮮融
　和は，自力更生のスローガンのこだまとともに目に見える前進を示したの
　である[11]。

　ところで宇垣総督は，赴任にあたって，『東亜日報』『朝鮮日報』などの言
論機関と，キリスト教会や民族主義者らが経営する朝鮮人私立学校と，海外
の独立運動者を朝鮮統治の3大敵と認識していたという。このうち前2者に
対する対応をみると，言論機関に対しては当初，様子見的な態度をとった。
1929年から展開されていた朝鮮日報社主催の「文字普及運動」と，1931年
に開始された東亜日報社主催の「ヴナロード運動」を容認したのがそれであ
る。しかし，次第に抑圧を強め，いずれも1934年夏を最後に禁止してしまっ
た。
　ヴナロード運動は，ハングルの識字（当時の表現では「文盲打破」）運動
であると同時に，朝鮮人によるいわば下からの農村振興運動でもあった。し
たがって，ヴナロード運動の禁止は，朝鮮人側のエネルギーを総督府の，上
からの農村振興運動に包摂するための措置に他ならなかったのである。
　一方，私立学校の反日的な動きに対しては，宇垣は当初から厳しい姿勢で
臨んだ。総督就任後初の道知事会議（1931年8月6日）で，赴任前に天皇に
上奏した融和主義的方針を改めて説きつつも，「もっとも，不逞頑冥の徒に
対して峻厳（であれ），仮借の必要なし」と指示している。次の引用は，
1934年10月の全国中学校長会同における宇垣講演の一節であるが，末尾に

あるように，この時点に至ると「忌むべき陋習は全く除去せられた」という。

　国体を尊崇し，君国に忠実に，道義に精進することが，国民たるべき資格の基礎であり，最高の義務である。此の点の修養に欠くる者は如何に学芸技能に堪能なりとも，国民としての資格なきものであり，又左様な人物を養成する学校は国家に無用否有害の存在である。従て斯の如き学徒や学校が万一ありとせば断乎として退学せしむるも敢て不可ならず，廃校亦辞する所でないとの意味を諭して，厳戒を加へましたが，両三年後の今日に於ては斯様な忌むべき陋習は全く除去せられたのである。

　ちなみに当時の思想犯検挙数をみると，1931年が436件・3,659人（件数で最高），1932年が345件・4,989人（人数で最高）で，以後漸減していった。

2．総督府の主要スタッフ

　『宇垣一成　悲運の将軍』の著者棟田博は，朝鮮総督としての宇垣を補佐した岡山県人について次のように記している。

　この時代，宇垣がその周辺を同郷の岡山県人でがっちり固めたことはよく知られている。薩摩の芋づるといって，鹿児島県人は同郷人をよく引き立てるが，岡山県人にはそれが少ない。その点，宇垣は異色である。
　女房役の今井田（清徳）政務総監は宇垣と同じ赤磐郡出身であり，安井（誠一郎）秘書官（後に道知事，局長）は岡山市出身，国分（三亥）高等法院検事長は高梁出身，弓削（幸太郎）鉄道部長は和気郡出身，速水（幌）(ママ)京城帝大総長は玉島市出身，そして，道知事級には赤磐出身の矢鍋永三郎，岡山市出身の沢田豊丈，同じく佐々木志賀二等々がおり，そして，時の京城日報社長は邑久郡出身の時実秋徳であった。
　彼らは協力してオヤジを補佐し，宇垣の名を発揚した[12]。

　「宇垣がその周辺を同郷の岡山県人でがっちり固めた」とはいえ，本章で

第5章　宇垣総督時代の朝鮮教育

言及すべき人物は今井田清徳のみである。総督の女房役である政務総監に指名する以前の今井田について宇垣は,「君は余と同郷, 岡山県の出身にして両者の生家相距つること約二里なり, 然し年配は違ひ進路も異りてゐたから余り私的の交際や往来はなく, 時折同県人の会合などにて, 顔を合はす程度でありたるも, 君が逓信界の逸材たることは, 夙に仄聞してゐたのである」[13]と述べている。ここから推測されることは, そもそも宇垣には朝鮮工業化の構想があり, そのための主たる要員として, 植民地統治の経験は全くないが電気事業に関しては日本有数の専門家であった今井田を政務総監に任命したのではないかということである。また, 間接的には中野正剛の推薦もきっかけになったのではないかと思われる。逓信省にあって今井田事務次官とともに政務次官を務めていた中野は, 1931年6月17日（すなわち宇垣の総督就任当日）付の宇垣宛書翰で「今井田君は実際上の手腕無比也。御起用奉祈候」[14]と今井田を強く推奨した。

ともあれ今井田は, 宇垣総督の在任期間一杯政務総監を務め, 総督を輔けた。宇垣は今井田の功労を,「もし余にして五年余に亙る治鮮の上に多少の功績たりともありとすれば, それは全く君が命懸けで鞠躬尽瘁してくれた賜物である」[15]と評している。

農村振興政策に関しては宇垣が,「元来わしは岡山県赤盤郡潟瀬村で生れた百姓家の子供だ。少年時代田畑に出て家業の手伝をした経験があるので, 稲の植ゑ方や, 田の草のとり方など一通り心得て居る。又農民の心理といふものも一応呑み込んでゐたのが, これが総督としての施策浸透に仲々役に立つた」[16]と述べているように, 宇垣自身がリーダーシップを発揮したことは事実である。しかし, 農村振興運動を全朝鮮的な運動として推進したのは, 当然のことながら総督府の官吏たちであった。なかでも中心的な役割を果したのが, 農林局長渡辺忍と農林局理事官山口盛である。この両人については, 次のような評価がある。

農村振興運動を企画し, 具体化したのは農林局長以下の官僚陣なわけだが, 特にこの運動の総元締として総督の信頼の厚かった渡辺忍局長が新潟県の大地主の家の出身で, 役人には珍しいほどスケールが大きく, 他の部

局の協力を得てこのような大きな政策を推進していくのに打ってつけの人物であったことと，その命を受けて立案の中心的役割を果した総督府理事官山口盛氏の手に成った計画書が非常に立派なものであったことが，この運動を評価に値するものにした[17]。

　また，山口盛は戦後，『宇垣総督の農村振興運動』を演述しているが（友邦シリーズ第5号　友邦協会　1966年），その中で総督府嘱託山崎延吉と八尋生男の役割も称えている。

　宇垣総督時代の学務局が農村振興運動にも深く関与したことは先に指摘したとおりであるが，当時の学務局長は，牛島省三～林茂樹～渡辺豊日子～富永文一と受け継がれた。

　ここで多少脇道にそれるが，弓削幸太郎に触れておきたい。弓削は，韓国併合の翌年（1911年）から10年にわたって学務課長を務めた，朝鮮総督府初期の教育行政の中心人物であった。この経歴からすれば弓削が，宇垣周辺の岡山県人のひとりとして学務局長に抜擢されたとしても不自然ではない。しかし彼は，総督府鉄道部長（1922～1924年）ののち官を辞し，関東大震災後東京に設立された復興建築助成株式会社の重役となっていた。したがって，棟田博が，宇垣総督を補佐した同郷人として弓削鉄道部長を挙げている（註12参照）のは誤りである。

　1931年6月27日に学務局長となった牛島省三は，僅か3ヵ月にして内務局長に転じ，富永文一も，宇垣総督に仕えた期間は2ヵ月余であった。

　林茂樹は，牛島に代わって2年弱学務局長を務めたが，もともと財務畑の人で，1933年8月，朝鮮殖産銀行理事に転出した。

　このようにみてくると，宇垣総督時代の学務局の実質的中核は渡辺豊日子だったことがわかる。渡辺の学務局長在任は1933年8月4日～1936年5月21日で，農村振興運動が本格的に展開された時期とほぼ重なっている。渡辺はこれ以前，農務課長（1922年5月～1928年12月）と山林部長（1929年1月～1930年11月）を務めており，農村振興運動の推進役としては適任であったということができる。

　宇垣総督時代の学務局学務課長は神尾弌春と大野謙一で，その在任期間は，

神尾が1933年1月19日まで，大野がそれ以降である。つまり，神尾が関与したのは宇垣施政のいわば準備段階であり，具体的な教育政策の多くは大野学務課長のもとで実施されたのである。

大野は，1922年6月に渡航し，同年9月，江原道学務課長となった。その在任当時，「農村の教育に於ては，特にその内容の読み書きのみに偏することを斥け，実際的作業的訓練の重んずべき必要を痛感し……（中略）……早速勇敢に所思の実行に取りかゝつた」[18]という。その後大野は，平安南道地方課長・黄海道財務部長・忠清北道警察部長・慶尚北道警察部長などを歴任，約10年ぶりに教育行政に復帰したわけであるが，学務官僚の素質はすでに江原道学務課長時代から認められていたのである。『朝鮮功労者銘鑑』における総督府学務課長大野謙一の評価は次のとおりである。

　　氏は，多年の懸案であつた平壌大邱両医学講習所の医専昇格に成功し，職業教育の徹底教化更らに進んで簡易学校の創設等矢継ぎ早に大仕事を実現せしめ，更らに不振と云はれてゐた鮮展の改革をも断行し，古蹟保存法の制定，中等教育の刷新等短時日の間にその実行力の豊富さを示してゐる。特に農村振興運動には多大の関心を持ち初等教員をして振興運動の第一線に起たしめるなど大きな仕事を残してゐる[19]。

第2節　主要教育政策の展開

1．教育の「実際化」

教育の「実際化」は，昭和初期から日本内地でも唱導されたが，植民地朝鮮におけるそれは，主として普通学校における職業教育の強化と卒業生の指導，および簡易学校の設立・運営を意味した（簡易学校については次項で詳述する）。

普通学校の「職業」科が必修化されたのは1929年のことである。これに伴い，中等学校の「実業」も授業時数が拡充された。すなわちこれらの措置は，山梨総督の時代に始まり，宇垣はこれを継承・強化したのである。普通学校教

員の職業科（とくに農業教育）への取り組みは次のようであったという。

　　これが指導の任に当る者は経費等の関係上特に専科教員を置く余裕がない為め，孰れも学校長以下全職員が一般授業の傍ら献身的に働いて居るのである。而して学校長以下訓導に対し農家経営の実際と農業技術の要領を会得せしむる為めには，各道に於て毎年夏季此等職員をその管下各農業学校に交代召集し約一箇月に亘つて農業学校長道当務者その他等が指導者と為り，受講者と寝食起居を共にする所謂長期農業講習会なるものを開催し，一般農業技術に関することは勿論縄叺等の藁細工・木工・針金仕事・コンクリート工法から朝鮮の農家に最も必要とされ，且つ適合せる養蚕室・家畜舎等の建造に至るまで，凡そ一般農家経営上必要なる事項は剰すところなく之を実地に就て体得せしめ，以て職業科教育の徹底的改善向上を期して居るのである[20]。

普通学校の卒業生指導は，職業科の必修化よりさらに早く，1927年に実質スタートした。「時の京畿道知事米田甚太郎氏，内務部長井上清氏の深遠なる思想と，熱烈なる指導督励の下に，農務課長八尋生男氏，学務課長高橋敏氏，視学森武彦氏等が主としてその立案計画の衝に当り，最初先づ同道内普通学校十校を指定して，その卒業生百十余人に就き指導を開始したるを以て濫觴とし」[21]たのである。八尋生男が，その後総督府嘱託となり，農村振興運動の推進にあたったことは前述のとおりである。

1929年6月，総督府において第1回「普通学校卒業者指導に関する協議会」が開かれ，この事業は以後，全朝鮮に拡大されることになった。これが教育史的に注目されるのは，農村振興運動との関連においてである。1932年，農村振興運動の構想が具体化するや，「この運動の趣旨，精神は，山崎先生の全鮮に亘る講演行脚と相俟つて，次第に地方有識者初め，広く各層の認識する所となり，特に普通学校卒業者補導による課程を了えた全鮮の若き中堅層の関心を集め，これ等の理解協力によつて次第に一般的に農民の自力更生の意慾を呼び起こし，総督の意図した農村大衆の受入体制は極めて快調を以つて形成さるるに至つた」[22]といわれている。換言すれば，普通学校卒

業生指導は，農村振興運動の重要な礎石となったわけであるが，実はその布石は，すでに山梨総督時代に打たれていたのである。

普通学校の卒業生指導は，学校と地域社会の連携という意味では当時の内地教育界に一歩先んじるものであった。1935年に朝鮮を視察したある内地人教員は次のように語っている。

　農村振興運動の中に於て，特に内地の教へられる点 ── 内地ででも実行せねばならぬ問題で仲々実行困難で，未だ着手せられて居ないのに，已に朝鮮では出来てゐること ── は，農村改革運動に小学校（普通学校─稲葉註）が非常に大きな役割を勤めてゐる。小学校の先生が，小学生ばかりでなくその卒業生を動員し，卒業生を通じて家庭にまで這入つて，草鞋履きで農村改革運動の中心をなして居る点であります[23]。

普通学校の卒業生指導と並行して，1935年春からいわゆる「中堅人物」（あるいは「中堅青年」）の養成が本格化した。宇垣一成の言葉を借りれば「朝鮮の二宮金次郎」[24]の大量養成である。そのための機関は，「総督府主催の中堅青年養成講習会，一部の道に於て実行せられつゝある長期講習所及郡を単位とする更生指導部落の中堅人物短期養成講習会等」[25]であった。またこのころ（1935年2月），農業補習学校の修業年限が2年から1年に短縮されている。これらの措置は，いうまでもなく農村振興運動の拡充に備えたものであったが，その時期が，前述したように「心田開発」政策の展開期と重なっていることに留意すべきである。農村中堅人物の養成は，単なる農村指導者の育成にとどまらず，彼らをして天皇制イデオロギーに忠実な「皇国農民たるの理想信念に生きしむること」[26]に究極の狙いがあったのである。

ところで宇垣は，教育の「実際化」に関して「教育即生活，生活即勤労」のスローガンを唱え，これを敷衍する形で次のような内容の演説をしばしば行なっている。宇垣の，信念ともいうべき教育観をここにみることができる。

　純朴素直の気分で学術を修めノンビリした健闘的の人物となれ，頭と口の人となるな，頭と口も必要であるけれども夫れと同時に腹と腕の人とな

れ，シッカリした働き手となれ[27]。

　教育当事者に対しては，機会ある毎に頭と口のみ働いて，腹と腕のなき人物を造らざる様に，寧ろ頭や口の働きは少々劣つても，腹の据つた確かりした，腕に働きある，コセコセしない，ゆとりのある人物を造り上げるべく絶えず努力方を要望してゐる所であります[28]。

2．簡易学校の創設

　簡易学校のアイディア自体は山梨総督時代にもあったようであるが，本格的に検討され始めたのは，農村振興運動が実践段階に入って以後である。宇垣総督は，1933年4月11日，次のように訓示している。

　教育の実際化は時勢と民度とに立脚して，之に適応する施設を為すに非ざれば，克く其の効果を収むること困難なるが故に，初等普通教育の内容の改善に付て大に工夫を凝らすの必要あるのみならず，其の普及に付ては必ずしも現行の施設の範囲内に踟躇することなく，専ら簡易実用を旨とする適切なる他の施設を工夫し計画することを適当と考へるのであります[29]。

　すなわち，1933年4月の時点で，既存の普通学校とは異なり「専ら簡易実用を旨とする適切なる他の施設を工夫し計画すること」が必要だと認識されていたが，中身はまだ漠然としていた。この計画が具体化するのは同年夏以降で，その中心人物は総督府学務課長大野謙一であった。大野は，同年8月21日の京畿道主催第8回農業講習会の席上，「茲に於て，私は書堂の長を採つて短を補ふ部落皆学の一つの新しい企てを提案するものであります」[30]と前置きして，修業年限（2年），入学年齢（10歳を標準とす），学科目（修身・国語及朝鮮語・算術・職業），教授時数（学科と実習を折半）など簡易学校の構想を披露している。この段階で大野は，あくまでも私見と断っているが，この「私見」は後日，ほぼそのまま現実のものとなった。ちなみに，「簡易学校」という校名の名付け親は，学務局長渡辺豊日子だったようであ

る。渡辺は、「私は……（中略）……わが半島の民度に添ひ普及の迅速をはかり得る義務的初等教育として、国語・算術・職業の三基礎科目を二ヶ年で尋常四年程度まで授けようとして統制的にこれを実施し簡易学校と名付けた」[31]と言っている。

簡易学校の毎週標準教授時数は、修身2時間、国語12時間、朝鮮語2時間、算術4時間、職業10時間と、職業とそれ以外の比率を1対2とし、一人前の日本国民となる、日本語を読み書き話すことができるようになる、職業に対し初歩的理解と能力を有する人となる、ことを教育目的とした。農村振興運動との関連でいえば、「中堅青年の大量養成が農村振興の現役軍──主として下士官──を編成するのであるとしたなら、簡易学校はその後に続く少年兵を仕立てるもの」[32]であった。

前述の大野発言に「書堂の長を採つて短を補ふ」とあったように、簡易学校の設置形態は、ほとんどが書堂、さらには私設学術講習所を換骨脱胎したものであった。この意味で簡易学校も、普通学校における職業科の必修化や卒業生の指導と同様、宇垣総督時代に無から有を生じたのではない。

ついでながら、日本側には、「吉田松陰の松下村塾は、今にしてこれを見れば、一種の簡易学校である」[33]と、簡易学校に松下村塾のイメージをダブらせる向きもあったこと、戦後の韓国学界には、「簡易学校の創設目的は、農村振興自体にあるというよりは、当時韓国民族教育の一翼を担っていた書堂の抹殺策の一環として推進された」[34]という見解があること、を附言しておく。

簡易学校は、1934年に440校、1935年に220校、1936年に220校が設立された。これら880校は、農村振興運動の先鋒として更生指導部落に設置された農村簡易学校であった。初年度の440校が、翌年および翌々年には半数の220校増設となったのは、主として教員需給の関係による。教員の民族別内訳は、当初、内地人98名、朝鮮人342名と圧倒的に朝鮮人が多かったが、「教員は将来内鮮人半々の割で分布せしめたい」[35]という総督府学務課の方針により、次第にバランスがとられていった。

1935年12月、大野学務課長は、「私は今日の場合都会地に対しても、簡易学校の精神に依る一つの施設が必要でないか、即ち今日都会地に於ける

朝鮮人初等教育の画一制は之れを改むる必要があるのではないかと考へて居る」[36)]と,都市簡易学校の構想を提案した。農村簡易学校の延長として,都市簡易学校も大野が主導性を発揮したのである。この構想は翌年中に具体化され,都市簡易学校は,「第2次朝鮮人初等教育普及拡充計画」の中で1937年から新設された。結局簡易学校は,農村・都市を合わせて1942年に1,680校を数え,次後は増設されていない。

3．第2次朝鮮人初等教育普及拡充計画

宇垣総督は,着任直後の1931年8月6日,各道知事に対して「一面一校主義は無理を避け漸進的に」[37)]と指示している。これから推して宇垣が,山梨総督時代の1929年に策定された公立普通学校「一面一校計画」の推進に積極的であったとは思われないが,同計画は,当初の予定どおり1936年には完成をみることになった。しかし,1936年度の初等学校推定就学率は,公立普通学校に私立普通学校および簡易学校を加えても僅か25％内外に過ぎなかった。

そこで,一面一校計画完成の目処がついた1935年4月,「第2次朝鮮人初等教育普及拡充計画」が準備されることになった。同年5月,総督府に初等教育調査委員会が設置され,ここでの審議を経て年末には,大蔵省の承認を得た成案が固まった。

1935年は,前述したように農村振興運動が拡充された年であった。「農村振興事業と,第二次朝鮮人初等教育普及拡充計画は同じ紙の裏と表である。一物であつて二物でない」[38)]とか,普通教育の普及は農村「更生計画と平行雁行の意味を有す」[39)]といわれるのはこのためである。

第2次朝鮮人初等教育普及拡充計画策定の責任者は,学務局長渡辺豊日子であった。『朝鮮功労者銘鑑』は渡辺を評して,「普通学校の普及計画等も他に先つて(ママ)予定計画を完了するなど,キビキビと施設を進めたことが多い」[40)]と記している。しかし,大野謙一が,1933年「簡易学校制度創始の時と,這般第二次朝鮮人初等教育普及拡充計画樹立の際,事務上の参考として蒐集した資料に一通り整理を加へ,且つその将来に関し聊か卑見を附して」[41)]著書『朝鮮教育問題管見』をまとめたと言っているところをみると,第2次朝

鮮人初等教育普及拡充計画の実務もまた，学務課長大野が中心となって担当したものと思われる。

なお同計画は，宇垣総督在任中の1936年春，師範学校の拡張を以て実質的なスタートを切り，南総督に代わった1937年度から本格的に実施された。

4．神社参拝の強要

神社参拝をめぐる軋轢は，1920年代から各地で散発していたが，「神社神道の問題はクリスチャンにとって，一九三五年まではそれほど深刻な問題にならなかった」[42]という。これが深刻化したのは，1935年秋以降のことである。

1935年1月，宇垣総督は，道参与官打合会における訓示の中で「心田開発」の方針を初めて公表した。これを受けて，朝鮮の神社・神祠制度確立のための準備を進めたのが，朝鮮神宮奉賛会の会長でもあった政務総監今井田清徳である。今井田が中心となって心田開発運動を具体化しつつあった過程で，キリスト教系私立学校への神社参拝強制問題がクローズアップされたのである。「昭和十年，安武直夫氏が台湾から平南知事に赴任し，神社参拝を強制したため，正に枯草に火を付けたように反対運動が起った」[43]という。

安武平安南道知事による神社参拝強制事件は，1935年11月14日に発生した。この日安武知事は，道内の中等学校以上の校長会議を招集，会議に先立って参加者全員の平壌神社への参拝を指示したが，崇実専門学校長マッキューン（G.S. McCune），崇義女学校長スヌーク（V.L. Snook）らはこれを拒否したのである。総督府学務当局は，これに対して厳しい態度で臨んだ。当時の『東亜日報』によれば，大野学務課長は12月1日，神社参拝は国民として当然の行為であり，これを拒否する学校は廃校もやむをえない旨の発言をしており，渡辺学務局長は12月10日，マッキューンら宣教師代表の神社参拝再考要請を一蹴している。

かくて1936年1月20日，平安南道知事はマッキューンとスヌークの校長職認可を取り消した。以後，心田開発運動が本格化する中で，神社参拝の強制と参拝拒否校の廃校は総督府の確固たる方針となった。

5．その他の「皇民化」政策

「皇国臣民」や「皇民化」という用語は，宇垣総督時代にはまだ一般化していなかったが，便宜上，神社参拝の強要以外の「皇民化」政策として学校教練と歴史教科書の改訂に触れておこう。

宇垣は自ら，「学校教練其の者に生みの親ありとせば余は慫に其の両親中の一人たるを以て自任するものである」[44]と述べている。これは，陸軍大臣時代の宇垣が1925年，中等以上の男子校に現役将校を配属し，中等学校・高等専門学校では軍事教練を必修の正科としたことを指す。そして，これを朝鮮に適用したのも，陸相～朝鮮総督としての宇垣であった。1926（大正15）～1935（昭和10）年度の適用校は次のとおりであった。

　朝鮮に於て初めて陸軍現役将校の配属を受けて学校教練を実施したのは大正十五年度（内地に在りては大正十四年度）であつて，該年度に於ては京城師範学校・公立中学校十校及び内地人のみを収容する実業学校三校合計十四校に，昭和二年度に於ては新設の新義州公立中学校に実施したが，其の成績の顕著なるに鑑み内鮮共学の学校にも之を及ぼすことゝし，昭和三年度に於ては京城帝国大学及び同予科を初め官立の専門学校五校に，昭和五年度に於ては私立専門学校一校及び内鮮共学の官公私立の実業学校十校に，昭和六年度に於ては更に進んで朝鮮人学生を主として収容する学校にも之を課することゝし，私立の専門学校一校の外，全州公立高等普通学校・清州公立高等普通学校を初め，大邱・平壌両師範学校及び公立の実業学校六校に拡張したが，何れも其の成績並に之に対する一般民心の趨向良好なるものあるので，昭和八年度に於ては晋州公立農業学校に，同九年度に於ては大邱・平壌両医学専門学校及び京城第一・第二両公立高等普通学校並に平壌公立商業学校の五校に之を実施し，現在合計五十校を算するに至つた[45]。

教練は，中等学校以上の必修科目であるにとどまらず，やがては朝鮮人の徴兵制度へとつながるものであった。京城第一高等普通学校で教練が開始さ

れた1934年の12月1日，宇垣は，同校の職員・生徒に対して次のように語っている。

　　朝鮮人にも一日も早く兵役義務に服して貰はねばならぬと考へて居る。而かも夫れには国民としての資格に必要である普通教育の完成，国語の普及を先決とし必要の条件とする。国費の嵩むのを構はねば通弁付の軍隊も造れぬことはないが，帝国財政上の実状からは左様な贅沢の事は出来ない。併し普通教育の完備，国語の普及せる暁には朝鮮人も当然兵役義務に服すべきものである，と覚悟して居て貰はねばならぬ[46]。

　宇垣は，「普通教育の完備，国語の普及せる暁」が数年内に到来するとは見ていなかったが，「徴兵制度の準備期間として志願兵制度を布くやうなことは早晩考へられよう」[47]と予測していた。この予測は見事に的中し，陸軍特別志願兵制度は，宇垣が朝鮮を去った翌々年（1938年）の4月に実施された。

　1935年2月，「朝鮮総督府臨時歴史教科用図書調査委員会」が組織された。1935年2月は，美濃部達吉の天皇機関説が帝国議会において問題とされ，日本の国体を改めて闡明する必要が唱えられていた時期である。そもそも宇垣は，かつて陸軍大学校の校長時代（1919年4月～1921年3月），国史を同校の入学試験科目に加え，在校生にもこれを必修科目として課したことがあった。このような宇垣の国史重視の姿勢が，国体再闡明の必要性と相俟って「朝鮮総督府臨時歴史教科用図書調査委員会規程」の発布につながったものと思われる。

　この委員会は，政務総監を委員長とし，委員（25名）には学務局長・京城帝国大学総長・同教授・総督府修史官等をはじめ師範学校長・公立初等中等学校長その他学識経験者が委嘱された。とくに学務課長大野謙一と編修官稲垣茂一のふたりは，委員と幹事を兼ね，同委員会の審議および実務の中心的担い手であった。

　学務局長渡辺豊日子は，同委員会の役割を次のように述べている。

今次の委員会は……（中略）……最後の功程即ち各所定の教科書の編纂にまで任ぜしめ，先づ既刊普通学校用国史教科書の内容に精細なる検討を加へ，進んで之が改訂の案を作し，之と相並んで中等諸学校用国史及東洋史教科書の編纂に関する根本方針を審議すると共に順次具体的成案を作し，普通学校に於ける国史同様，本府に於て自ら之が編纂を為し以て歴史教科用図書の統一完備を期せんとするものであります[48]。

　このように臨時歴史教科用図書調査委員会は，既刊普通学校用国史教科書の改訂のみならず中等諸学校用国史・東洋史教科書の独自編纂まで視野に入れていた。しかし，発足1年半後には総督・政務総監が交替したこともあって，具体的な作業がどこまで進捗していたのか明らかでない。

6．朝鮮語教育の状況

　本節の最後に，必ずしも主要教育政策というわけではないが，筆者の個人的な関心から当時の朝鮮語教育の状況を見ておきたい。
　朝鮮日報社主催の「文字普及運動」や東亜日報社主催の「ヴナロード運動」など民族主義的色彩を帯びた社会教育（ハングル文盲打破）運動が，いずれも1934年夏を最後に抑圧されたことは前述のとおりであるが，学校における朝鮮語は，第2次朝鮮教育令（1922年〜）のもと，依然として必修科目であった。そしてそれは，1934年度から開設された簡易学校においても同様であった。
　簡易学校の朝鮮語教育は，訓導が朝鮮人である場合は当然その訓導本人によって行なわれ，日本人の場合は，「本校から応援のため派遣される半島出身の，訓導によって週壱回の学習ができた」[49]という。また，朝鮮語がある程度できる日本人訓導は，次の実践記録にあるように朝鮮語併用の授業も行なったようである。

　　時間の効率を考え，日本語だけの授業を進める等，到底望めもしないので，種々批判はあろうが，朝鮮語を併用することにより，一層理解を速め，深め，時間の高率化（ママ）を図ったのも，この時点，段階ではどんな誹を受けよ

うとも，この便法による他はなかった。たとえ，冷酷な誹謗があっても甘受しようと，体当りの授業を行った。……（中略）……

その中，五～六ヶ月も経った頃には，全員が日常会話だけは，どうにかこなす様になって，私の朝鮮語の使用頻度は漸減して，驚くと共に，喜んだことである[50]。

簡易学校は，生徒ばかりでなく住民全体を対象とする「部落皆学」の施設であった。したがって，農民・主婦などにもハングル（諺文）が教えられたが，それは，あくまでも農村振興運動の一環としてであった。1935年3月，今井田政務総監は次のように通牒している。

農村振興上更生指導部落に於ける文盲者の啓発を急務とし，或は経営主又は主婦或は青少年等に対し，夜学其の他の方法に依り速成的に実施せる向少からず。右は適切なる着想工夫と認めらるゝも，之が実施方法に至りては往々にして程度高く徒に受講者の負担を重からしめ，苦心多きに比し実用之に伴はざる憾あるを以て，自今之が実施に当りては農家の実情に即して簡易且卑近なる事項の会得を眼目とし差向き諺文にて更生計画を読み，且家計簿の記帳をなし得る程度に最少限度の時間と努力を以て速成実施方考慮せられたし[51]。

このように宇垣総督時代は，学校の内外において朝鮮語・ハングルの教育が実施された。学校外におけるそれは，民間の「文字普及運動」「ヴナロード運動」やその後の官制「部落皆学」によって，この時代がそれまでで最も盛んであったといってよかろう。

おわりに

朝鮮総督としての宇垣一成は，農村振興運動を抜きにして語ることはできない。確かに，この運動を提唱し陣頭指揮したのは宇垣である。しかし，農村振興運動を教育史の側面からみれば，その実質的主役は，学務局長渡辺豊

日子・学務課長大野謙一らであった。

　また，農村振興運動を教育現場で支えた教育の「実際化」は，宇垣施政の前時代に淵源を発する。すなわち，普通学校「職業」科の必修化は1929年，普通学校の卒業生指導が京畿道で正式に開始されたのは1927年のことであり，1934年に創設された簡易学校のほとんどは，朝鮮の伝統的初等教育機関である書堂を換骨脱胎したものであった。この意味でこれらの政策は，前時代の遺産を継承し強化あるいは再構成したものということができる。

　一方，1934年には朝鮮人の名門中等学校（京城第一・第二高等普通学校）に現役陸軍将校が配属され，軍事教練が必修化された。また1935年には，「神社儀式は宗教的なものではなく国民としての儀式であり，儀式に参加することは礼拝行為ではなく，先祖に対して最高の敬意を表わす行為である」（渡辺学務局長談）[52]として神社参拝が強要され，朝鮮総督府臨時歴史教科用図書調査委員会によって国史・東洋史教科書を通じた国体の再闡明が図られた。これらの政策はその後，農村振興運動のイデオロギー的側面とともに精神総動員運動～国民総力運動へと収斂されていったのである。この意味で宇垣総督時代後半の諸政策は，南総督時代の「皇民化」政策の前段階という位置付けを有する。

　このように宇垣総督時代は，教育史的にみて，山梨総督時代あるいはそれ以前からの引き継ぎと南総督時代への橋渡しという両側面を併せ持っているのである。

　参考までに，1930年代の農村振興運動が，40年を経て韓国の「セマウル（新しい村）運動」のモデルとなったという説があることを紹介しておく。一例として，『宇垣一成とその時代』の編著者堀真清は次のように推測している。

　　一九七〇年代はじめの韓国における「セマウル運動」が，現在に至る韓国の経済発展過程において重要な意味をもっていることは周知の事実である。それは当時の韓国の朴正熙大統領の強力な指導力の下で行われた，韓国の農村の近代化を図る運動であった。彼は，中央に「セマウル本部」を設置し，その下に各邑・面にまで「セマウル運動模範部落」を組織し，そ

れをモデルに中央の「セマウル教育機関」で養成した「セマウル指導者」を配してこの運動を強力に推進した。この運動は，遅れた韓国の農村を発展させるという意図が最も強かったが，その裏側では，彼の開発独裁に合わせた農村作りと統制強化の意図が含まれていたことは否定できない。彼がどこからこの「セマウル運動」のアイデアを得たのかは，資料的には明らかでないが，一九三〇年代の宇垣の農村振興運動もその仮説として推定しえよう。何故ならば，彼は一九三〇年代を朝鮮の一人の青年として過ごし，さらに，一九四〇年には日本の陸軍士官学校に入り，日本の陸軍将校として終戦を迎えたからである[53]。

[註]（※はハングル文献）

1) ※朴尚萬『韓国教育史』中巻　中央教育研究所　1957年　p.220
2) 山辺健太郎『日本統治下の朝鮮』岩波新書776　1971年　p.161
3) 青野正明「植民地期朝鮮における農村再編成政策の位置付け ── 農村振興運動期を中心に ──」『朝鮮学報』第136輯　1990年7月　p.21
4) 井上清『宇垣一成』朝日新聞社　1975年　p.213
5) 『宇垣一成日記』（原題「一如庵随想録」）角田順校訂　みすず書房　1970年　p.801
6) 『今井田清徳』今井田清徳伝記編纂会　1943年　pp.700-701
7) 「道知事会議に於ける総督訓示」1935年1月11日
8) 「各道農村振興指導主任者打合会席上に於ける総督口演」1934年1月
9) ※朴尚萬　前掲書　p.242
10) 堀真清編著『宇垣一成とその時代』新評論　1999年　p.171
11) ※中央文化研究院編『韓国文化史新論』中央大学校出版局　1975年　p.281
12) 棟田博『宇垣一成　悲運の将軍』光人社　1979年　pp.159-160
13) 『今井田清徳』pp.698-699
14) 『宇垣一成関係文書』芙蓉書房出版　1995年　p.310
15) 『今井田清徳』p.701
16) 宇垣一成述・鎌田沢一郎著『松籟清談』文藝春秋新社　1951年　p.114
17) 八木信雄『日本と韓国』日韓文化協会　1978年　p.180
18) 大野謙一『朝鮮教育問題管見』朝鮮教育会　1936年　p.407
19) 阿部薫編『朝鮮功労者銘鑑』民衆時論社　1935年　p.335
20) 大野謙一　前掲書　pp.238-239
21) 同上　p.239
22) 山口盛『宇垣総督の農村振興運動』友邦協会　1966年　p.14
23) 大野謙一　前掲書　p.453

24)　宇垣一成述・鎌田沢一郎著　前掲書　p.116
25)　「道知事会議に於ける総督訓示」1935年1月11日
26)　「農山漁村振興上留意すべき要項政務総監通牒」1935年3月16日
27)　『宇垣一成日記』p.850
28)　宇垣一成『朝鮮の将来』朝鮮総督府　1934年　p.57
29)　「道知事会議に於ける総督訓示」1933年4月11日
30)　大野謙一　前掲書　p.417
31)　池田林儀『朝鮮と簡易学校』活文社　1935年　序文
32)　同上　pp.229-230
33)　同上　p.43
34)　※劉奉鎬『日本植民地政策下の初・中等学校教育課程変遷に関する研究』中央大学校大学院（博士論文）1982年　p.147
35)　池田林儀　前掲書　p.230
36)　大野謙一　前掲書　p.445
37)　『宇垣一成日記』p.805
38)　大野謙一　前掲書　pp.452-453
39)　『宇垣一成日記』p.1025
40)　阿部薫編　前掲書　p.35
41)　大野謙一　前掲書　p.5
42)　姜渭祚『日本統治下朝鮮の宗教と政治』聖文舎　1976年　p.68
43)　渡辺豊日子口述『朝鮮総督府回顧談』友邦協会　1984年　p.68
44)　『宇垣一成日記』p.981
45)　『施政二十五年史』朝鮮総督府　1935年　pp.901-902
46)　『宇垣一成日記』p.982
47)　宇垣一成述・鎌田沢一郎著　前掲書　p.131
48)　『文教の朝鮮』第115号　1935年3月　p.3
49)　50)　藤原美歌「草創期の簡易学校〈Ⅰ〉」『韓』第81号　東京・韓国研究院　1978年12月　p.209
51)　「農山漁村振興上留意すべき要項政務総監通牒」1935年3月16日
52)　姜渭祚　前掲書　p.70
53)　堀真清編著　前掲書　pp.171-172

第6章

塩原時三郎研究
—— 植民地朝鮮における皇民化教育の推進者 ——

はじめに

　歴代朝鮮総督は8名9代を数えるが，このうち在任5年以上に及んだのは斎藤実（第3代　1919年8月〜1927年4月，第5代　1929年8月〜1931年6月，計9年6ヵ月）・寺内正毅（初代　1910年10月〜1916年10月，6年）・南次郎（第7代　1936年8月〜1942年5月，5年9ヵ月）・宇垣一成（第6代　1931年6月〜1936年8月，5年2ヵ月）の4名である。つまり南総督は，任期の長さでは斎藤・寺内に次いで3番目であるが，今日の韓国では，「日帝治下の朝鮮民族にとって永遠に忘れられない，最も暴悪な総督だった」[1]と評されている。それは，任期が日中戦争〜太平洋戦争の時期に当たり，そのため神社参拝・「皇国臣民ノ誓詞」・創氏改名の強要，朝鮮教育令の改正，志願兵制・徴兵制の実施など皇国臣民化＝朝鮮民族抹殺の政策を強行したからである。

　しかし，これら一連の政策は，当然のことながら南総督個人の力によって遂行されたものではない。『南総督の朝鮮統治』の著者御手洗辰雄は，「総監（政務総監大野緑一郎—稲葉註）の外殖産局長穂積真六郎，警務局長三橋孝一郎，学務局長塩原時三郎，総力聯盟事務総長川岸文三郎中将等諸氏の輔翼は特に銘記さるべく，これらの一を欠くも南統治は恐らく全きを得なかつたであらう」[2]と記している。また，かつて総督府随一の法制通として知られた萩原彦三は，総督府における意思決定について，「総督の考え方でというのは語弊があるので，さいごの決定権が総督にあるということだけなのです。

だから大体の仕事は，すべて下僚がやるのです。……（中略）…… 総督だってそう何から何までこまかい所までわかるはずはありませんからね。大体局長がいいといえば良いというのが普通の役人のやり方です」[3]と語っている。

御手洗や萩原の言説からして，南総督時代の政策，なかんずく教育政策を解明するためには学務局長であった塩原時三郎の言動を追跡することが極めて有効であることがわかる。そこで本章は，塩原の言動に焦点を当てつつ，いわゆる皇民化教育政策の実態に迫ろうとするものである。

ところで，皇民化政策の全体像や諸政策間の構造については，『朝鮮民衆と「皇民化」政策』（未来社　1985年）をはじめとする宮田節子の多くの労作がある。しかし，それはいずれも，教育史プロパーとして叙述されたものではない。本章は，端的にいえば，宮田ら先達の先行研究の教育関係部分をより掘り下げることを狙いとする。

第1節　塩原学務局長の誕生

塩原時三郎は，1896年2月，長野県更級郡八幡村（現・更埴市）に生まれた。旧姓は和田，塩原姓となったのは1912年のことである。名古屋の第八高等学校を経て1917年，東京帝国大学法科大学独逸法律学科に入学，1920年に卒業した。卒業と同時に逓信省に入省，1923年には貯金局内国為替課長，翌1924年には静岡郵便局長となった。このように塩原は，日本「内地」において逓信官僚としての地歩を固めつつあったが，1928年台湾に渡り，台湾総督府逓信部庶務課長となった。これが，塩原と植民地との最初の出会いである。しかし，台湾滞在は，結局1年に過ぎなかった。1929年，静岡郵便局長時代の縁で，請われて清水市長に就任したからである。

清水市長を1期で辞した塩原は，1932年2月，満州に渡った。満州では関東庁内務局地方課長，関東庁長官官房秘書課長，満州国国務院総務庁人事処長などを歴任したが，この間，関東軍司令官兼満州国駐剳特命全権大使であった南次郎の知遇を得，その後朝鮮総督となった南にスカウトされる形で朝鮮総督府入りすることとなったのである。

朝鮮総督としての南が塩原を総督秘書官に抜擢した直接の契機は，勿論，満州時代の塩原の仕事ぶりにあったであろう。その一例として塩原の伝記には，「彼はまた満州国と朝鮮及内地との人事の交流を図り，自ら折衝の為朝鮮総督府へ出かけて来たこともある。日満提携，満鮮一如を人事の面から実現しようと考へたのである」[4]という記述がある。

しかし，南と塩原を結び付ける思想的土壌は，その遥か以前からあった。塩原がまだ東大在学中であった1919年，東大教授上杉慎吉を師と仰ぐ学生の一団が「興国同志会」を結成した。日本の国体に適合しない英米流の自由主義を一掃することがその目的であった。翌1920年，興国同志会は，時の検事総長平沼騏一郎を総帥とする「国本社」へと改組され，その国粋主義思想運動も，学窓を出て社会的に展開されるようになったが，南も塩原も，この国本社の重要なメンバーであった。ふたりが思想的に共鳴する素地は充分にあったのである。

1936年8月5日，南次郎が第7代朝鮮総督に任命された。当時は，満州事変から5年を経て「内鮮一体」と「鮮満一如」がスローガンとされていた時期であり，朝鮮軍司令官（1929年8月〜1930年12月）と関東軍司令官兼満州国駐剳特命全権大使（1934年12月〜1936年2月）を歴任した南が，朝鮮総督の適任者と目されたのである。

ところで，総督の辞令を受けた南は，「総監には大野緑一郎を決定，外には秘書官塩原時三郎を任用しただけで，一切の人事は着任後として赴任を急いだ」[5]という。ここで南と大野の関係をみると，大野は，内務官僚として夙に令名があり，内務省地方局長や警視総監を経て1935年4月，関東軍顧問となった。大野を顧問に任命したのが，関東軍司令官たる南であった。そのころ大野は，5・15事件の責任をとって警視総監を辞任し，浪人生活を余儀なくされていた。その大野を，南がいわば拾い上げたわけである。そのため大野は，関東軍顧問〜関東局総長，さらには朝鮮総督府政務総監として南に忠節を尽くした。政務総監当時の大野の人物評は次のとおりである。

　　南に対する大野のかはらぬ忠節は，官界の一佳話で，大野の持味もこゝにある。南と云へば大分閥の巨頭で，同郷相結ぶこの閥内にあつて，外様

格の彼が，高く買はれる所以も，その純情にある。南が二・二六事件の余波をうけて，軍司令官を引退したときも，南も，軍も，大野に留任を説いたが，つひに南と行を共にして内地に帰つた。その時，南が朝鮮総督に帰り咲くや，政務総監として孜々として助けてゐる[6]。

しかし，大野は，朝鮮総督府 No. 2 の地位にありながらも総督の黒子に徹した感があり，朝鮮統治の表舞台にはあまり登場しない。したがって本章では，政務総監大野緑一郎にはこれ以上言及しない。

さて，総督秘書官塩原時三郎の人事に話を戻すと，「機構の都合上彼は総督秘書官として南に側近してゐた」[7] という。この「機構の都合」が具体的に何を指すか断定はできないが，ひとつ考えられるのは，当時の学務局長富永文一が 1936 年 5 月，すなわち南総督就任の僅か 3 ヵ月前に着任したばかりだったことである。富永は，「第 2 次朝鮮人初等教育機関普及拡充計画」（通称「朝鮮人初等教育倍加計画」）の推進など学務局長としてそれなりの業績を挙げつつあった。そのため，塩原を最初から学務局長のポストに就けることは，南総督としてもためらわれたであろう。

1936 年 8 月 15 日，矢野義男と池田政鋹が総督秘書官を依願免となった。これが塩原を秘書官とするための措置であったか否かは明らかでないが，秘書官の空きポストができたことは事実である。その 3 日後の 8 月 18 日，塩原に「任朝鮮総督秘書官兼朝鮮総督府事務官」の辞令が発せられている。

1937 年 7 月，総督府の大人事異動が行なわれ，その一環として 7 月 3 日，富永学務局長が依願退職，代わって塩原が学務局長心得を命ぜられた。塩原の人事は，朝鮮の官民を驚かせた異例の大抜擢であったという。それは，官制上局長は勅任官でなければならず，局長心得といえども，職務権限上は局長と同等と認識されていたからである。当時の塩原はまだ，勅任官となるには勤務年数が足りない奏任官であった。局長心得イコール局長の認識がいかに一般化していたかは，塩原学務局長心得の誕生直後に朝鮮教育会が，「この時に当り総督秘書官として本府行政の枢機に参せられ，徳望材幹共に吾等の敬仰措く能はざる塩原新学務局長を文教の枢首に迎ふると共に本会の副会長として嚮後御指導を仰ぐの光栄を荷ふに至つたことは寔に抃舞踊躍の至り

担当することになったのであるが，それは，単に5大政綱のひとつであったわけではない。教学振作を通じた朝鮮人の「皇国臣民化」が南総督による施政の出発点であり帰結点であったことからすると，結局塩原は，南統治の最重要部署を担当したということができる。塩原は，「南の最高のブレーンであり，腹心であり，又同時に南統治の実質的な推進者でもあった」[12]のである。

塩原が興国同志会〜国本社に拠る国粋主義者であったことは前述したが，朝鮮総督府学務局長（心得）としても民主主義・共産主義・民族主義への敵対心を露にしている。その発言は次のとおりである。

　白人は此の世界的大勢の変化に非常に驚き，周章て出しまして，従来の野望たる世界征服の方法が武力的乃至政治的方法でありましたのを，経済的・思想的方法に改めたのであります。而して其の方法の一つとして生れたものはデモクラシーであり，共産主義でありまして，共産主義を実地に行つたのが露西亜でありますけれども英吉利のバードランド・ラツセル（ママ）が言ひましたやうに，世界が悉く社会主義になつても，白人の有色人排斥は止まないでありませう。……（中略）……　思ふに，白色人の犯し来つた世界征服の迷夢を事実に於て清算させ，其の野望が彼等の有つ文明観念なり文化原理から出たものであるとすれば，我々は之を打破つて之に代るべき新しい文化原理を打建て、行かなければならないことは，我等東洋人に与へられた使命であります。之を為さなければ人類は救はれないのであります[13]。

　私はよく朝鮮に於て思想上許すべからざる悪思想が二つあると申します。一つは何と申しましても共産主義，このことはもう御説明申上げる必要もないのであります。共産主義の我等の敵であることは極めて明瞭であります。もう一つ，時には味方のやうな顔をしてその実に於て敵であるところのもので，民族主義と称するところのものであります。この考はいろいろ半島人のためになるやうな態度をしながら，その実内鮮一体を妨げるところの思想であつて，従つて，半島の今後進むべき幸福への道を著しく阻害

するところの悪思想であります。我々はこの思想に対して半島の敵であると宣言して憚らないのである。さうして又これを断乎として討つことに少しも遠慮はないのであります」[14]。

また塩原は，東京帝大独法学科に学んだだけに学生時代からドイツにシンパシーをもっており，ナチスに心酔していた。学務課長（1939年1月〜1940年9月）として塩原局長に仕えた八木信雄は，塩原を「大変なヒットラーの崇拝者，全体主義の礼賛者」[15]と評している。

このような思想に基づいて教学振作を推進した（そして，後に彼自身「半島のヒトラー」と呼ばれた）塩原は，朝鮮人の「皇国臣民化」を信じて疑わなかった。1937年11月の時点では，「内鮮人が同祖同根であるといふ点に就きましては，既に幾多の史実の証明する所であり，今日半島の住民と内地の住民との間に何等か相異なる点があるとすれば，其れは単に風俗の差と言語の差とであります。吾等は間もなくこの小さい溝を取り去ることが出来るでありませう」[16]，1938年5月には，「極めて露骨な言葉でいへば半島人は，中々皇国臣民になりませんよといふ人がある。この位間違つた，この位自信のない言葉はないと思ひます。そんなものではありません」[17]，1940年8月には，「内鮮融和は理想に非ず。理想は鮮人の日本化である。ところで鮮人の日本化は可能なりやと問はれるならば可能性はあると答へたい。その論拠は，骨格，血液型等の人類学，医学上の点から，気質の上から，又言語上ウラルアルタイ系に属すること，宗教上シヤーマニズムに属することから，一言にして云へば日本人を支那化したものが朝鮮人であるから，その支那化を剥がし元の日本人になすことである。斯く日本化は可能である。故に日本人にする教育をやる」[18]と述べている。

第2節　塩原学務局長の活動

1．「皇国臣民ノ誓詞」と皇国臣民体操

「皇国臣民ノ誓詞」は，1937年10月2日に制定された。しかし，その構

想は，塩原の総督秘書官時代からあったようである。新聞記者として総督府の動きをつぶさに観察していた岡崎茂樹は，「この誓詞は，塩原がまだ学務局長とならぬ前から，南総督と意見を共にしてゐたといふことだ」[19]と述べている。文案具体化の時期はともあれ，「皇国臣民ノ誓詞」が塩原の発案によったことは確実である。

そもそも「皇国臣民」という用語自体，岡崎によれば，「謂はば塩原の新造語であり，彼の炯眼を示すものである」[20]という。ただ，1936年5月京城基督教連合会が，その発会に際して「……もって皇国臣民として報国の誠を致さんことを期す」と決議しており[21]，1937年6月朝鮮軍が総督府に具申した意見書の中に「我等ハ皇国日本ノ臣民ナリ」という文言が見える[22]ことから，「皇国臣民」が「塩原の新造語」と断ずることはできないが，これを朝鮮総督府の公式用語としたのが塩原であったとはいえるであろう。

「皇国臣民ノ誓詞」が制定・公布された1937年10月は，後述するように朝鮮教育令の改正作業が，塩原の主導の下，学務局において鋭意進められていたころである。そしてこの誓詞は，結果的にみて「第3次朝鮮教育令」の3綱領（国体明徴・内鮮一体・忍苦鍛錬）を先取りしたものであった。すなわち，「一．我等ハ皇国臣民ナリ　忠誠以テ君国ニ報ゼン（私共ハ大日本帝国ノ臣民デアリマス）」が国体明徴に，「二．我等皇国臣民ハ互ニ信愛協力シ以テ団結ヲ固クセン（私共ハ互ニ心ヲ合セテ天皇陛下ニ忠義ヲ尽シマス）」が内鮮一体に，「三．我等皇国臣民ハ忍苦鍛錬力ヲ養ヒ　以テ皇道ヲ宣揚セン（私共ハ忍苦鍛錬シテ立派ナ強イ国民トナリマス）」が忍苦鍛錬に対応したのである。

参考までに，1939年秋，京城の朝鮮神宮境内に「皇国臣民誓詞之塔」が建立されたが，その設計者は朝倉文夫であった。南次郎の巣鴨手記に「予には三人の心から許した友があった。一人は中村吉右衛門氏で歌舞伎の名優である。一人は彫刻の大家朝倉文夫氏，一人は名力士双葉山である」[23]とあるように，朝倉は南の親友であった。

皇国臣民体操は，総督府学務局の要請を受けた朝鮮体育協会によって，「皇国臣民ノ誓詞」とほぼ同時期に考案された。1937年10月8日，朝鮮総督府通牒として発表された「皇国臣民体操趣意書」によれば，その趣旨およ

び目的は次のとおりである。

一．趣　　旨

　古来武道ノ型ヲ範トシテ之ヲ体操化シ組織ノ上「皇国臣民体操」ヲ創定シ，一般ニ普及セシムルコトトセリ，右ハ古来日本精神ノ根帯ガ武道ニ依リ培ハレタル武士道ニ在ルヲ信ジ其ノ精神ヲ採リ剣ニ親シム者ト否トヲ問ハズ日常武道ノ型ニ親シムコトニ依リ心身ヲ鍛錬シ皇国臣民タルノ信念体得ニ資セシメンガ為ナリ

二．目　　的

　教育体制ノ根本方針ハ皇国臣民ノ造成ヲ目的トスルニ在リ各学科目ヲ通ジ之ニ帰一セシムルニ在ルハ勿論ニシテ曩ニ学校体操教授要目ヲ改正相成タル主旨モ亦右ノ目的精神ニ出ヅルモノニシテ皇国臣民体操実施ニ当リテハ徒ニ技巧末節ニ捉ハルルコト無ク身体ノ錬成，精神ノ統一ヲ旨トシテ我国伝統ノ武道精神ノ体得ニ依リ皇国臣民タル気魂ノ涵養ニ努ムルト共ニ姿勢ノ端正，身体ノ強健ヲ図リ快活，剛毅，確固不抜ノ精神ト忍苦持久ノ体力トヲ養成センコトヲ期ス[24]

　皇国臣民体操は，一言でいえば，剣道の基本型を繰り返すことによって心身ともに強健な皇国臣民を養成することを狙いとし，「精神的には旺盛なる攻撃精神，肉体的には忍苦持久を特に強調して，実施に当つては流汗淋漓へとへとになるまで連続動作を課」[25]した。換言すれば，皇国臣民体操は，上述3綱領の「動的体認の実践部面」[26]であり，「皇国臣民ノ誓詞」と表裏一体のものであった。

　「皇国臣民ノ誓詞」と皇国臣民体操は，朝鮮にのみ適用された。このことは，朝鮮において皇民化が，日本内地や他の植民地にも増して強力に推進されたことを物語っている。

2．陸軍特別志願兵制度

　朝鮮総督府の『施政三十年史』において陸軍特別志願兵制度が，「第七期南総督時代」の「第十五　教育」の項に記述されているように，志願兵制と

教育改革がいわば込みで推進されたことは周知の事実である。両者は，いずれも朝鮮軍の強い要請を受けて実施された。そして塩原時三郎は，朝鮮教育令の改正をはじめとする教育改革は勿論，志願兵制の策定・施行にも積極的に関わったのである。

　1937年7月2日，朝鮮軍は陸軍省に「朝鮮人志願兵制度ニ関スル意見」を提出した。その前月，陸軍省が朝鮮人の兵役問題についての意見を求めたのに対する回答であった。この後，朝鮮軍は，志願兵制を実施すること，その円滑な施行のため同時に教育行政の改革を行なうことを総督府に迫った。将来徴兵制の施行を念頭に置いている朝鮮軍にとって，朝鮮教育の現状は寒心に耐えぬものだったからである。ちなみに「朝鮮人志願兵制度ニ関スル意見」が提出された5日後の7月7日，日中戦争が勃発している。

　8月5日，総督南次郎・内務局長大竹十郎・警務局長三橋孝一郎・学務局長心得塩原時三郎・朝鮮軍参謀井原潤二郎が志願兵問題につき協議，制度の骨格が固まった。陸軍特別志願兵令が公布されたのは翌1938年の2月22日，第3次朝鮮教育令の公布に先立つこと10日であった。

　『時代を作る男　塩原時三郎』の著者岡崎茂樹は，志願兵制度への塩原の関与を次のように評している。文中の「今」「今日」は1942年である。

　　志願兵制度は南統治の偉業であつたが，之を決するのに塩原の英断が如何に大きな役割を果してゐるか。もし極めて率直に因果関係を結びつけて，謂はば春秋の筆法をもつてすれば，今より五年前の半島に，南・塩原の結合なかりせば，志願兵の制度なく，従つて今日の徴兵制実施の宣言もなかつたであらう[27]。

　しかし，「南・塩原の結合なかりせば，志願兵の制度なく」というのは，岡崎一流の誇張であり，志願兵制度は，第一義的には朝鮮軍のイニシアティブによって生まれたとみるべきである。ただ，志願兵の訓練に当たった陸軍兵志願者訓練所は，間接的ながら学務局の所管であり（官制上は朝鮮総督府所属官署），その初代所長は，学務局長たる塩原であった。その意味で，塩原の志願兵制度への関与が小さくなかったことは確かである。

志願兵制の実施からおよそ1年を経た1939年6月7日，塩原は，志願兵制・徴兵制について次のように語っている。

　志願兵制度が昨年から出来ましてあの数百人の青年が皇軍の中に入れて貰へるやうになつたといふことは何を意味するかと言へば，あの兵隊がはいつても我が軍の純一無雑性を少しも妨げない，皇国臣民の組織する　陛下の軍隊たるの性質があれ等の者がはいつてもそのために少しも害せられない。純粋さが失はれない。害せられないとすれば出来るだけ多いところから採つて来た方がいゝのであります。従つてこれは内鮮を全く一体と認めてゐるところの証拠であります。その関門を既に越したのでありますから，あとは志願兵制度だから悪いの，徴兵制度だからいゝの，乃至は悪いのといふやうな，兵隊を採る方法に関する問題にはさう重きを置かなくてもいゝ。入れて貰へないのではない入れて貰へるのであります。
　またときに依れば志願兵制度にする方がいゝ或は徴兵的に採つた方がいゝといふこともある。併しかうした方法に関することは軍隊でお考へになることであつて我々がつべこべ口を出す必要はない。兵役といふ問題は既に解決されてゐる。あとは立派な皇国臣民である青年を養成して出来るだけ多く御採用願へればいゝ。我々はかういふ風に考へるのであります[28]。

このように塩原の本音は，志願兵制・徴兵制の如何に関わらず「あとは立派な皇国臣民である青年を養成して出来るだけ多く御採用願へればいゝ」というところにあり，その一念で朝鮮の学校・社会における皇国臣民化に邁進したのである。ちなみに，朝鮮への徴兵制適用が閣議決定されたのは，塩原が朝鮮を離れた（1941年3月）後のことであり（1942年5月8日），実際に徴兵令が施行されたのは1944年度からであった。

3．第3次朝鮮教育令

第3次朝鮮教育令に向けての改正作業は，公式的には1937年7月1日の南総督と大谷拓相との会談（於東京）を始発点とする。しかし，すでにその前月，朝鮮軍が総督府に対して，「現行普通学校，高等普通学校ノ名称ヲ廃

シテ小中学校ト合併シ，内鮮共学処置ヲ講スル」ことなどを具申している[29]。南・大谷会談は，この具申を踏まえてのものであった。

7月2日，『京城日報』は，南・大谷の合意内容を1面トップで報道した。その見出しは，「内鮮学校名を統一し　中等学校の共学実施等　南総督と大谷拓相の意見一致か　茲一両年中には実施の模様」であった。

7月3日，塩原時三郎が学務局長心得に任命され，総督府は，朝鮮教育令の改正へ向けて具体的に動き出した。『京城日報』の報道によれば「茲一両年中には実施の模様」であったが，7月7日に日中戦争が勃発，そのため「先づ第一に改正の実施を昭和十三年（1938年—稲葉註）四月の新学期よりと云ふ事に決定せられ，すべては之を基準として計画を進めなければならぬ」[30]ことになった。

程なくして（恐らくは1937年8月）学務局は，「国民教育ニ対スル方策」というマル秘文書を作成している。その第二項「教育内容ノ改善，刷新」の内容は次のとおりである。

（イ）内鮮学校ノ名称統一ヲ図ルト共ニ之ガ教育内容ヲ刷新シ，国民教育ノ徹底ヲ期シ殊ニ朝鮮人ヲシテ日本国民タルノ自覚ヲ徹底セシムルコトトシ，学校ニ於ケル朝鮮語ノ教授ハ逐次之ヲ廃止スル如ク措置スル方針ナリ

（ロ）（イ）ノ趣旨ニ依リ教育令其ノ他附属法令ノ改正ヲ行ヒ，学科課程，教則，教材，教育法等ニ刷新改善ヲ図リ，概ネ昭和十三年四月ヨリ実施シ得ル如ク措置スル方針ナリ

（ハ）官立師範学校ヲ増設シ有資格教員ノ養成ヲ図ルト共ニ教員ノ再教育ニ関シテ特別ノ考慮ヲ払フ方針ナリ[31]

これらの方針に基づいて昼夜兼行の作業が続けられた結果，新教育令・各学校規程とも，9月下旬には一応の学務局原案ができ上った。

10月に入って，これを審議するための「臨時教育審議委員会」に関する準備が進められ，10月22日，臨時教育審議委員会規程が発布された。その主要条文は次のとおりである。

第一条　朝鮮総督府ニ臨時教育審議委員会ヲ置ク
　　臨時教育審議委員会ハ朝鮮総督ノ諮問ニ応ジ朝鮮ニ於ケル教育ニ関スル重要ノ事項ヲ審議ス
第二条　臨時教育審議委員会ハ委員長及委員若干人ヲ以テ之ヲ組織ス
第三条　委員長ハ朝鮮総督府政務総監ヲ以テ之ニ充ツ
　　委員ハ朝鮮総督府部内高等官及学識経験アル者ノ中ヨリ朝鮮総督之ヲ命ジ又ハ嘱託ス[32]

　ここで注目すべきは，第三条の「委員ハ朝鮮総督府部内高等官及学識経験アル者ノ中ヨリ」という部分である。1920年12月，第2次朝鮮教育令案を審議するために組織された「臨時教育調査委員会」とは対照的だからである。臨時教育調査委員会には，委員23名中，文部省普通学務局長赤司鷹一郎・法制局参事官馬場鍈一・東京帝国大学教授姉崎正治・京都帝国大学教授小西重直・大蔵省参事官三土忠造・拓殖局次長後藤祐明・文部省宗教局長粟屋謙・貴族院議員沢柳政太郎・同鎌田栄吉・同江原素六・同永田秀次郎・法制局参事官山本犀蔵・早稲田大学学長平沼淑郎と13名の日本「内地」在住者が含まれており，同委員会は，三顧の礼をもって彼らを京城に招いて開催されたのである。

　臨時教育審議委員会は，政務総監大野緑一郎を委員長として次の委員（当初は矢鍋永三郎を除く16名）から構成された。

内務局長	大竹　十郎
財務局長	水田　直昌（当初は林繁蔵）
殖産局長	穂積真六郎
農林局長	湯村辰二郎
学務局長心得	塩原時三郎
警務局長	三橋孝一郎
審議室首席事務官	山沢和三郎
京城帝国大学総長	速水　滉
高等法院長	小川　悌

朝鮮軍参謀長	久納　誠一
中枢院副議長	朴　泳孝
中枢院顧問	閔　丙奭
京城師範学校長	渡辺　信治
	有賀　光豊
	韓　相龍
	朴　栄喆
朝鮮金融組合連合会長	矢鍋永三郎

　委員のうち大竹・塩原・三橋の3名は，前述したように1937年8月5日，志願兵制度の骨子を決めた会議にも出席しており，彼らと朝鮮軍の代表が，臨時教育審議委員会でも指導的役割を果たしたものと思われる。なお，朝鮮軍の代表は，志願兵制度協議の際は参謀井原潤二郎であったが，臨時教育審議委員会には参謀長久納誠一自らが参加している。

　同年11月8日，第1回臨時教育審議委員会が開催された。議案は，「内鮮人教育機関を統一すること」ただひとつであった。塩原は，その審議経過について次のように述べている。

　　議案の要領として教育機関統一の実施に関聯して当然攻究を要すべき学校の設立維持，生徒又は児童の共学或は教科書等の諸点に関しては小職より当局の腹案を述べ詳細な説明を加へたのであるが各委員よりも夫々貴重な質問や有意義な意見の開陳があり参考に資すべきもの少くなく充分の審議を遂げられたのであるが孰れも当局の方針を充分諒解せられ議案に全幅の賛意を表され之が実行に関し絶大な支持を得たので之より直に制度改正に関する諸手続の進行に力めたいと思ふ[33]。

　臨時教育審議委員会が開かれたのは，結局この1回だけであった。ちなみに，第2次朝鮮教育令のための臨時教育調査委員会は，1921年1月7〜10日と同年5月2〜5日の2回，延べ8日間にわたって開催されている。先にみた委員の構成といい，会議の日数といい，第3次朝鮮教育令の改正がいか

に慌しく行なわれたかがわかる。

　11月8日の臨時教育審議委員会をいわば通過儀礼として，11月末には学務局の最終的な朝鮮教育令改正案がまとまった。塩原は，12月から翌1938年の2月にかけて，学務局の部下を帯同して京城・東京間を往来しつつ拓務省・法制局・枢密院などとの折衝に当たった。第3次朝鮮教育令の公布が3月4日，小学校規程・中学校規程・高等女学校規程・師範学校規程の改正府令の発布が3月15日のことである。この間，学務課長として塩原を補佐した髙尾甚造は，「振返つて見れば昨夏七月以来約九箇月塩原局長統率の下に学務局員一同は教育令の改正を唯一の目標として戮力一心奮闘を続けて来た訳である」[34)] と当時を回顧している。

　塩原自身の，教育令改正に対する総括は次のとおりである。

　　半島二千三百万人の民草は悉く日本帝国の臣民である。又将来益々この点を深め，且つ固め成して，立派なる皇国臣民を育成するといふ方針に確定致したのでありまして，その結果として教育令の改正も決心せられたのであります。でありますからして，決してこれは民衆の要望があつたからやつたとか，或は啻に民衆の歓を求めるために行つたといふやうな意味は少しもないので，この教育令の改正になつた趣旨をよく掘下げて見れば，そこに将来の日本の往くべき一筋の道が明瞭に現はれて居るといふやうにお考を願ひたいのであります。……（中略）……　教育の方針といふものは，この教育令改正の機会に大なる転換を致しまして，唯改正したといふことでなしに根本的に其の態度，その思想といふものを非常なる飛躍をせしめたものであります。謂はば全く革新せられたといつて差支へないのであります[35)]。

　第3次朝鮮教育令は，従来の「忠良ナル国民」をさらにエスカレートさせた「皇国臣民」の育成を究極の目的とし，これを支える国体明徴・内鮮一体・忍苦鍛錬の3綱領が，小学校規程をはじめとする各学校規程において具体化された。したがって，時の学務局長たる塩原の意向は，新教育令・各学校規程の全般にわたって反映されているとみて差支えないが，資料的に塩原個人

の意思決定であったことが裏付けられるのは次の2点である。

　第1は，朝鮮語の随意科目化である。八木信雄は，「朝鮮教育令の改正を断行して朝鮮語の科目を必須科目から外してしまった事実上の最高責任者は，当時の学務局長塩原時三郎氏（後，通信院総裁，故人）だった」[36)]と語っている。

　第2は，図画（美術）・唱歌（音楽）の重視である。これについては塩原自身，「兎に角芸術方面の教育も，強い皇国臣民を練成する，その錦上に花を副へるが如く我々の教育に於ては重視して居るといふ事をよく認識を願ひたいのであります」[37)]と述べている。(ママ)

　東大教授吉田熊次が，朝鮮の小学校規程と日本内地の小学校令を比較して，前者は，「我が国体に基く家族的国家主義的社会観・人生観を背景とすることを明示する点に於て，小学校令第一条より遥に優れるもの」[38)]と評しているように，要するに第3次朝鮮教育令と各学校規程が目指した皇民化は，当時の内地におけるそれを上回るものだったのである。

　1938年3月，第3次朝鮮教育令・各学校規程が公布されるや，塩原は活発な広報活動を展開した。「改正の精神の詳細については学務局長が各道を廻り，事務多端の際にも出来る限り出張して僅かの時間なりとも会合を煩してその趣旨のある所を敷衍」[39)]したという。前述した塩原の教育令改正に対する総括（註35参照）は，その一環として同年5月12日，平壌で平安南道教職員に対して行なった訓示の一部である。以下，これ以降の教育体制の変更をめぐる塩原の言動をいくつか紹介しておこう。

　1938年の夏休み，朝鮮の各学校でも勤労報国隊が組織された。これは，6月9日，日本政府が全国の学徒に対して，精神教育の一環として夏季休暇中勤労作業に従事するよう指示したのを受けたものであるが，塩原は，朝鮮における勤労報国隊運動を次のように「忍苦鍛錬」の延長線上に位置づけていた。

　　皇国臣民教育は皇国日本の重大なる歴史的使命を実現するに足る有為の皇国臣民を練成することがその目的でありまして，身体と精神とを綜合的に陶冶し，不断の「忍苦鍛錬」に依つて，鞏固な鉄の如き意志と，性格を

有し，強力な実践力を具へた日本人を錬成することがその最も重要な任務であると考へられるのであります。

　一昨年（1938年—稲葉註）以来夏季休暇を中心として行はれました学校生徒の勤労報国隊の運動は，朝鮮に於ける青年学徒を，正しき勤労観にまで訓育し，国家に対する奉公の精神を涵養すると共に，身体的，精神的鍛錬を通じて強い実行力を鍛錬せんとする目的を持つたものでありまして，青年学徒並びに教職員の努力に依て，労働を賤しむが如き一部の僻見を完全に克服し去りまして，勤労奉仕は現代青年に課せられたる最も名誉ある，最も高潔なる任務であるといふ意識が，最早決定的のものとなりましたことは，私の最も欣快に堪へない処であります[40]。

1940年3月，中等学校入学者選抜方法が改正された。これは日本内地も同様であり，内地では，学科考査が一切排除されたのである。しかし，朝鮮においては，皇民化推進のために国語の筆記試験を残し，口頭試問で「言語」を重視するなど独特の入試方法が採られた。これに関する塩原学務局長の談話は次のとおりである。

　改正入学者選抜法に於きましては身体検査の実施を一層厳重周到ならしめまして，真に国家の要望に副ふべき強健なる身体と旺盛なる精神力を具へたるものを選抜入学せしめるを主眼と致しました。……（中略）……
口頭試問は従来知的教材の試問に偏するの嫌ひがありましたのを改めて言語，常識，志操，性行の四種に亙つて懇切なる試問を行ふこと丶し専ら皇国臣民教育の趣旨の徹底を期することに致しました。
　筆答試問は極度にこれを軽減致しまして，国語の読み方，綴り方及聴き取に止めました。筆答試問に特に国語一科目を選定しましたのは国語の尊重愛護と醇化普及は国民教育上特に緊切なる意義を有するが為めでありまして，一に皇国臣民教育の重要なる使命に応へ真に皇国文化の確立発展に寄与し内鮮一体の強化徹底に貢献せんとする趣意に外なりませぬ。且つ国語科の成績によつて児童の学力を推定するに足るとの確信を有するが為めであります[41]。

また，中等学校と同時に専門学校等の入試改革も行なわれ，専門学校および京城帝国大学予科の入学試験科目から英語が除かれた。塩原が「英語を抹殺した」という岡崎茂樹は，その経緯を次のように記している。

　　それから面白いのは昭和十五年（1940年―稲葉註）であつたか，朝鮮に在る大学予科，専門学校の入学試験科目中から英語を抹殺したことだ。これは朝鮮だけでなく日本中の識者を相手にするやうな大英断で，当時では随分わいわいと反対する者が多かつた。英語の先生など学科としての英語が廃せられるかの如く早合点して，首筋に寒気を催して騒いだものだが，しかし塩原は一般世人が考へてゐるやうな各な考へでこれを断行したものではない。専ら試験準備的な勉強により語学の学習が本来の使命から逸脱するのを之によつて避け，又英語による学生の精力の過度の消耗，延いては国民体力がこれによつて削りとられることを憂へたのである[42]。

　話は前後するが，1937年9月に「愛国日」が設定されて以来，朝鮮の各学校に神社参拝が強要されるようになったが，これに応じない一部のキリスト教系私学に対して塩原は，断乎として閉鎖の命令を下した。また，1939年2月には明倫学院を明倫専門学院に，1940年6月には中央仏教専門学校を恵化専門学校に改編し，儒学・仏教の専門教育機関をも皇民化の教育体制に包摂した。このように塩原は，私立学校の皇民化にも積極的な姿勢を示したのである。1940年8月，『鮮満の興亜教育』の著者伊藤猷典に語った内容は次のとおりである。

　　3　基督教立学校にて神社参拝を肯ぜぬものあり，プレスビテリアン派立のもの七・八校に対し設立の認可を取消す。昨今は教会にても神社参拝す。
　　4　儒林なる儒教の団体ありて従来支那を尊ぶ。之を日本化する為に明倫学院（正確には明倫専門学院―稲葉註）を設け尹徳栄氏を総帥とし日本化を計る。

5　朝鮮仏教の僧侶は精神が日本的でなきのみならず，性質も亦日本的ならざるものあり。仍て之を建直す為に恵化専門学校を設立し，文学博士高橋亨氏を校長とし日本化に力む[43]。

　本節の最後に，塩原の義務教育構想について見ておきたい。義務教育の前提としての第2次朝鮮人初等教育機関普及拡充計画は，前述したように富永文一学務局長時代に策定された。当初は1937年度から1946年度までの10ヵ年計画であったが，これを1942年度までの6ヵ年計画に短縮したのが，富永の後任の塩原である。塩原は，1939年6月当時，義務教育の見通しを次のように語っている。

　　今日教育令を改正して内鮮全く一体の法規の下に教育をやることになり，学校もどんどん殖やしてをります。今日までは平均三割五分位の就学歩合しかないのでありますが，然らばどれだけの希望者があるかと言へば，六割位の希望者があるのでありまして，あとの二割五分ははいりたくてもはいれないといふのが何と言つても今日の実情であることは疑ひない。それではこれをどうして呉れるかといへば，我々はそれをみんな入れる積りで一生懸命に学校の拡充を図つてゐるのだと，お答出来るのであります。
　　然らば何時までに其の希望者が全部はいれるやうになるかと言へば，只今のところでは昭和十七年頃には大抵希望者全部入学といふ辺へ持つて行きたいと考へてゐる。
　　それぢや義務教育の前提たる全部の人が学校にはいれるのは何時頃かといふと，これはあまり向ふの話になつて変かも知れませんが，この調子で進んで行けば昭和二十四，五年頃には大抵さうなるといふことを私は商売柄言ひ得るのであります[44]。

　このように財政や教員養成など諸般の事情を勘案して義務教育の事実上の実施を1949～50（昭和24～25）年ごろと見込んでいたが，皇国臣民化を促進するためなるべく早く実施するという意思はあり，1940年8月，学務局内に義務教育制度審議委員会を設置している。同委員会が1946年度から

の義務教育実施を決定したのは，塩原が朝鮮を離れた後の 1942 年 12 月のことであった。

4．国民精神総動員運動

1937 年 10 月，日本内地で国民精神総動員中央連盟が結成され，翌 1938 年の 7 月，日中戦争開始 1 周年を期して国民精神総動員朝鮮連盟が発足した。朝鮮連盟の発足を直接に促したのは，朝鮮総督南次郎であった。『施政三十年史』には，「総督より時局認識並びに精神総動員に関する重大決意に就き訓示又は懇談し，疆内官民一致して，此の難局に対処するやう慫慂する所あり」[45] とあり，これを裏付けるように，当初同連盟の名誉総裁に就任した政務総監大野緑一郎も，後日，「南さんがしきりに言うのでね」[46] と語っている。

南総督の命を受けて国民精神総動員朝鮮連盟に関する実務を担当したのが朝鮮総督府学務局であり，その総指揮に当たったのが学務局長塩原時三郎であった。塩原の伝記によれば，「この聯盟の根本の起案者及推進者として活動したのが塩原であつて，彼の組織と訓練の才能はこゝに全面的に遺憾なく発揮せられ」[47] たという。機構上のトップは総裁であり，名誉総裁大野に代わって 1938 年 12 月，かつて朝鮮軍司令官であった川島義之が専任総裁に推戴されたが，大野は川島を，「なんにもならなかったな。南さん個人の友情もあったろうけれども，なにしろ軍人で陸軍大将までやった人だけどもね，体も弱っておったのだ」[48] と評している。実質的な中心は，同連盟理事長としての塩原だったのである。

1940 年 10 月，大政翼賛会が発足した。朝鮮でもこれに呼応して「国民精神総動員朝鮮連盟」を「国民総力運動朝鮮連盟」とし，川島大将辞任後の総裁を南総督が兼ねて組織を強化した。しかし，「どの段階に於ても塩原は常に聯盟の最も重要な企画者であつて，実質的には聯盟は塩原を中軸として回転してゐた」[49] といわれている。

さて，国民精神総動員の実態はいかなるものであったろうか。これについて塩原自身は，「志願兵制度の確立，青年訓練所，青年団，社会教育等による。而して此等を総括するものとして国民精神総動員聯盟なるものあり。之

れによりて日本化の教育をなす」[50]と述べている。このほか宮城遥拝・神社参拝の励行，「皇国臣民ノ誓詞」の斉誦，国旗の尊重と掲揚の励行，非常時国民生活基準様式の実行などが国民精神総動員朝鮮連盟の実践要目としてあり，さらには「愛国日」の諸行事やいわゆる「創氏改名」も国民精神総動員運動の一環を成した。要するにこの運動は，当時の皇民化運動のすべてを巻き込んだものであり，その実践の場は，学校と社会とを問わなかった。

学校と社会を繋ぐ具体的手立てとして塩原学務局長は，1940年3月，「学校教職員ヲシテ国民精神総動員運動ヲ推進セシムルノ件」を各道知事に通達した。その要点は次のとおりである。

一．目　的
　　学校教職員ヲシテ直接且積極的ニ本運動ニ参加セシメ其ノ指導ニ依リ本運動ノ精神ヲ生徒児童ノ日常生活ニ具現徹底セシムルト共ニ更ニ力ヲ学校所在地ニ於ケル地方聯盟ノ組織網強化ニ傾倒シテ其ノ活動ノ全野ヲ推進拡充セシメ以テ全半島ニ於ケル本運動ノ徹底ヲ期スルニ在リ
二．施　設
　　（イ）各中初等学校ヲシテ各種聯盟タル「国民精神総動員〇〇学校聯盟」ヲ結成セシムルコト
　　（ロ）各学校職員ヲシテ当該学校所在地ニ於ケル地方聯盟ヲ指導セシムルコト
三．第二項施設（イ）ニ対スル指導要領
　1．（略）
　2．学校聯盟ニ於テハ一学級ヲ以テ一愛国班ヲ組織シ級長又ハ之ニ該当スルモノヲ以テ班長ニ充ツルコト
　3．学校長以下各教職員ハ学校聯盟ノ役職員トシテ学校ノ訓育方針ト密接ナル関聯ヲ保チ各々分担ヲ定メテ各愛国班ノ指導ヲ行フコト
　　（以下略）
四．第二項施設（ロ）ニ対スル指導要領
　1．公立小学校職員ヲ「学校教職員ニヨル本運動推進」ノ基幹トシテ校長以下各職員其ノ責ニ任ジ所在地ノ中等学校職員ヲシテ随時適切ニ

協力セシムルコト
2．公立小学校職員ハ関係府邑面聯盟統制ノ下ニ所在ノ町，洞里，部落聯盟及愛国班ノ指導ニ任ジ其ノ向上発展ヲ図ルノ責任ヲ負担スルコト（以下略）[51]

　次に，愛国日・青年指導・創氏改名について少々敷衍しておきたい。朝鮮における愛国日は，1937年9月6日に初めて設定された。塩原は，同年8月21日，「学校に於ける時局対策に就て」と題する学務局長談話の中で次のように述べている。

二．来る九月六日を愛国日と定め左の行事を全鮮各学校に於て実施し，国民精神の強化を図ると共に皇軍の武運長久を祈願す。
　　行　事
　　　1．国旗掲揚
　　　2．国歌奉唱
　　　3．国民精神作興に関する詔書奉読
　　　4．時局に関する講話
　　　5．東方遥拝（皇軍の武運長久祈願）
　　　　神社神祠の奉祀されある土地に於ては右の式後参拝を為すこと[52]。

　愛国日は，1937年12月から毎月の1日となり，その後，学校のみならず一般民衆にも適用された（社会人の場合は1日または15日）。1939年9月，内地で「興亜奉公日」が設定されたのに伴い朝鮮でも愛国日が興亜奉公日と改称され，毎月1日に固定されたが，太平洋戦争勃発後の1942年1月，興亜奉公日は，毎月8日の「大詔奉戴日」にとって代わられた。
　『時代を作る男　塩原時三郎』の「青年の錬成」の項には次のような記述がある。すなわち，著者岡崎茂樹によれば，学校教育の改革（朝鮮教育令の改正）に続いて青年の指導（朝鮮連合青年団の結成や中堅青年修練所の創立）を主導したのも塩原だったというのである。

次に学校外の青年の指導に力を入れた。これ迄の青年団は各地方毎に分立して全鮮的の統制はなかつたのであるが,其の指導を徹底させその力を集結する為には,之を全体としての組織とする必要があるといふので,昭和十四年(1939年—稲葉註)の秋朝鮮聯合青年団を結成してその大同団結を見たのである。組織と指導者養成に力を注ぐ彼は,次に中堅青年修練所といふ錬成道場を建て丶,一年五期で五百名の青年男女を之に入れて鍛錬し,出でて青年指導の精鋭たらしめた[53]。

創氏改名の淵源は,1937年4月17日の「司法改正調査会」訓令公布に発する。これによって,創氏改名を主眼とする朝鮮民事令の改正作業がスタートしたのである。前述したように,南総督と大谷拓相が会談,「内鮮学校名統一」を発表したのが同年7月1日,朝鮮軍が陸軍省に「朝鮮人志願兵制度ニ関スル意見」を提出したのが同2日のことであった。すなわち,皇民化政策の3本柱ともいうべき志願兵制度と第3次朝鮮教育令と創氏改名は,ほぼ同時進行で立案されたのである。

創氏改名をめぐっては,実は総督府内部にも異論があった。政務総監大野緑一郎は,「これはぼくもそうひどく賛成しなかったのだけれども……」[54]と述懐しており,八木信雄は,「僕の警察畑の大先輩であり,当時の警務局長であった三橋孝一郎氏(後,南西方面民政府総監,故人)などは,民心に及ぼす悪影響の重大さを憂慮して極力反対したんだそうだが,提案者と見られている某局長が前々から総督の信任が特に厚い人物であったせいか,三橋局長の反対意見は結局用いられずに終ってしまった」[55]と述べている。

八木の発言にある「提案者と見られている某局長」は,他ならぬ学務局長塩原時三郎である。一方,今日の韓国では,「この前代未聞の奇抜な案を考えだした人は,かつて「皇国臣民ノ誓詞」を考案した総督府学務局長塩原時三郎であった」[56]とされている。このように,創氏改名を発案し南総督に進言したのが塩原であったことは,ほぼ公認の事実である。

創氏改名の主管は法務局であったが,1940年2月創氏改名の「届出」が開始されるや,その成果を挙げるべく塩原は積極的に動いた。次は,塩原が,東亜日報社と普成専門学校(現・高麗大学)の創立者である金性洙(号・仁

村）に創氏改名を促した状況である。

　創氏改名申告の締め切りが近づいた六月下旬のある日，学務局長塩原が直接，仁村を総督府の自室に呼んだ。
「金さんは，なぜわれわれに協力しないのですか。」
「何の話ですか。」
「一例が創氏改名問題です。総督閣下は，誰よりも早くしなければならない立場にある金さんがどうしてまだしないのかと気にしていらっしゃいます。どう説明すればいいですか。」
　仁村は，巻き込まれないように平凡な答弁で応じた。
「私が創氏改名をしないのは，特別の理由はなく，わが家の老人が許してくれないからです。」
　わが家の老人とは，生家の父親を指していた。
「五十をとっくに過ぎた方が，それを理由にされるとは……」
「五十を過ぎても，父母の前に出れば乳飲み子と同じです。」
「どうしても創氏改名はできないというのですね。」
「父親が反対することは，子としてできません。」
「まだ期日がありますから，家に帰ってよく考えてみるのが賢明です。金さん自身のみならず，お子さんたちの将来のためにもです。」[57]

　塩原は，1939年6月，「国民精神総動員運動について」と題する講演の中で，「元来日本の軍隊は何故強いかと言へば，これは武器が特にいゝわけでも体が非常に大きいわけでも何でもない。強い原因はたゞ一つある。それは何かと言へば組織が ── 組織分子が純一で無雑であるといふことである。全部皇国臣民である。全部が　陛下の赤子である。……（中略）……　これが強い原因であるとすればこれを妨げるやうなことは，例へばどいふ（たとへどういふ，の誤りか─稲葉註）ことがあつても日本軍隊がやるわけはないのであります」[58]と語っている。この考えを突きつめていけば，天皇の軍隊の中に金某・李某が混じるのは許しがたいということになり，そこから氏名まで日本人風にする創氏改名が発想されたのであろう。そして，創氏改名は，

1940年2月以降国民精神総動員運動の一環に組み込まれたのである。ちなみに岡崎茂樹は，創氏改名と塩原の関係を，「これは塩原が直接やつたのでないから彼の先見の功に帰することは出来ないが，しかし……彼の国民精神総動員運動の成果が，その下地をなしてゐるであらうことは想像出来る」[59]と評している。

5．教学研修所

前述したように，1937年8月に作成された学務局のマル秘文書「国民教育ニ対スル方策」の第二項（ハ）に「教員ノ再教育ニ関シテ特別ノ考慮ヲ払フ」という文言があった（註31参照）。また，同じころ塩原は，学務局長心得・朝鮮教育会副会長として朝鮮教育会主催夏期大学の開会式で次のような演説を行なっている。

　　教育者の性質には大体三つあると思ひます。これは私独自の見方でありまして，今迄諸君の見られた点とは違ふかも知れませんが，第一は只今申上げましたやうに，斯道の行者であるといふ強い精神を以て，自分の教へ子を焼き尽すばかりに道を説き，この道に殉ずるといふ熱の人であります。信念の人であります。これを第一種の教育者と認めてをるのであります。
　　その次には統計を最もよく出し報告を最も綺麗に出し，さうして出席簿を最もよく書き，或は学校の掃除をよくするといふ，これはよいことでありまして，決して悪いとは申しませんが，教育の形や事務ばかりに全力を注いで，案外その中に熱が燃えてゐない人でありまして，これは寧ろ教育者といふより教育事務者であります。これを第二種の教育者と我々は分類するのであります。
　　その次は燃ゆる所の熱度も温度も低く，さればと言つて事務も徹底せず，何のことやら分らないことをやつて月給を貰つてをる。これを第三の部類に我々は分類するのであります。……（中略）……　従つて極めて端的に申せば，我々の諸君に要望する所のものは，先程申上げました世界の現状に照らし，我々の将来の理想は最も精鋭なる日本国民を，半島二千数百万国民の上に造成するといふことにあるのでありますから，この道に精進し

この道に殉ずるの心持を諸君に希望し，第一種に属する教育家の一人でも多からんことを切望するのであつて，我々も亦この道を以て自分の最後に報ずる道と考へてをるのであります[60]。

教学研修所は，塩原のこのような教育者観を具現するものとして設立された。朝鮮総督府教学研修所規程が公布されたのが1939年4月20日，塩原所長を迎えて開所式が挙行されたのが同年5月12日であった。朝鮮総督府教学研修所規程の要点は次のとおりである。

第一条　朝鮮総督府教学研修所ハ学校教員ニ対シ国体ノ本義ニ基ク皇国臣民教育ノ真髄ヲ会得セシメ師道ノ振興及教学ノ刷新ヲ図ルヲ以テ目的トス
第三条　所長ハ朝鮮総督府学務局長ヲ以テ之ニ充ツ
第五条　本所ニ於ケル研修科目ハ国民科師道科及修錬科トス
第六条　国民科ハ教育ニ関スル勅語ノ旨趣ニ基キ国体ノ本義ヲ闡明シ皇国ノ道ニ徹セシムルト共ニ東亜及世界ニ於ケル皇国ノ使命ヲ体得セシメ国民的信念ヲ鞏固ナラシムルヲ以テ要旨トス
　国民科ハ国体，日本精神，国民道徳，国史，国際情勢，国防等特ニ国体観念ヲ明徴ナラシムルニ必要ナル事項ニ付研修セシムベシ
第七条　師道科ハ皇国臣民教育者トシテノ教養ヲ深カラシメ時代ノ先覚タルノ修養ヲ積ミ教育ヲ以テ皇謨ヲ翼賛スルノ信念ヲ養フヲ以テ要旨トス
　師道科ハ教育精神，教育及教授法，教育思潮，日本教育史等師道ノ振興ニ必要ナル事項ニ付研修セシムベシ
第八条　修錬科ハ実践ヲ通ジテ皇国臣民教育者タル心身ノ錬成ニ力ムルヲ以テ要旨トス
　修錬科ハ武道，体操，教練，行事，作業等日本精神及教育精神ノ昂揚ニ必要ナル事項ノ実践ニ力メシムベシ
第十一条　本所ニ入所セシムベキ者ハ学校教員ニシテ道知事又ハ官立学校長ヨリ推薦シタル者ノ中ヨリ詮衡(ママ)ノ上所長之ヲ決定ス
　所長ハ前項ノ規定ニ依ル者ノ外教育事務ニ従事スル職員其ノ他適当ト認

に堪へざる所である」[8] という祝辞を呈していることからも窺うことができる。「心得」の2字が取れ，塩原が正真正銘の学務局長となったのは，心得就任から5ヵ月後の1937年12月1日のことである。

　上述した塩原の経歴からは教育者の片鱗は窺われないが，実は彼は，私塾「向上塾」「興東学舎」の経営者でもあった。『時代を作る男　塩原時三郎』の関連部分は次のとおりである。

　　私費を節して昭和九年（1934年―稲葉註）新京に「向上塾」を開き，清水中学清水商業出身の青年を毎年五名位選抜して之に入塾させ，塩原自ら薫陶する外，識見ある知名の士を訪問して意見を聞かせたり，勤労奉仕をさせたりして，知行合一の訓練をした。さうしてこゝを出たものは多く満洲国の官吏として活躍してゐる。……（中略）……　後この塾はその目的をあらはす「興東学舎」と改称し，塩原が朝鮮に転ずると共に京城に移し，同様の指導方針を続けて行つたが，彼の身辺次第に多忙を極めるに及んで一応中止するの已むなきに至つた[9]。

　このように教育者でもあった塩原には，すでに学務局長（心得）となる以前から，教育政策担当の衝に当たるレディネスがあったといえよう。「塩原には朝鮮統治で最も大切な精神方面の指導，殊に教育を如何にすべきかについてはすでに抱負をもつて居り，それを其の部署に在る人に，実行させるつもりであつたらしいが，今自分が其の衝に当ることになつたので，早速ペンを執つて，南統治の意を体し僅か三十分かで三十箇條ばかりの教学刷新の案を書き上げ」[10] たという。

　この引用にある「南統治の意」とは何か。そもそも南次郎は，朝鮮総督を拝命するやふたつの目標を定めた。朝鮮に天皇の行幸を仰ぐことと，朝鮮に徴兵制を布くことである。換言すれば，「行幸の仰げるような半島に仕上げる政治，徴兵の実施出来るような人心をつくり出す政治，それを南は在任中の目標と決めた」[11] のである。この目標は，1937年1月，国体明徴・鮮満一如・教学振作・農工併進・庶政刷新の「朝鮮統治五大政綱」として公表され，同年5月，天皇への上奏を経て確定された。塩原はこのうち教学振作を

ムル者ヲ研修員トシテ入所セシムルコトヲ得
　第十三条　研修員ハ之ヲ所内ニ宿泊セシム但シ特別ノ事由アル場合ニ於テ
　　ハ所長ハ願ニ依リ所外ノ宿泊ヲ許可スルコトヲ得
　第十五条　研修員ハ自己ノ便宜ニ依リ退所スルコトヲ得ズ[61]

　この規程には定められていないが，定員は50名，研修期間は1ヵ月であった。日課は5時半の起床に始まり，朝食前に禊・内外清掃・体錬運動・朝拝（遥拝・誓詞斉唱・祝詞奏上）が行なわれた。講義（国民科および師道科）は午前中4時間，午後2時間で，「然も大体休息なしの二時間連続講義であり，座蒲団なしの正座聴聞」[62]であった。続いて修錬科の授業や演習（素読・座談会等）・夜拝（遥拝・祝詞奏上等）が行なわれ，消灯は午後9時半であった。

　教学研修所の開所から半年後，塩原は，「すでに同所を修了したる各道の小学校長は三百余名に達し，これ等の人々は半島教育の師徒として，半島教学刷新振興の一大推進力となつて全鮮各地に活躍しつゝある」[63]とその成果を誇っている。

　この塩原発言にあるように，教学研修所の入所者は，当初小学校長のみであったが，やがて中等学校教員にも拡大されたようである。1940年3月8日，南総督が教学研修所における訓示の中で，「今後の本府の方針としては暫く初等学校長の召集を止めて中等学校の職員を召集しやうと考へてゐる」[64]と述べている。

おわりに

　1937年7月3日の学務局長心得拝命以来3年8ヵ月，塩原は朝鮮総督府を辞して内地に帰り，1941年3月26日付で厚生省職業局長となった。学務局長辞任をめぐっては，『時代を作る男　塩原時三郎』に次のような記述がある。

　　この辺で塩原の南輔佐の任務も十分にその知遇にこたへ期待に副つて一

段落をつげた。後はその軌道の上をどんどん推し進めて行きさへすればよい。そこで塩原は右の輝かしい結実を見るより先に，昭和十六年春厚生省職業局長に転じて行つた。それ迄も彼には内地の各方面から招請があつたが，南統治の目鼻のつくまでは動かなかつたのである[65]。

また，南次郎の伝記には，塩原の「将来を計って……中央に出した」[66]とあるだけである。これらの史料からすると，どうやら「内地の各方面から招請があつた」ことが塩原内地帰還の理由のようであるが，詳細は不明である。いずれにせよ1941（昭和16）年3月は，まだ太平洋戦争の勃発以前，日中戦争の戦局も深刻化する前であり，塩原は恐らく，朝鮮での業績を誇りつつ意気揚揚と東京に引き揚げたであろう。

一方，南総督と大野政務総監は1942年5月29日に辞任し，南は枢密院顧問官，大野は勅選議員となった。朝鮮における徴兵制の1944年度からの施行が閣議決定されたのは，この直前，5月8日のことであった。前述したように徴兵制の実施は，南総督の最大の統治目標であり，「換言すれば一切の政策はこゝに到達するまでの準備であつた」[67]ということができる。したがって，1944年度からの徴兵制施行決定を見届けて朝鮮総督を辞任した南は，まさに「わが事成れり」の思いであったろう。

その後南と塩原の間にどのような交渉があったか詳らかでないが，関係が続いていたことは事実である。1945年12月13日，戦犯として巣鴨拘置所に出頭する南を塩原は門前まで送っており，南の死後，1956年8月に南次郎伝記刊行会が発起された際には，塩原は編纂委員の一角に名を連ねている。

[註]（※はハングル文献）

1）宋建鎬著・朴燦鎬訳『日帝支配下の韓国現代史』風濤社　1984年　p.305
2）御手洗辰雄『南総督の朝鮮統治』京城日報社　1942年　緒言
3）友邦シリーズ　第15号『朝鮮総督府官制とその行政機構』友邦協会　1969年　pp.16-17
4）岡崎茂樹『時代を作る男　塩原時三郎』大沢築地書店　1942年　pp.134-135
5）御手洗辰雄編『南次郎』南次郎伝記刊行会　1957年　pp.429-430
6）報知新聞社政治部編『大陸の顔』東海出版社　1938年　p.61

7）岡崎茂樹　前掲書　p.145
8）『文教の朝鮮』1937 年 8 月　p.2
9）岡崎茂樹　前掲書　pp.56-58
10）同上　p.150
11）御手洗辰雄編　前掲書　p.435
12）宮田節子「皇民化政策の構造」『朝鮮史研究会論文集』第 29 集　朝鮮史研究会　1991 年 10 月　p.43
13）『文教の朝鮮』1937 年 12 月　pp.29-30
14）同上　1938 年 7 月　p.9
15）八木信雄『日本と韓国』日韓文化協会　1978 年　p.226
16）『文教の朝鮮』1937 年 12 月　pp.31-32
17）同上　1938 年 7 月　p.14
18）伊藤猷典『鮮満の興亜教育』目黒書店　1942 年　p.3
19）岡崎茂樹　前掲書　p.158
20）同上　p.163
21）中濃教篤『天皇制国家と植民地伝道』国書刊行会　1976 年　pp.260-261
22）宮田節子　前掲論文　p.48
23）御手洗辰雄編　前掲書　p.549
24）『文教の朝鮮』1938 年 3 月　pp.56-57
25）同上　p.58
26）『施政三十年史』朝鮮総督府　1940 年　p.790
27）岡崎茂樹　前掲書　pp.181-182
28）『文教の朝鮮』1939 年 8 月　pp.9-10
29）宮田節子　前掲論文　p.48
30）『文教の朝鮮』1938 年 4 月　p.140
31）宮田節子『朝鮮民衆と「皇民化」政策』未来社　1985 年　pp.84-85
32）『文教の朝鮮』1937 年 11 月　p.116
33）同上　1937 年 12 月　p.28
34）同上　1938 年 4 月　p.145
35）岡崎茂樹　前掲書　pp.160-161
36）八木信雄　前掲書　p.136
37）『文教の朝鮮』1938 年 7 月　p.14
38）吉田熊次『教育目的論』目黒書店　1938 年　p.244
39）『文教の朝鮮』1938 年 7 月　p.2
40）同上　1940 年 1 月　p.16
41）同上　1939 年 11 月　pp.2-3
42）岡崎茂樹　前掲書　pp.165-166
43）伊藤猷典　前掲書　p.4
44）『文教の朝鮮』1939 年 8 月　pp.6-7
45）『施政三十年史』p.827
46）「大野緑一郎氏談話速記録」『内政史研究資料』第61,62,63集　内政史研究会

1968年　p.220
47)　岡崎茂樹　前掲書　p.198
48)　46)に同じ
49)　岡崎茂樹　前掲書　pp.199-200
50)　43)に同じ
51)　『文教の朝鮮』1940年4月　p.14
52)　同上　1937年9月　p.14
53)　岡崎茂樹　前掲書　pp.193-194
54)　「大野緑一郎氏談話速記録」p.201
55)　八木信雄　前掲書　p.131
56)　※『仁村金性洙伝』仁村紀念会　1976年　p.408
57)　同上　pp.409-410
58)　『文教の朝鮮』1939年8月　p.9
59)　岡崎茂樹　前掲書　p.191
60)　『文教の朝鮮』1937年10月　pp.23-24
61)　同上　1939年6月　pp.66-67
62)　同上　同上　p.61
63)　同上　1940年1月　p.16
64)　同上　1940年5月　p.4
65)　岡崎茂樹　前掲書　p.16
66)　御手洗辰雄編　前掲書　p.476
67)　2)に同じ

[附録] 塩原時三郎略歴

1896（明治29）年2月18日	和田開蔵・さわの長男として長野県更級郡八幡村（現・更埴市）に生まれる
1912（明治45）年1月13日	塩原谷五郎の養子となる
1917（大正6）年	第八高等学校独法科を卒業
1917（大正6）年7月	東京帝国大学法科大学独法科に入学
1920（大正9）年	同上卒業　逓信省入省
1921（大正10）年	高等文官試験合格
1923（大正12）年	貯金局内国為替課長となる
1924（大正13）年	静岡郵便局長となる
1928（昭和3）年	台湾総督府に赴任、逓信部庶務課長・電気課長を歴任
1929（昭和4）年	清水市長に当選
1932（昭和7）年2月	関東庁内務局地方課長となる
1932（昭和7）年8月	関東庁長官官房秘書課長となる
1935（昭和10）年3月	満州国国務院総務庁人事処長となる

1936（昭和11）年8月18日　朝鮮総督秘書官となる
1937（昭和12）年7月3日　朝鮮総督府学務局長心得となる
1937（昭和12）年12月1日　学務局長を正式拝命
1941（昭和16）年3月26日　厚生省職業局長となる
1942（昭和17）年6月　逓信省電気庁長官となる
1943（昭和18）年　軍需省電力局長となる
1944（昭和19）年4月11日　通信院総裁に就任
1945（昭和20）年5月19日　通信院が逓信院となったのに伴い逓信院総裁と官名改称
1945（昭和20）年8月30日　逓信院総裁を辞任、弁護士開業
1951（昭和26）年　（株）太陽火災海上会長に就任
1953（昭和28）年4月　静岡県一区より衆議院議員に当選（～1955＜昭和30＞年）
1959（昭和34）年　（株）日本産業開発社長となる
1962（昭和37）年　（株）昭和重工業社長となる
1963（昭和38）年10月27日　交通事故にて他界　享年67

第7章

朝鮮総督府学務局長・学務課長の人事

はじめに

　朝鮮総督府の財政を分析すると，「たとえば一九一〇年代の総督府予算のなかで占める教育・文化衛生費の一〇年間平均が，予算総額のわずか一・二％にすぎなかった」[1]という。この一事だけをとっても，朝鮮総督府の諸施策の中で教育が，他分野に比して相対的に軽視されていたことは明らかである。では，総督府高官の人事という側面から見ればどうであろうか。これが，本章のそもそもの問題意識である。

　本章では朝鮮総督府歴代の学務局長14名と学務課長13名を取り上げる。総督や政務総監でなく局長に注目するのは，次の引用にあるように，総督府における意思決定権が実質的に局長レベルにあったからである。

　　総督の考え方でというのは語弊があるので，さいごの決定権が総督にあるということだけなのです。だから大体の仕事は，すべて下僚がやるのです。……（中略）……総督だってそう何から何までこまかい所までわかるはずはありませんからね。大体局長がいいといえば良いというのが普通の役人のやり方です[2]。

　学務局は学務・編輯の2課体制でスタートし，時期によって宗教課・社会課などができたりなくなったりしたが，それら課長の筆頭は常に学務課長であった。しかし学務課は，1944年11月，いったんその名が消える。戦時教

育体制に応じて専門教育課と国民教育課に分課されたからである。実権は専門教育課長梶川裕に引き継がれたが，本章の対象を第13代学務課長本多武夫までとしたのはこのためである。

　朝鮮総督府の学務局長・学務課長は，どのようなルート（人脈）で人事が行なわれたのか，彼らは果たして適材適所であったのか。朝鮮総督府の局長級にまで昇進した朝鮮人はふたりしかいないが，その2名がともに学務局長であったのは何故か。これらの問いの追究が本章の課題である。

第1節　歴代学務局長・学務課長の略歴

1．学務局長

(1)　関屋貞三郎（在任 1910.10.1～1919.8.20）

　朝鮮総督府学務局（当初は内務部学務局）の初代局長関屋貞三郎は，1875年5月栃木県に生まれた。1899年東京帝国大学法科大学英法科の卒業である。

　関屋が朝鮮に渡ることになったのは，台湾総督府参事官（1900年～），関東都督府事務官（1906年～）としての拓殖行政の経験が買われたからであるが，筆者の見るところ人事の鍵は，関屋と児玉源太郎との縁にあった。関屋は，台湾総督だった児玉の信任を受け，これに応えて，児玉が1901年，桂内閣の文部大臣と内務大臣を兼任すると，関屋も内務大臣秘書官として行動を共にした。

　初代朝鮮総督寺内正毅の秘書官は寺内の女婿児玉秀雄で，言うまでもなく秀雄は源太郎の長男である。寺内時代の朝鮮「内政は女房で秘書官の児玉秀雄伯が凡てを切り舞はして居つた，外の属僚は凡て伴食の感があつた」[3]と言われており，児玉秀雄が，総督府開庁当時鹿児島県内務部長だった関屋の学務局長起用に関与した蓋然性は非常に高い。

　児玉秀雄に次いで関屋の学務局長人事に関わった可能性が高いのは宇佐美勝夫である。宇佐美は，韓国併合直前に統監府参与官となり，併合後は総督府内務部長官に横滑りした。したがって宇佐美は，総督府内務部における関

屋の上司に当たるわけであるが，両人は，一高・東大の先輩・後輩（宇佐美が，東大卒業は3年先，年齢は6歳上）という間柄であった。役職を抜きにした社交界においても「一高朝鮮会」を通じて親交があった。

関屋は，1910年10月，35歳5ヵ月で学務局長に就任した。総督府高官（親任官および勅任高等官1・2等）中最若年組であった。この点は関屋の学務局長在任末期に至っても同様で，1919年1月当時においても関屋は，高官69名の中で下から6番目の若さであった。

このように関屋は，若くして学務局長に抜擢され，1916年の「春過から病気保養で内地の方に静養に出掛けて殆ど一年間遊で居つた」[4]こともあったが，結局1919年8月まで8年11ヵ月の長きにわたって在任した。上司たる内務部長官宇佐美勝夫の後ろ楯があってのことと見るべきであろう。

ところで関屋は，学務局長としての自身をどのように評価していたのであろうか。宮内次官当時の1927年5月，朝鮮時代を回顧した談話「門外漢として教育を眺めて」の冒頭部分は次のとおりである。

　　回顧すれば私がこちらに参りましたのは，明治四十三年でありまして，大正八年まで足かけ十年御厄介になつてをつたのであります，なにさま御承知の如く甚だ微力であり殊に教育の経験もありません，それで以て最も難かしい朝鮮教育の衝に当つたのでありますから，今から考ますと殆んどしくじり許りで，後からお出でになつた方々，又前から居られる方々は嘸お困りのことが多かつたであらうと思ふのであります[5]

このように初代学務局長が自称「教育の門外漢」であったことは，朝鮮総督府の教育行政が政治主導で進められたことを示している。

1919年3月，3・1独立運動が勃発し，同年8月に就任した斎藤実総督の下でいわゆる「文化政治」が展開されることになった。文化政治の実質的な推進者であった政務総監水野錬太郎は，総督府高官の人事について次のように語っている。

　　実は今回総督府官制の改正に伴つて，必ずしも従来の人を総て代へなけ

ればならぬとは思はなかつた。殊に其内でも宇佐美勝夫氏や，関屋貞三郎氏，小原新三氏の如きは，予て自分もその手腕性格をよく知つて居るのであるから，それ等の人を罷めなければならぬとは思はなかつたが，併し改革の際は従来の行掛りある人を，その儘にして置くことは，却て本人の為でない，寧ろ総てを一新するがよからうと思つて，それ等の人には甚だ気の毒であつたが，罷めて貰ふことにしたのである[6]。

こうして関屋は，1919年8月20日付で学務局長を辞し，水野の斡旋で静岡県知事となった。その後，宮内次官や貴族院議員も務めた。

(2) 柴田善三郎（在任 1919. 8. 20～1922. 10. 16）
第2代学務局長（内務部学務局ではなく独立した学務局の局長としては初代）柴田善三郎は，1904年に東京帝大法科を卒業し，同大学院に進学，大学院在学中の1905年高文に合格した。和歌山県事務官を振り出しに官界の人となり，愛媛県・宮城県・大阪府の警察部長・内務部長などを歴任した。「曾て文部属として二箇年ばかり文部省に居つた経験もあれば教育行政にも全くの素人ではない」[7]という評もあるが，ほぼ生粋の内務官僚である。

1919年8月上旬，朝鮮総督府政務総監に内定した水野錬太郎は，守屋栄夫を総督秘書官に，赤池濃を内務局長（後に警務局長）にと，子飼いの内務官僚によって総督府の新陣容を固めていった。水野が学務局長人事について語ったところは次のとおりである。

　　学務局長に就ては，赤池君の意見として，柴田善三郎君が今大阪府の内務部長をして居るが，今日君は寧ろ失意の地に在るやうで，如何にも気の毒だから，同君を抜擢して局長に御採用になつては如何かといふことであつた。自分も予て柴田君のことは心配して居つたのであるから，若し朝鮮行を望まるゝならば，これを迎へたいと言つたので，赤池君は直接柴田君に話した所，柴田君も喜んで行くといふことであつたので，柴田君を学務局長とすることに決めた[8]。

第7章　朝鮮総督府学務局長・学務課長の人事　　　　　171

しかし、柴田善三郎自身の回顧によればこれとは多少異なり、次のようにいったんは殖産局長に擬せられ、結局、学務局長に落ち着いたという。

　総監に宛て、一体私は何をやるのかと訊ねると、殖産局長と云ふことであつた。承諾して上京して見ると、学務局長をやれ、と云ふのである。若い頃文部省にゐたためしはあるけれども、教育行政には自信はない。私はひどく躊躇したのだが、改革と云ふものは、むしろ素人の方がズットよいのではないかと某々先輩などが言はれるので、所管の仕事は何でもよいと言ふ気持になつて赴任した[9]。

いずれにせよ、「若い頃文部省にゐたためしはあるけれども、教育行政には自信はない」柴田が学務局長となる必然性はなかったのである。当時の朝鮮で「水野総監の懐刀」[10]と言われたのは守屋栄夫と赤池濃であり、「水野総監の門下の三羽烏」[11]と称されたのは守屋・赤池と丸山鶴吉であった。彼らが担当した総督秘書官・内務局長・警務局長に比べれば、学務局長の比重は軽かったと言わざるをえない。

1919年8月20日学務局長に就任した柴田善三郎は、1922年10月16日まで3年2ヵ月在任した。10月16日付で任三重県知事の辞令が発され、直ちに赴任、新旧学務局長の事務引き継ぎは三重県庁で行なわれるという慌しさであった。ちなみにこの時の内務大臣は、4ヵ月前（6月15日）に政務総監を辞して東京に戻っていた水野錬太郎であった。

柴田はその後、福岡県・愛知県・大阪府の知事、内閣書記官長を歴任し、1932年12月には貴族院議員に勅選された。

(3)　長野　幹（在任 1922.10.16～1924.12.1）

長野幹は、1903年に東大を出て内務官僚となり、広島・福岡・神奈川県の理事官、三重・山梨県の知事を経て朝鮮総督府学務局長となった。柴田善三郎の後任をめぐっては、「山中熊本県知事及守屋茨木県知事両氏中より朝鮮総督府学務局長及関東庁警務局長に任命さるべし」[12]（ママ）と報じられたこともあったが、この下馬評は外れ、長野に白羽の矢が立った。ただ、日本内地の

県知事の中から総督府の新学務局長を任命するという方針に変わりはなかった。

学務局長就任から2年1ヵ月余を経た1924年11月29日，長野は，正式の辞令もないまま京城を発って東京へ向かい，12月5日には県知事として秋田に着任した。この間の経緯は次のとおりである。

　　長野学務局長は正式の発表を見ぬ以前に内務省から呼ばれて已むを得ず出発した，氏はあんな礼儀正しい人だけに一般に正式挨拶もせず，出発する事を返す返すも遺憾として出発したと云ふが，此処人(こんな)だけに学務局長としては最も適材に適所であつた，今更惜い話だが渡鮮当時の関係もあり旁々内地に帰つたとも云はれて居るが又内地の知事にしても決して悪くない[13]

上の引用中ふたつの点に着目したい。ひとつは，長野が「学務局長としては最も適材に適所であつた」とされている点である。その理由は「あんな礼儀正しい人だけに」というのであるが，長野の経歴から学務局長として適材適所であったという根拠は見出されない。

第2は，「渡鮮当時の関係もあり」と，総督府学務局長の後内地の県知事として復帰することが内務省の既定路線であったことが窺われる点である。

長野は，秋田から鹿児島に異動し，そこで1927年5月，官歴を閉じた。「愛知県知事柴田善三郎君鹿児島県知事長野幹君は，文化政治と共に，相次いで朝鮮に学務局長となつた人である」[14]という人物評は，柴田と長野が，いわゆる内務省水野スクールの一員であったことを示している。

(4) 李　軫鎬　(在任 1924. 12. 12～1929. 1. 19)

李軫鎬については本書第3章においてその全経歴を概観したので，ここでは学務局長人事のみに焦点を絞ることにする。

1924年7月政務総監に就任した下岡忠治は，総督府高官の人事異動を断行し，総督府における水野色を下岡色に塗りかえようとした。朝鮮人局長の採用という新機軸も，その流れの中で打ち出されたものである。勿論，朝鮮人重用政策は「文化政治」のスタート当初からあったが，李軫鎬学務局長の

第7章　朝鮮総督府学務局長・学務課長の人事　　　　　　　*173*

登場は「鮮人登用の端」[15]と称されたものである。
　先に見たように，第3代学務局長長野幹は1924年11月29日に京城を離れたが，この時すでに「学務局長の後任としては鮮人局長の先例を開くとの専ら下馬評だ」[16]と言われていた。しかし，李軫鎬学務局長が実際に発令されたのは12月12日で，この間13日を要した。
　併合前から「親日派」として有名であった李軫鎬は，併合後，慶尚北道長官，全羅北道長官・知事（1919年8月に長官から知事へ官名変更）を務め，1921年8月から東洋拓殖株式会社の役員（理事〜監事）となっていた。
　このようにいったん官界を引退していた李軫鎬を再び総督府高官，それも朝鮮人初の局長の地位に就けたのは下岡政務総監であった。下岡自身は，斎藤総督を立てて，長野学務局長の後任については「総督が最も苦心した所と承知して貰ひたい」[17]と述べており，李軫鎬も，「長野局長の後任として私が御引受けするといふことは甚だお恥かしい次第で，自分としては到底さうした資格はないものとして一旦はお断りしたのですが総督，総監からの切なる御勧めもあつたので遂に御引受けすることになりました」[18]と語っているが，朝鮮人の局長抜擢に反対する勢力も含めて，この人事は「下岡政務総監の英断」[19]だと見るのが当時の朝鮮社会の大勢であった。正式発令までに多少の時間を要したのは，初めてのこととて，日本政府法制局での調整に手間取ったからである。
　1924年12月12日付で学務局長となった李軫鎬は，下岡政務総監という後ろ楯を失った（1925年12月3日下岡急逝）後も在任し続けた。山梨総督の就任（1927年12月10日）を契機に退任が噂され，「李学務局長は，おそらく，自ら進むで辞意を表明するのではあるまいか。故下岡総監の鮮人重用主義に基いて，現職に起用されてより既に四年（3年の誤り―稲葉註）に近い。今が勇退の潮時であることは，明敏なる氏の知悉してゐるところであらう」[20]と見られていたが，在任は結局1929年1月19日まで4年1ヵ月に及んだ。辞任の理由については，「突然学務局長を罷めた李軫鎬老は善い爺さんだが，何でも風教上面白からぬ事件で局長の椅子からころげ落ちたと云ふ話だ」[21]と言われているが，真相は不明である。

(5) 松浦鎮次郎（在任 1929.2.1～1929.10.9）

松浦鎮次郎は，1898年に東京帝国大学法科大学政治学科を卒業し，内務省に入ったが，1902年文部省に転属となった。以後，文部大臣秘書官，文部書記官・参事官，普通学務局長，専門学務局長を歴任し，1924年，文部次官に上り詰めた。この間，東京帝大で教育行政学および憲法の講座を担当，文部官僚であると同時に教育学者でもあった。

1927年7月，京城帝国大学第2代総長に任命され，朝鮮に渡った。そしてその在任中に総督府学務局長も務めたのであるが，この事実は，松浦の履歴の中でほとんど無視されている。それは，松浦が正式の学務局長ではなく，京城帝大総長と兼任の学務局長事務取扱だったからである。

松浦が京城帝大総長に着任した直後（1927年9月）の雑誌『朝鮮及満洲』には次のようなコラム記事がある。

> 京城大学総長に前文部次官の松浦鎮次郎氏が来任した，同氏は大学総長よりは学務局長の方がはまり役ではあるまいか，何うもさう思はれる，今から学務局長でも無いと云ふのか，朝鮮の学務局長は伴食局長では其機能を充分に発揮し得るものでは無い，学務局長に鮮人を据えたのは，死んだ下岡さんの大失策である，朝鮮の教育は二千万の異民族同化と云ふ大仕事だ，相当の手腕識見ある人物で無いと其運用は至難である[22]。

当時の学務局長は李軫鎬であり，朝鮮人局長よりも，文部官僚として「相当の手腕識見ある」松浦を以て充てるべきだというのである。このいわば「松浦学務局長待望論」はその後も生き続け，李軫鎬の辞任から12日間の空白を経た1929年2月1日，松浦学務局長事務取扱が誕生した。その翌日，学務局に初登庁した松浦は，次のような就任挨拶をしている。

> 専任局長が任命されるまで私に学務局長の事務を取扱ふよふと総督，総監両閣下から御話がありましたが私は一応辞退申し上げました，しかし再三の御話によりまして専任局長が任命されるまで今回事務取扱ひを拝命することになりました，私は朝鮮に参りまして，一年半余になりますがその

間学務行政としては寧ろ傍系的立場にありましたが今この職につきますれば諸君の御指導を受けて朝鮮学務行政のために一臂の力を致したいと思ひます，諸君におかせられても専任局長の任命あるまで専任局長同様御援助を下さいますよう希望致す次第であります[23]

　短い挨拶の中で「専任局長が任命されるまで」を2回繰り返しているように，松浦には学務局長事務取扱を長く続ける気はなかったようである。しかし，この任務は，結果的に松浦が朝鮮を離れる1929年10月まで8ヵ月間継続された。
　1929年6月3日，九州帝国大学の総長選挙が行なわれ，松浦鎮次郎に過半数の票が投じられた。それまで九大に縁もゆかりもなかった松浦は総長就任を固辞したが，9月に至って内諾し，10月9日，正式決定を見た。内定までの経緯は次のとおりである。

　　京城帝国大学総長松浦鎮次郎氏の九大総長就任問題は幾多の曲折を経て，近々九大総長就任に，内定し，松浦総長は暗に肯定するに至つたがこゝに至るまでには，九大側はあらゆる方法をつくして九大総長就任方を勧説したもので，遂には，岡田良平氏をもわずらはして，松浦氏に，諒解を求むるに至つたのである。岡田良平氏と，松浦氏とは，文部省時代から浅からぬ関係にあり，松浦氏としても断りかね松浦氏は自らの進退を岡田氏に一任するに至り遂に九大総長就任が内定したものといはれてゐる[24]。

　文部大臣を2度にわたって務めた岡田良平は，当時，文部省の人事に大きな影響力を持っていた。東大〜文部省を通じて松浦鎮次郎の大先輩に当たり，松浦は，岡田「先輩への義理合上から拒み難く」[25] 九大総長就任を受諾したのである。
　九大総長就任と同時に松浦の学務局長事務取扱時代は終わったが，正式の局長が空席であったこの時期，「学務行政は一大停頓を招来し，朝鮮に学務なしとの一時代を作り来れり」[26] と酷評する向きもある。その後，九州帝国大学総長，貴族院議員（1930年〜），枢密院顧問官（1938年〜），文部大臣

(1940年1〜7月) と松浦の経歴が光を増した分，朝鮮総督府学務局長事務取扱が霞んでしまった感がある。

(6) 武部欽一（在任 1929.10.9〜1931.6.27)

松浦学務局長事務取扱に代わって，1929年10月9日，武部欽一が学務局長に就任した。武部は，松浦の後輩に当たる生粋の文部官僚で，当時，次の引用にあるように「文部省切つての学務行政家」と言われ，したがって，「氏が朝鮮の学務局長になつたのは朝鮮としては全く拾ひ物である」と評されたものである。

> 本府学務局長に内定した文部省普通学務局長武部欽一氏は二十年以来文部畑にあり文部省切つての学務行政家である，氏は山口県理事官から文部省参事官に転じ，爾来二十余年文部省にあり，その間文書課長，会計課長，実業学務局長等を歴任し普通学務局長の現職についた人である，松浦総長も文部省の参事官たりしことあり，武部氏は氏より二，三氏後に参事官になつた人で，現在の文部省では粟屋次官に次いで，古参株粟屋氏の後任として事務次官を省内に物色すれば当然氏が就任すべき順序にある，氏は東大独法科出身でドイツの勤労教育に特に留意し，日本の教育界に勤労教育の思潮を高唱したのもこの人である，氏が朝鮮の学務局長になつたのは朝鮮としては全く拾ひ物である[27]

（ママ）

武部の学務局長人事を推進したのは，時の政務総監児玉秀雄であった。武部自身，「朝鮮の教育行政改革を遂ぐべく学務局長の後任として再三就任の交渉があつたので自分はそういふ大任には適しないと思つて辞退してゐたが，児玉総監の余りに御熱心な勧めに動かされ交渉を受けた次第です」[28]と語っている。また，雑誌『朝鮮公論』のコラムも，次のように児玉総監のイニシアティブを裏付けている。

> 武部欽一氏の学務局長は全く，電光石火的で，人事の事と謂へば，発表の三日も前に漏れたやうな時代とは違つて，誠に鮮やかであると，賞めて

おき度い。総監のお手並誠に鮮かなる哉[29]。

　児玉秀雄は，前述したように初代朝鮮総督寺内正毅の秘書官で，寺内の総督辞任（首相就任）とともに内地へ帰っていたが，第5代総督として2度目の朝鮮勤めをすることになった斎藤実には，女房役の政務総監として仕え，時に法的地位（総督府 No.2）以上の実権を振るった。武部欽一の学務局長任命は，第2次斎藤総督時代のスタート直後に断行された人心一新策の一環だったのである。

　武部は，このような背景のもとに学務局長となっただけに，斎藤総督の更迭（1931年6月17日）が現実となるや，いわば斎藤総督に殉ずる形で辞表を提出した。この辞表は6月27日付で受理され，武部は，暫時官職を離れたが，同年12月，再び文部省普通学務局長に復帰した。朝鮮渡航前の職に戻ったわけである。

(7)　牛島省三（在任 1931.6.27～1931.9.23）

　牛島省三は，1910年に東大独法科を卒業し，翌1911年高文に合格，兵庫県警視として官歴のスタートを切った。1916年鳥取県理事官となり，一時視学官・学務課長も務めた。結果的にこの鳥取県での視学官・学務課長が，朝鮮渡航前に牛島が携わった教育行政経験のすべてであった。

　1919年以降各県の警察部長，1924年からは各府県の内務部長を務めたが，『朝鮮功労者銘鑑』では，この経歴が次のように強調されている。

　　氏は政争の激しい熊本の警察部長を始めとして，山口，兵庫の各県に亙り足掛六年間警察部長を務めてゐる。其の他内務部長として石川，長野，大阪等の各府県に歴任し，政争の禍中に揉まれて来てゐる[30]。

　続いて牛島は，1928年警視庁警務部長，翌1929年茨城県知事となった。そして，「浜口の掛冠後若槻内閣となるに及んで朝鮮に迎へられた」[31]という。つまり，1931年4月第2次若槻内閣が成立し，主として内相安達謙蔵の主導の下で総督宇垣一成・政務総監今井田清徳・警務局長池田清・学務局

長牛島省三など朝鮮総督府の陣容が構成されたのである。今井田と池田は，今井田が大阪市電気局長兼同市参与，池田が大阪府警察部長だった1928年以来親交があり，池田と牛島は同郷（鹿児島）・東大独法科同窓（牛島が3年先輩）の間柄であった。牛島は，学務局長受諾の経緯を次のように述べている。

　自分は今回の交渉を受けるため茨城を出た時は家族に七十六歳になる祖母があり，その他家庭上のこともあるので一応断る積りだつたが，安達内相から外地行政のため是非とも起つて貰ひたいとの相談があつたので，池田警務局長とも協議の上，御受けすることにした[32]

牛島省三が他の学務局長と決定的に異なったのは，1931年6月27日の学務局長就任当初から，遠からず内務局長に転ずることが予定されていたことである。「近く今村内務局長が李王職次官に転任することとなつてゐるので，その後を襲ひ改めて内務局長に任命され学務局長を兼任する筈」[33] だったのである。この予定どおり7月22日には学務局長兼内務局長となり，9月22日には内務局長となった。すなわち，牛島学務局長は，専任としては1ヵ月弱，兼任を含めても3ヵ月に満たない短命だったのである。

内務局長となった牛島は，水を得た魚の如く活躍し，官僚人事に敏腕を振るった。1932年2月の『朝鮮公論』は，当時の朝鮮官界を次のように描写している。

　人事異動の総元締めといはふか，この方に凄い腕を揮ふてゐるのは，鹿児島閥の本尊牛島内務局長でそれに，池田警務局長と，在来種側では第一次異動で破格の昇進した薩摩芋の寵児土師（ママ）専売局長が，相談役で，万事采配を揮ふて居るとの事である。
　朝鮮の官界も，……（中略）……今や宇垣時代は，牛島内務局長の勢威赫然として光被してゐる状態である。先づ今日は薩摩芋の全盛時代[34]。

このように足掛け5年「宇垣総督の片腕として」[35] 内務部長を務めた牛島

省三は，1936年5月，官界を去った。勅任官として官等を上り詰め，いわば功成り名を遂げての退官であった。退官後は京春鉄道の社長に天下ったが，社長在職中の1940年10月，胃癌で死去した。

(8) 林　茂樹（在任 1931.9.23～1933.8.4）

　林茂樹は，1912年に東大独法科を卒業，同年中に高文をパスして朝鮮総督府事務官を振り出しに官界に入った「朝鮮育ち」の官僚であった。学務局長就任に際しては，「何しろ初代関屋局長以来朝鮮内から採つたのが僕が最初で他は全部内地から来て居るんだものネ」[36]と，朝鮮育ち初の抜擢に一種の戸惑いを見せている。

　林は，1913年から28年まで総督府の司計課事務官，司計課長，専売局製造課長，鉄道局経理課長などを務めた。すなわち，「官場生活中少壮時代を財務事務で通し」[37]たのである。そして1929年1月，全羅北道知事に任命された。この人事は，次のように期待と不安を以て迎えられた。

　　全北知事林茂樹君は四十五年組（明治45＜1912＞年大学卒業者―稲葉註）として異数の抜躍(ママ)であつて，知事中の最年少者と見る可きである。彼の特徴は恐ろしく頭脳がよくて計数に明るい点である。彼の経歴から見ると彼は財務，専売，鉄道等の経歴あるも，内務行政の経歴なく，此点に不安を抱くものあるも，司計課長として議会に幾度も列席して居るから多少政治手腕もある可く（以下略）[38]

　全羅北道知事在任は1年にも満たず，林は，さらに慶尚北道知事（1929年12月～）を経て1931年9月，学務局長となった。道知事から総督府局長への転任は，官等上は栄転（高等官2等から1等へ）であったが，適材適所という点では疑問視された。ある雑誌記者の林学務局長評は次のとおりである。

　　総督府では，林茂樹君を学務局に持つて行つたり，渡辺忍君を殖産局に持つて行つたりしたのが，抑も今度の人事行政の不人気の第一だ，林君は

人材の一人であるが，今日迄の閲歴から言ふても，財政，殖産の方面に回はすべき人物で，教育行政に持つて行くべき人物では無い[39]

　林自身も，教育行政の素人であることを認め，「学務なんテ，全く素人だもの，これから勉強するんだ，総督や総監には総ての成案があるだらうから，聴かせて頂いたり教へて貰つて重責を果したい」[40] と語っている。

　それはともかく，林茂樹は，知事～局長と順調な官歴を辿った。それは何よりも総督府における上司の覚えがめでたかったからであろう。「彼は妙に運のいい男で，山梨総督時代に千金の値で拾ひ上げられ，斎藤第二次時代には児玉さんによく，こんども今井田総監とは頗るいい」[41] と言われたものである。また林が，併合時の総督府人事局長で中枢院書記官長や李王職次官も歴任した国分象太郎の女婿であったこと，並み居る東大出の中でもひときわ団結力を誇った「一高朝鮮会」のメンバーであったことも，彼の人事にプラスに作用したかもしれない。

　1933年8月，学務局長を依願免となった林は朝鮮殖産銀行理事に天下り，続いて漢城銀行（殖産銀行の子会社）の頭取となった。「少壮時代を財政事務で通し」た経歴が，退官後の素地として生きたわけである。

(9)　渡辺豊日子（在任 1933.8.4～1936.5.21）

　渡辺豊日子は，1885年生まれ，1912年7月東大独法科卒，同年11月高文合格，道知事から学務局長へ，学務局長を最後に退官して国策会社へ，など前任学務局長林茂樹と共通点が多い。ただ，林が財政畑だったのに対して，渡辺は農林畑の育ちであった。

　1912年末，東京府属として官界入りした渡辺は，次いで宮城県理事官（1915年～），愛知県理事官（1918年～）に任じられた。後年，総督府学務局長就任に際しこの時代を振り返って，「嘗て仙台で三年，名古屋で一年半学務課長として教育行政に携つた事がありますが，何しろ十何年も前の事ですから，全く出直してゆく覚悟です」[42] と語っている。

　朝鮮には1919年12月に渡航，総督府内務局第一課長に就いた（1921年8月，官名変更により地方課長となる）。その後，1922年5月～農務課長兼

土地改良課長，1923 年の外遊後専任の農務課長，1929 年 1 月〜山林部長，1930 年 12 月〜慶尚南道知事というのが学務局長以前の経歴である。この渡辺の経歴は次のように評価されている。

　氏は元来農林畑に育つた人従つて農林局長に擬せられたこともあつた。殊に農務課長として約八ヶ年，万年農務課長といはれたことさへある。次いで山林部長の要職に就き，心血を瀝いで半島農林業の開発に努力した[43]。

　ちなみに，新設された農林局の初代局長に擬せられたのは慶尚南道知事時代の 1932 年 7 月で，「矢張世間の噂のやうに釜山に居る渡辺（豊日子）知事を農林局長に据えるのが一番適任だと云ふ評判」[44] だったという。

　1933 年 8 月，渡辺は，林茂樹の退官〜財界転出に伴って学務局長となった。東大同期生間のバトンタッチであった。当時，「渡辺君は頭は善いが何うも人望が無い，此人の学務局長は余りはまり役では無い，渡辺君はその産業知識と経験からしても寧ろ殖産局長の方がはまり役だ」[45] と言われており，渡辺学務局長誕生の要因は，今のところ林茂樹との関係以外に見出しえない。

　1936 年 5 月，官僚生活を締め括るにあたって渡辺は，「任官して名古屋，仙台で学務行政に当り，朝鮮では学務局長を最後としました，で私の官界生活は学務関係に始まつて学務関係で終つたのです」[46] と述べている。このように形の上では学務に始まり学務に終わったのであるが，渡辺豊日子の社会的評価は農林官僚としての方が高い。渡辺自身，1967 年に口述で「朝鮮総督府回顧談」（友邦シリーズ　第 27 号　友邦協会）を残しているが，その分量は，農務課長〜山林部長時代が 3 分の 2，学務局長時代が 3 分の 1 である。

　参考までに退官後の渡辺は，鮮満拓殖会社理事・朝鮮林業開発会社社長・朝鮮重要物資営団理事長を歴任，天下りの梯子（渡り）の典型であった。

(10)　富永文一（在任 1936.5.21〜1937.7.3)

　富永文一は，1916 年に東京帝大を卒業した。前任学務局長は，武部欽一・牛島省三・林茂樹・渡辺豊日子と独法科卒が 4 代続いたが，富永は，同じ東大法科大でも英法科の出身である。卒業の前年に高文合格，秀才の誉れが高

かった。

　1916年6月，総督府試補として朝鮮に渡り，一時黄海道事務官を務めたが，1918年10月総督府本庁詰めとなり，内務局にあって行政講習所長・地方課長・社会課長などを歴任した。すでに1925年当時，「内務局の活字引」[47] と呼ばれていた。

　その後，1925年8月～全羅北道警察部長，1926年11月～総督府警務局保安課長と暫く警察畑を歩いたが，1929年12月，再び内務局に戻って地方課長となった。

　1931年9月，満州事変が勃発した。この事態に対して朝鮮総督府がとった対応策のひとつが富永文一の咸鏡北道配備であった。咸鏡北道知事としての富永は次のように評価されている。

　　富永文一氏は，徳島市新金町の出身で，前任地咸北時代から男を挙げてゐる。氏は本府の保安課長に次いで地方課長を務め上げたから咸北対岸の間島事情に精通し且つ地方行政の権威である。……（中略）……従来咸北には悪気流が流れてゐて，道治の上にも困難するといはれてゐた。氏は地方の事情に応じて適当な方策を案じ，険悪な空気を一掃するに努めたから，今では最悪といはれた所が模範部落となつた話もある[48]

　咸鏡北道での功績が認められた富永は，1934年11月，京畿道知事に抜擢された。京畿道知事は，朝鮮13道知事中の筆頭で，総督府官僚としてその上は本府の局長以上しかないという地位であった。

　この出世コースどおり，しかも予想を上回るスピードで，1936年5月，富永は学務局長となった。富永新学務局長の誕生を報じた新聞記事は次のとおりである。

　　咸北知事から京畿知事になつた時も官海をアツと云はせた富永文一氏は僅か一年半足らずで渡辺豊日子氏の後を襲つて学務局長に栄転し各方面から「富永さんなら出来るぞ，適材適所ぢや」の声がドツト挙がつた[49]

富永の学務局長就任がスピード出世だったことは事実であるが,「適材適所」には疑問符が付いた。それは,学務局長でなく,内務局長が予想されていたからである。『朝鮮及満洲』誌の一記者は,「今度栄転するならば内務局長だらうと云ふ世間の観測であつたが,どんな風の吹き廻はしか学務局長の方へ回はされたのは,当人も意外であつたらう」[50]と述べている。
　1937年7月,富永は,僅か1年1ヵ月ほどで学務局長を依願退職し,林茂樹の後釜として朝鮮殖産銀行理事に天下った。このように富永の経歴は,傍目では極めて順調で「とんとん拍子の富永さん」と言われ,「富永コース」という官界用語も,次のように人口に膾炙した。

　　官界では早くから富永コースと云つたら若い事務官の羨望の的となつたもので某事務官は今富永コースを走つて居ます,某事務官は富永コースを外れました,とまるで放送よろしく,オリンピックよろしくの談も屢々あつたものである。中央地方の若い事務官の羨望して居た富永コースの終点が殖銀理事だとすると若い事務官は愈々富永コースの礼讃をすることであらう[51]。

⑾　塩原時三郎（在任 1937.7.3～1941.3.26）
　塩原時三郎については本書第6章に既述したので,なるべく重複を避け,新たな資料も用いながら塩原学務局長像を改めて描いてみたい。
　清水市長を1期で辞めて日本を飛び出した塩原時三郎は,満州国成立直前の満州に渡り,1932年2月関東庁内務局地方課長となり,続いて同年8月関東庁長官官房秘書課長,1935年3月満州国国務院総務庁人事処長となった。この間の1934年12月,南次郎が関東軍司令官兼駐満全権大使関東長官に任命され,南の約1年の滞満中に塩原時三郎との縁が生じた。すなわち,南は塩原に対し「関東長官秘書官や満洲国総務庁人事処長としてその胆略を信任した」[52]のである。
　1936年8月,南次郎が第7代朝鮮総督に就任し,南は塩原を総督秘書官に就けた。『朝鮮公論』の月旦子は,両者の関係を次のように評している。

（塩原時三郎は―稲葉註）南大将とは古くから，格別の繋りがあつた訳でなく，大将が一年ほどの関東軍司令官在任中，満洲国政府の中堅官吏として，小気味よい切味を示してゐる塩原君の活躍を心憎いものに思つたのが縁のはし，朝鮮総督に親任さるゝとともに，懇望して秘書官に迎へ，爾来今日に至るだけであるから年月からいへば，極く短かいものであるが，さすが見込んだゞけ見込まれただけシツクリ息が合つて，総督の信頼浅からぬものがあり，塩原君も心から，南さんに推服してゐるようだ[53]。

　富永文一学務局長の辞任が取り沙汰されていたころ（1937年7月初め），新聞は，「富永学務局長の後任は上内平安南道知事が有力視され塩原秘書官が審議室に入ることに略々決定してをり，現審議室勅任事務官山沢氏は知事候補として転出を予想される」[54] と報じている。しかし，この予想は外れ，7月3日，塩原が学務局長心得に任命された。
　正規の局長ではなく局長心得とされたのは，当時の塩原の官等が高等官3等で，局長の要件（高等官1〜2等の勅任官）を満たしていなかったからである。その塩原を敢えて事実上の学務局長としたところに，塩原をして皇民化政策を強力に推進せしめようとした南総督の意図を窺うことができる。
　「心得」であろうとなかろうと，朝鮮官民の認識は当初から塩原学務「局長」であった。「勅任年限に満たない（昭和―稲葉註）十二年七月に学務局長の地位を獲得した」[55] という表現さえある。塩原が勅任官に昇任して学務局長を正式拝命したのは，心得就任から5ヵ月後の1937年12月1日のことであった。
　「皇国臣民ノ誓詞」・皇国臣民体操・第3次朝鮮教育令・国民精神総動員運動など南総督時代の皇民化政策の実質的な推進者であった塩原学務局長は，これらの諸施策の成り行きを見届けて辞任し，1941年3月末，厚生省職業局長に転じた。その間の経緯は次のとおりである。少々長いが引用しておこう。

　　内鮮の交流人事で学務局長の入替へが行はれた。これで今年に入り，内

務，学務の二局長が更任した訳である。塩原前学務局長の厚生省職業局長はいさゝか格下げの観がないでもないが，十年近く離れてゐた中央へ復帰するのであるから，本人にとつては本望であらう。塩原氏の中央帰参は，久しい以前からの希望で，今までも屢々話しがあつたことである。一昨年の二月頃，当時の内閣情報部長に任ぜられ，軍部の承認をも得たのであつたが，如何なる都合からか実現しなかつた。この話は，陸軍省の某局長（当時某課長）が直接記者に物語つたことであるから間違ひない。そして，これは時の首相平沼男の直参で，後に内閣翰長となつた太田耕造氏の推挙に依つたものであることも確実である。更に昨秋塩原氏の東上中，本人の意志から出たか否かは別として，矢張り同じ筋から勇退が内定してゐた田中武雄氏の後任として，氏を拓務次官に推す運動が頻りに行はれ，平沼男から直々に秋田拓相に持ち込まれたこともあつたらしい。若し，その時，平沼男が入閣しており，その発言が重きを為してゐたら，或ひは実現してゐたかも知れないが，一応は詮議されたものの，未だ官歴が若く，省内に古参局長があるとの理由で，結局ものにならなかつた。そして漸く今回の内地転出となつたものである。兎も角塩原氏が国本社同人たるの故を以つて，この系統に通りのいいことは相当なものがあり，この点から見れば，平沼男のあらん限り前途は可成り洋々たるものがあらう[56]。

　上の引用に関して，先行研究では触れていない3つの点を指摘しておきたい。第1は，塩原と後継者（真崎長年）との学務局長交替が「内鮮の交流人事」の一環に位置づけられていること，第2は，塩原の中央帰参は本人の年来の希望で，1939年2月，1940年秋には実現の可能性があったこと（換言すれば，塩原学務局長は，関心を常に東京へ向けていたであろうこと），第3は，文中「平沼男」がしばしば登場するように，塩原の人事には男爵平沼騏一郎（元首相）の人脈が陰に陽に関わっていたことである。ちなみに平沼は，1920年に国本社が創立されて以来の同社の指導者で，南次郎も塩原時三郎も国本社の重要メンバーであった。

⑿　真崎長年（在任 1941.3.26～1942.10.23）

真崎長年は，1921年に東大法学部を卒業し，茨城県属を振り出しに山口県保安課長，青森県事務官，岩手・愛知県学務部長，大分県警察部長，宮崎・福島県総務部長，大阪府学務部長を歴任した。警察関係と学務関係の役職をほぼ交互に務めたわけである。そして1940年4月，勅任官に昇任して佐賀県知事となった。しかし，知事在任1年足らずにして1941年3月，朝鮮総督府学務局長に任命され，「総督府には別に知人もない，佐賀県の統計課長から転じた田中君（現本府文書課事務官）くらゐなものだ」[57]という朝鮮に乗り込んだのである。前任学務局長塩原時三郎の厚生省入りに伴う内鮮の交流人事であったことは上述のとおりである。

1942年10月，学務局長に就いて1年7ヵ月，当年とって47歳の男盛りであったが，真崎は官を辞した。その後，1944年5月16日の『朝鮮総督府官報』に「願ニ依リ朝鮮木材株式会社社長ヲ免ス」という辞令があるところを見ると，総督府傘下の国策会社に天下ったようである。

⒀　大野謙一（在任 1942.10.23～1944.8.17）

大野謙一は，1936年刊行の著書『朝鮮教育問題管見』の自序で，「自分は明治四十五年，郷里の小学校を卒へてより，学校教育の恵から見放されて，爾来専ら新聞雑誌や著書の御蔭と勤めながら受ける先輩知友の薫化提撕に倚つて，人と為るを得た者である」[58]と述べている。すなわち大野の学歴は小学校卒で，並み居る大学卒に伍して彼が出世街道を歩むことができたのは，苦学力行の末，1915年（18歳時）普通文官試験に，1921年（24歳時）高等文官試験にパスしていたからである。

1935年当時，「氏は剛腹の一面人情恩義に厚く思故（恩顧の誤り—稲葉註）を受けた故河内山楽三氏の遺族への報恩は美しい一篇の物語である」[59]と評されている。河内山楽三は，大野謙一の同郷（山口県）の大先輩で，統監府時代から一貫して財務畑を歩み，1919年から22年まで総督府財務局長を務めた人である。大野がこの河内山の恩顧を受けたということは，大野が河内山の引きによって朝鮮総督府官僚となったことを意味している。

1922年6月，江原道属として朝鮮に渡った大野は，同年9月江原道学務

課長となった。しかし，道の教育行政に携わったのは僅か1年2ヵ月で，その後は江原道地方課長（1923年11月～），平安南道地方課長（1924年12月～），総督府殖産局事務官（1926年1月～），黄海道財務部長（1927年7月～），忠清北道警察部長（1929年1月～），慶尚北道警察部長（1929年11月～）と，主として内務・警察畑を歩いた。そして1933年1月，総督府学務課長となった。

大野の総督府学務課長就任は，「朝鮮官界の異色であり，今回の異動中の白眉である」[60]と評された。それは，小学校卒の大野の大学出も及ばぬほどのスピード出世だったからであり，「朝鮮の教育界も是れで実力主義の人物が幅を利かすやうになれば結構だが」[61]という期待があったからである。

一方，「大野君の学務課長は一寸イタに付かない。彼には，モット警察の方をやらせ，内務行政にもたづさはらして，彼の仁に適つた仕事をやらすべきである。本人も第一困つ(ママ)だらうと思ふ。他に人がないなら兎も角だ。この頃の人事には時々奇想天外の奇術をやつつけるので，危ふくて見ちや居られぬ」[62]という意見もあった。大野自身も，学務課長就任に際して，「どうした運命の悪戯か，大正十一年朝鮮に渡つて，初めて授けられた仕事が某道の学務課長の職であつた。それから十年―産業事務や財務事務・警察事務に従事―を距て、現在の職に就き，再び教育に関する事務に鞅掌すること、なつたのである。奇縁と云へば世間これ程奇縁はあるまい」[63]と述べている。「奇縁」という言葉から，教育の専門家ではないという大野の自覚を読み取ることができる。

いずれにせよ，大野は，3年9ヵ月間学務課長を務め，後に学務局長にもなった。総督府の学務課長と学務局長をともに務めたのは大野ただひとりである。ちなみに，大野が慶尚北道警察部長であった時の慶尚北道知事，総督府学務課長となった時の学務局長は，いずれも林茂樹であった。

1936年10月，大野は，洋行のため学務課長を辞し，洋行から帰った1937年1月，慶尚南道内務部長となった。この当時の大野評は次のとおりである。

　　最近外遊を了へて帰鮮慶尚南道内務部長となつた大野謙一君も前途を刮目さる、総督府部内少壮組人材の一人，正則なる学問をせず二十五歳にし

て高文の難関を突破した駿毛，何等の背景なくして官場に志を展べ今日に至つたのは尋常一様の人物でないことを雄弁に立證してゐる。苦労してゐるだけによく人物が判り，上下ともに受けがよく少からぬ人気がある。知事にして見たい一人である。本年漸く不惑，官立大学出身者に伍して遜色ない抬頭累進を示してゐるのは偉観といつてよい[64]。

　上の引用にある「知事にして見たい」という希望は，1940年3月，大野が咸鏡北道知事となることによって実現された。大野は，これに先立つ1938年11月から総督官房外務部兼警務局勤務という形で総督府北京出張所長を務めており，この「在外派遣」が知事への昇進を早めたのである。「概して外事部(ママ)の在外派遣事務官をしてゐると出世が早い。……（中略）……在外派遣中には高橋京城府尹然り大野咸北知事然り」[65]と言われている。

　1942年10月，「大東亜共栄圏の強力なる一環として半島の総力発揮を念願する小磯総督，田中総監は，着任以来官界体制の整備強化に着手，準備を進めつゝあつたが，たまたま行政簡素化，大東亜省設置に伴ふ内外地行政一元化問題などの重要国策に関聯を有するに至つたので，機構改革とともに人事異動を断行」[66]した。大野謙一は，この動きの中で学務局長に抜擢された。かつて学務課長を務めたことがあるばかりでなく，警察業務や中国・朝鮮北辺の事情にも詳しい大野学務局長は，まさに朝鮮の戦時体制のための布石であった。

　1944年7月，総督小磯国昭・政務総監田中武雄が阿部信行・遠藤柳作と交代，小磯・田中ラインによって任命された大野学務局長も，前総督・総監に殉ずるかのように官を辞した。年齢は，奇しくも前任の真崎長年と同じ満47歳であった。

⒁　厳　昌燮（武永憲樹）（在任 1944.8.17～1945.8.15)

　厳昌燮は，もともと旧韓国（大韓帝国）の官僚で，1908年宮内府主事として官歴のスタートを切った。併合後は総督府に採用され，平安南道の郡書記・理事官・郡守を経て，1929年，総督府内務局事務官（中枢院通訳官兼中枢院書記官），1934年，総督府学務局事務官（社会課長）となった。その

後再び地方に出て，慶尚南道参与官（1936年～），咸鏡南道参与官（1938年～）を歴任した。

偶然ではあろうが，後に前後して学務局長を務めることになる大野謙一と厳昌燮の職歴は，総督府学務局と慶尚南道において重なっている。すなわち，厳昌燮が学務局社会課長であった時期（1934年2月～1936年5月）は大野謙一の学務課長在任期間（1933年1月～1936年10月）に完全に含まれ，厳の慶尚南道参与官（1936年5月～1938年6月）と大野の慶尚南道内務部長（1937年1月～1938年11月）は，時期が多少ずれているだけである。大野が厳の実力や人柄をよく知っていたという意味で，このことが厳のその後の人事に関係しなかったとは言い切れまい。

1940年2月から8月にかけて創氏改名が断行された。この間に武永憲樹と改名した厳昌燮は，同年9月，全羅南道知事の地位を得た。「孫永穆，兪万兼の両非創氏知事の跡を襲ひ，咸南参与官の武永憲樹（旧名厳昌燮）本府社会教育課長の李家源甫（旧名李源甫）の両創氏組が知事に栄進したのも皮肉な対照である」[67]と評されている。この辺りが特に，今日の韓国で厳昌燮が親日派官僚とされている所以である。

武永憲樹は，全羅南道知事からさらに慶尚北道知事を経て，1944年8月，総督府学務局長となった。この直前（7月24日）に就任した阿部信行総督・遠藤柳作政務総監による人事であった。「着任早々米酒の増配といひ，蔬菜の対策といひ，半島人に学務局長の地位を与へたといひ，鹿爪らしい形式を排して中枢院会議を総督官邸に開いたといひ，総督総監への面会に繁雑な手続を要らぬといひ，悉く民衆の心を和やかにした」[68]と，朝鮮人学務局長の抜擢は，「民衆の心を和やかに」する一機軸と位置づけられている。

武永の学務局長就任から1年後，日本の植民地統治は終焉を迎え，厳昌燮に戻った彼が，朝鮮総督府学務局の幕引きをすることになった。

2．学務課長

(1) 隈本繁吉（在任 1910.10.1～1911.2.17）

朝鮮は「文科出身者の頓と振はない所」[69]であったが，隈本繁吉は，文科出身者として総督府の課長にまでなった出世組のひとりであった。

隈本は，1897年に東京帝大文科史学科を出て文部省に入り，図書審査官や視学官を務めた。1902年，教科書疑獄に連座して文部省を引責辞任したが，後に復帰して1905年，福井中学校長となった。

　渡韓は1908年3月，韓国学部書記官（学務局第二課課長）としてであった。併合後は朝鮮総督府に横滑りし，内務部学務局学務課長となった。その在任は4ヵ月にも満たなかったが，植民地朝鮮の学制整備に尽力し，「朝鮮教育令」の原案を草したことで有名である。

　1911年2月，台湾総督府に転任，内務局学務課長を本務として台湾総督府視学官および国語学校長も兼任した。1914年から20年まで学務部長を務め，植民地官僚として功成り名を遂げて内地帰還した。

(2)　弓削幸太郎（在任 1911.4.11～1921.2.12）

　弓削幸太郎は，1902年日本法律学校（現，日本大学）卒，つまり私学の出身であった。1917年12月の『朝鮮及満洲』誌は，「京城は帝大出身者の鼻息は中々荒い，同じ高等官でも私立学校出身者の方は肩幅が狭いやうな気がする，所が私立学校出身と雖も其実力勢望の上に於て決して帝大出身者に劣る者計りとは言へない，今高等官若くは高等官格にして相当の地位を占め相当の手腕力量ありと認めらるゝ者を数へて見やう」[70]と前置きして，朝鮮の官界・法曹界・実業界で活躍中の8名を取り上げているが，そのうち官界の代表が学務課長弓削幸太郎であった。ちなみに当時，朝鮮総督府の高等官中私学出身者は，弓削のほか2名を数えるのみであった。

　弓削は，千葉県属として官界に入り，同県警視を経て鹿児島県事務官となった。鹿児島では学務課長を務めたが，この時の上司（内務部長）が，後に朝鮮総督府初代学務局長となる関屋貞三郎であった。

　恐らくこの関屋の引きによって弓削は，1911年4月，総督府学務課長となった。学務課長在任は1921年2月まで9年10ヵ月に及び，弓削は，勅任官に昇任して鉄道部長に転じた。この人事を報じた新聞記事は次のとおりで，これによって弓削が「動かぬ課長さん変らぬ課長」と称されることになった理由を知ることができる。

第7章　朝鮮総督府学務局長・学務課長の人事　　　　　　　　　　　*191*

　前の学務課長弓削幸太郎さんと同じく土木課長の岡今朝雄さんとは今度共に衣冠を新にして弓削さんは部長に岡さんは営林廠長に孰れも勅任の栄冠を戴いて新任した，然も鉄道の弓削さんが私学出で営林廠の岡さんは官学出でありその上二人共動かぬ課長さん変らぬ課長として総督府部内で通つて居た程それ程学務課長として又土木課長としての在任期が長かつた，弓削さんは「同じ課長の椅子に十年も居たと云ふ経験は其長い事に於て総督府部内の記録破りです普通三年乃至四年も居れば他の課に移らぬ者はありません私も過去十年間学務課長としての在任中他の課に移る機会はあつたのですが……」いつも前の関屋学務局長が其度に軽からぬ病気に罹つた為何としても動く訳に行かなかつたと云つて居る[71]

　上の新聞記事が事実関係を淡々と報じているのに対して，雑誌『朝鮮公論』は，筆者の個人的見解も交えた次のような弓削評を載せている。

　　明治四十四年来，殆んど十年の長い間，学務課長の椅子に着いて居て，朝鮮の教育事業に関して甚だ精通して居つた弓削氏を柴田局長から放した事は朝鮮の教育界の為めに惜むと云ふ評判があるが，一理屈ある様に思はれぬでもない，……（中略）……弓削氏は十年も学務課長として動かず，畑違いの鉄道部長の椅子に坐つては聊さか面喰ひ，勝手も悪からうが，行政的の手腕は却つて柴田学務局長より上だなんて云はれて居た人の事だから行く処必ず行つて行くであらう[72]

　このように，弓削学務課長の辞任は惜しまれたものであった。鉄道部長への転任は，奏任官課長から勅任官部長への栄転ではあったが，斎藤実総督・水野錬太郎政務総監とともに内地から乗り込んで来たいわゆる「新来種」（後述する松村松盛・半井清ら）によって総督府の本流から傍流へ押しやられたという意味合いが強い。

　弓削は，鉄道部長を4年務めて辞任した。朝鮮鉄道が1925年4月1日から再び総督府の直営となるのを機に更迭されたのである。その後は故郷岡山に帰り，民間企業の役員などを務めた。

(3) 松村松盛（在任 1921.2.12～1922.10.3）

松村松盛は，1912年に東大法科を出て一時民間企業（三菱商事）に勤めたが，1914年に官界入りし，千葉・愛知・福岡各県の部長・理事官・視学官等を歴任した。

1919年8月，松村は，新任の斎藤実総督とともに朝鮮に渡り，全羅北道警察部長（当時は第三部長）に就任した。憲兵警察から普通警察への改編の中で3・1独立運動後の治安維持に腐心した水野政務総監による人事であった。水野自身，松村ら各道第三部長を「自分が勧誘して無理に引張つて来た」[73]と述べている。

全羅北道在勤1年半にして松村は総督府本庁詰めとなり，学務課長（1921年2月～），官房秘書課長・総督秘書官（1922年10月～）と出世の階段を登って行った。1924年末，年明けからの洋行が内定，当時の新聞に「近く洋行する松村さん」と題して1919（大正8）年8月以降の経歴が次のように紹介されている。

　　吾松村秘書官は想へば大正八年八月廿日に全北の第三部長（今の警察部長）として初めて内地から見へたものだ。……（中略）…… 此の職にあること約一年半で忽ち爾来登龍門とされた本府の学務課長に抜擢され大正十年二月十二日本府学務課長として着任を見た。……（中略）…… 斯くて学務課長の登龍門がこれまで既定の事実でもあつた如く守屋栄夫氏の洋行の後を襲ふて遂に今日の如く総督秘書官として大正十一年十月三日其栄進を見るに至つたものだ[74]。

この引用に関して2点に留意したい。ひとつは，「登龍門とされた本府の学務課長」「学務課長の登龍門」と「登龍門」が繰り返し登場していることである。学務課長は，まさに総督府官僚の出世のステップとして位置づけられていたのである。

もうひとつは，松村松盛と守屋栄夫の関係である。両人は，ともに宮城県の出身で，二高～東大～内務省と同じ道を歩み，水野スクールの優等生であった。総督秘書官のバトンはこの同郷・同窓の間でリレーされたわけであるが，

「松村君は前秘書官の守屋君が洋行と同時に人格手腕を見込まれ学務課長から抜摘(ママ)されて秘書課長の椅子に就いた」[75] と言われている。松村の総督秘書官にはまた、「松村君も地方の警察部長の官歴がある、総督の秘書官に警察官出身には秘書と護衛と両兼ねが利くと云ふもの」[76] という意味もあったことを附言しておく。

洋行から帰った松村は、1925年12月外事課長となり、1928年3月まで在任したが、この間、斎藤総督の海外出張に伴う宇垣代理総督時代（1927年4～12月）は外事課長兼秘書課長を務めた。すでにこの当時から彼は、「官界に於ける花形役者」[77] であった。

1928年3月、松村は土地改良部長に就任、1929年11月まで務めた。折しも1929年1月19日付で李軫鎬学務局長が辞任、暫くその後任が決まらなかったので、松村が新学務局長に擬せられたことがあった。『朝鮮及満洲』誌の月旦担当記者は次のように記している。

　（前略）後任局長はまだ定つては居ないやうだが最も大切な学務局長には相当人物の選択を要する、必ずしも鮮人に限つた訳では無い、教学の府に政策的に鮮人なぞ持て行かずに堂々たる人物を据えて欲しい、城大の松浦総長にでも兼務して貰へば申分は無いが、其れが出来ない相談ならば、土地改良部長の松村君なぞ最も適任だと思へる[78]。

結果的に1929年2月1日付で松浦学務局長事務取扱が実現したが、『朝鮮及満洲』誌は、なおも松村学務局長にこだわった。同年7月号に次のような一節がある。

　学務局長は目下松浦京城大学総長が臨時兼任して居るが、是は甚だ変態である、何うしても速く専任の人を据へねばなるまい、但し朝鮮の学務局長は相当の識見ある人物を要する、伴食局長では勤まらない、其れには朝鮮の事情にも精通して居るし嘗て学務課長として令名のあつた土地改良部長の松村さんの転任が一番適任であらうと思ふ、松村さんも土地改良は余り気が進んで居ないらしい、又其れは松村さんには何うも不似合である[79]

松村学務局長待望論は終に実を結ばず, 1929 年 11 月, 松村は土地改良部長から殖産局長に転じた。「第二次斎藤時代には森岡警務松村殖産万能時代」[80] と言われたところをみると, 松村殖産局長は, 斎藤総督の信任を得て権勢を振るったようである。しかし, 第 2 次斎藤総督時代が 1931 年 6 月 17 日を以て終わり, 同時に松村も免職を願い出て官を辞した。

(4) 半井　清 (在任 1922.10.3〜1923.5.4)

1913 (大正 2) 年に東大を卒業し, 1919 年 10 月総督府事務官として朝鮮に渡るまでのいきさつを, 半井清は自ら次のように述懐している。

　私は大正二年, 東京帝国大学の独法科を出て, すぐ, 内務省に採用され, 最初大阪に勤め, その後事務官として石川県にかわり, 一年ほどおりました。丁度その頃, 朝鮮に万才事件が起こり, 斎藤総督, 水野政務総監が行かれることになつたのですが, ご承知のように, 水野政務総監は内務官僚の大先輩でして, 私はその水野政務総監から, 是非一緒に来いということで朝鮮に行つたわけです。その時, いわゆる局長級からわれわれのような事務官級までそろつて二十人位行きました。……(中略)…… 私の勤めておつた大阪府の内務部長だつた柴田善三郎という方が, 当時朝鮮の学務局長をしておられたので, この柴田学務局長と, 前にお話した水野政務総監との関係から, 私は朝鮮に引つぱつていかれたのです[81]。

このように半井は, 政務総監水野錬太郎によってスカウトされた朝鮮総督府の「新来種」20 余名のひとりであり, 大阪府在勤時代の縁で柴田学務局長の下に配属されたのであった。

半井のポストは, 3・1 独立運動への反省から 1919 年 10 月に新設された学務局宗教課の課長であった。これについては次のような証言がある。

　あの頃, 総督府には宣教師のことなど, まともに考えることのできる人はいなかった。何とかしなければと思つてさがしまわつたあげく, 話がで

きた人は，ただ学務局長の関屋さんお一人だつた。「とにかく宣教師の対策をしつかりやつておかなければ絶対ダメだ。」というわけで，宗教課が出来，半井先生が課長としていらつしやつたというふうに伺つております[82]。

宗教課長在任僅か8ヵ月にして半井は，1920年6月，総督官房文書課に転属された。文書課長も1年3ヵ月の短期間であったが，このキャリアは，半井の官僚人生において大きな意味をもった。「総督府文書課長は部内の登龍門である。古来，この椅子に坐つたもので終りを完うせざるものはない」[83]と言われていたからである。

半井の文書課長が短期間に終わったのは，1921年10月から1年間の洋行を命じられたからである。そして1年後，帰国した半井は総督府学務課長となった。同じ「新来種」の松村松盛が秘書課長に転じた跡を襲ったものである。学務課長としての半井は，就任早々から次のように見られていた。

洋行帰りの新しい匂が漂ふて可成朝鮮教育に対しても抱負がある……此の頃上官学務局長の交替でテンテコ舞をして居るが何れ蛟龍久しく池中のものではなかろふとの評判だ[84]。

果たしてこの「蛟龍」は，学務課長在任7ヵ月にして1923年5月，霞が関に召還され，内務省社会局勤務の後，佐賀・神奈川・宮崎・栃木などの県知事を歴任した。1921年の文書課長当時から，「半井君と謂へば政友会の福井代議士の息子で目下総督府の流行児の一人である」[85]と言われており，半井の官僚人生には恐らく政友会系の政治力が作用したであろう。

(5) 萩原彦三（在任 1923.5.19～1924.12.6）

萩原彦三は，1916年，朝鮮総督府試補すなわち見習いとして官歴のスタートを切ったが，東大卒業の前年（1915年）に高文に合格するほどの秀才であったから，その後順調に出世街道を歩んだ。総督府参事官を経て早くも1922年9月には課長（宗教課長）に昇進し，1923年5月，学務課長兼宗教

課長となった。萩原学務課長に関しては次のような評価がある。

　　参事官室に長く居つた関係上教育熱の旺盛な昨今の学務課長としては如何であらうかと心配されたものだつた，所が其椅子に座つて見ると中々のきけもので，無難に押し通して行けるので，問題一つ起らずに好く縫つて行くことが出来る[86]。

このように萩原学務課長の評価はまずまずであったが，在任1年半にして萩原は水産課長に転じることになった。1924年12月，学務局長に朝鮮人李軫鎬が就任することになり，その補佐役として後述する平井三男が学務課長に据えられたからである。

水産課長に続いて萩原は，1925年9月，文書課長となった。1926年春から約1年洋行し，帰朝後，土地改良課長（1927年3月～），再び文書課長（1929年11月～），審議室主席事務官兼文書課長（1932年2月～）を務めた。この間1930年には，次のように「総督府の中堅」と評されている。

　　総督府の今日は大正五年の大学出身が中堅をなしてゐるやうである。即ち萩原文書，富永地方，……（中略）……何れも一粒よりであるところが妙だ[87]。

1933年8月，萩原は咸鏡南道知事に任命された。それが破格のスピード出世であったことを次の資料から窺うことができる。

　　氏は朝鮮で役人の見習から知事にまで昇進したのだ，同君と同じ年齢で同じ年に高文をパスして同じ年に官海に踏み出したものでも，まだ課長級で挫礁（ママ）して居る人間が多いのに比べると，氏は最も順調に進で行つたと言ふて善い，朝鮮に暫く我慢して居たら結局局長には進で行く人物だ[88]。

1935年2月，拓務省から声が掛かり，本人の希望もあって，萩原は拓務省管理局長となった。次いで殖産局長を務め，拓務次官まで上り詰めて勇退

第 7 章　朝鮮総督府学務局長・学務課長の人事　　　　　　　*197*

した。

(6)　平井三男（在任 1924.12.6～1928.2.24）
徳富蘇峰は，平井三男の就職について次のように述べている。

　君の帝大を出づるや，直ちに朝鮮に奉職することとなつた。その先容者は実に予であつた。而してその当座は，予が京城の寓所愛吾盧から，警務総監部に通勤した。而して当時の警務総長は，実に明石柏蔭其人であつた[89]。

　徳富と平井は熊本の同郷人，警務総長明石元二郎は福岡県人で，3者間には九州男児の誼があった。
　その後平井は，度支部専売課長（1915年3月～），仁川税関長（1918年10月～）を務め，1919年11月平安南道内務部長となった。平井は，内務部長として「篠田知事の懐刀を以て任じ」[90]たという。
　1923年2月，平井は殖産局商工課長として総督府本庁に呼び戻され，同年夏には洋行の機会も与えられた。そして，「洋行から帰つて更に光を放つて居」[91]たところを下岡政務総監に見込まれ，朝鮮人学務局長に配する日本人学務課長に抜擢されたのである。平井三男の学務課長就任は，一般には次のように受け取られた。

　平井君が商工課長から学務課長に転じたのは栄でも不栄でも無い，才物で人交きの善い，さうして識見も確かりした平井君は何処に行つても可ならざる無しであるが鮮人局長の女房役に持つて行つたのは総監，人を見る明ありと云ふべし，但し平井君大分骨が折れるぞ[92]

　平井学務課長には，「学務局の副局長」[93]「学務局の城代」[94]「局長代理」[95]などさまざまな敬称が呈されている。いずれも，平井が実質的には学務局長に近かったことを示す呼称である。
　1926年の年明け以降，平井の道知事昇任説がしばしばマスコミの下馬評

に上った。しかし，平井は，終に道知事になることはできなかった。それは，平井が「所謂反山梨組」[96]と目され，1927年12月に交代した山梨総督ら新執行部の受けがよくなかったからである。

1928年2月24日，平井は，京城法学専門学校長に任命されたものの，これを固辞した。「法専は，専門学校とはいへ，その経費は中等学校の半ばにすぎず，この学校を管理することは，現在ではあまり働きばえのする余地のあり相にも思はれぬ」[97]というのがその理由であった。平井は，京城法専校長就任辞退とともに官を辞し，東京に帰った。

いったん官職を離れた平井は，1928年4月，東京日々新聞に入社したが，結果的にこれは腰掛けに過ぎなかった。1929年7月，青森県知事として官界に復帰，続いて山口県知事も務めた。朝鮮における斎藤総督の再登板が「反山梨組」の再浮上を促したのである。

(7) 福士末之助（在任 1928.2.24～1929.11.8）

福士末之助は，東京高等師範学校卒業後，東京市深川高等小学校訓導兼校長（1904年4月～），浜松師範学校長（1915年3月～）などを経て大阪市職員となり，同市主事兼学務課長（1916年3月～），教育部長（1920年4月～）を務めた。当時大阪市長だったのが，後日総督府政務総監となる池上四郎である。

池上が大阪市長を辞するや福士は文部省に戻り，長崎師範学校長（1924年10月～），東京高等師範学校教授（1926年6月～）を歴任した。そして1927年12月，朝鮮総督秘書官（実質は池上政務総監の秘書官）に任じられ，池上とともに朝鮮に渡った。

1928年2月24日，総督秘書官たる福士に学務課長事務取扱兼務が命じられた。何故に事務取扱兼務とされたのかは明らかでないが，当時の新聞は，「学務課長席にあらたに納まつた福士末之助氏は，現在総督府秘書官であるが，従来の課長と異つて生粋の学務畑の出であり，学務行政のみならず学務の技術にも通暁して居る」[98]と，事実上の新学務課長の誕生を歓迎している。事務取扱兼務ではなく，福士が正式の学務課長となったのはひと月余後の3月30日のことであった。

福士学務課長の在任期間は，李軫鎬学務局長の末期から松浦学務局長事務取扱時代にかけてであった。李軫鎬時代は，「学務局長は朝鮮人の李軫鎬氏，学務課長は福士末之助という教育には一隻眼のある人で，総督総監と一緒に内地から着任された方でした。その福士君が総監の命を受けてその計画，立案，実行に当り，殆ど福士君の案ではないかと云われた程のものでした」[99]と言われ，李軫鎬の勇退後は，「局長は当分空席として何れ，学務課長福士君が事務取扱をなすなる可し」[100]と見られていた。しかし，結局福士学務局長事務取扱は実現せず，日頃は京城帝大に在って総督府には滅多に顔を見せることもない松浦鎮次郎の下で陰の学務局長事務取扱に甘んじたのである。

松浦鎮次郎から武部欽一への学務局長人事に連動して福士は学務課長を辞し，1929年12月，京城帝大予科教授兼総督府視学官となった。しかし，程なく在外研究員として欧米へ赴き，1930年12月の帰朝後は，予科教授を辞して視学官専任となった。

1931年10月，福士は，神戸市学務課長に就任するため朝鮮を去った。『朝鮮及満洲』のコラム子は，これを次のように惜しんでいる。

　　今度朝鮮総督府を去つて神戸市の学務課長になつた福士君も不平で去つた一人だ，彼れは大阪市にも長く勤め，自治体行政の知識と手腕のあつた人物だ，あの男を視学官なんかに祭り込んで置くのは間違つて居た，彼れは京畿道の内務部長か，又は京城府尹にして置くと相当手腕を発揮したであらうと云ふ評判だ，慥に惜い人物を朝鮮から逸したと云ふ話が多い[101]。

(8)　神尾弐春（在任 1929.11.8～1933.1.19）

神尾弐春は，1918年7月，東大法科を首席で卒業した（高文合格は在学中の1917年10月）。大学卒業後，福岡県属・内務省属・山口県理事官・東京府理事官（社会課長）などを経て1925年12月，全羅南道警察部長となった。神尾の全羅南道警察部長就任は，次のような意味で注目を集めた。

　　三矢警務局長が就任して以来随分，部内人事の異動が行はれたが，未だ，直参を作つたことはない。昨年末，土師全南警察部長の洋行とともに，そ

の後任補命につき各方面に亙つて詮衡(ママ)を行つた結果，始めて，三矢系の移入を見た。神尾式治(ママ)君がそれである。系統を牽くことの嫌ひな三矢さんのお眼識に適つたのであるから，先づ十分に期待出来る人物と言つてもいいだらうが，何しろ年は若い，年歯漸く三十四か五といふから（実際は満32歳—稲葉註），恐らく全国警察部長級の最年少者であらう[102]。

1927年7月，道事務官から総督府本庁事務官となった神尾は，内務局社会課長～学務局学務課長と順調にキャリアを重ねた。学務課長在任は3年2ヵ月余と比較的長期に及んだが，1933年1月，外的要因によって唐突に終止符が打たれた。神尾が東京府社会課長時代（1924～25年）に府知事であった宇佐美勝夫が満州国顧問として満州に赴くことになり，宇佐美の希望によりその秘書として神尾が随伴することになったのである。満州入り後の神尾については，1938年5月開設の建国大学に教授として名を連ねたこと以外，今のところ何も知りえていない。

(9) 大野謙一（在任 1933.1.19～1936.10.16）
大野学務課長については局長略歴の中で触れたので，ここでは繰り返さない。

(10) 高尾甚造（在任 1936.10.16～1939.1.26）
高尾甚造は，1922年3月に東大法学部を卒業（前年11月に高文合格）し，朝鮮総督府属として官界入りした。1924年12月から江原道の学務課長および視学官として地方教育行政に携わり，江原道・黄海道の地方課長を経て1928年3月，総督府学務局事務官となった（同年9月以降京城法学専門学校教授を兼任）。

続いて1929年8月，高尾は警務局保安課事務官として上海に派遣され，特別高等警察（特高）業務に従事した。当時の用語で言えば「上海の鮮人偵察係の監督」[103]という役回りであった。そしてこの上海での活躍が認められ，1931年9月以後高尾は，忠清南道・咸鏡北道・慶尚北道の警察部長を歴任することになる。

ここまでの経歴を見ると，前任学務課長大野謙一との共通点が多い。キャリアの初期において道の学務課長と地方課長を経験したこと，道警察部長を歴任することによって総督府学務課長への地歩を固めたこと，がそれである。

高尾は，さらに1935年2月，新京に派遣された。役職は，朝鮮総督府満州出張所主任であり駐満日本大使館朝鮮課長であった。

1936年10月，大野謙一の洋行に伴い高尾が新京から総督府に呼び戻され，学務課長の椅子に就いた。上述したように，それまで高尾には多少の教育行政経験があったが，高尾本人は，「学務局には昭和三四年頃約一年半ばかり事務官としてゐましたが，学務行政には暗いので，その任に堪へるかどうか心配である」104)と語っている。この心配が当たったのか，高尾にとって学務課長は，結果的に苦労の多いポストだったようである。1940年当時の高尾は次のように評されている。

　　高尾君は警務局の上海派遣員から忠南，慶北の警察部長を経て満洲国建国匆々の複雑な鮮満関係の処理に当るべき新京の派遣事務官となつて比較的多彩な働き甲斐のある出世街道を辿つた。ところが彼は本府の学務課長として四ヶ年(ママ)の間に人間がすつかり卑屈になつてしまつた。彼は富永文一君と塩原時三郎君に仕へた忠実な課長であつたが，それだけに彼の忍従の如何に苦痛であつたかを察せられるのである。その頃から何となく彼の身辺には常に或る陰影がつきまとふて，追ひ込まれてゐるやうな，不安と憔慄(ママ)が看取されてならなかつた。それが彼を陰性の人格に堕せしめたのであらう105)。

1939年1月，高尾は学務課長から会計課長に横滑りした。このプロセスには逸話が残されている。高尾学務課長時代の末期，高尾が慶尚北道の内務部長に転ずるという噂が広がり，「彼はこれを耳にして早速碓井人事課長を電話に呼び出し『そんなベラ棒な話があるかツ』と大喝を喰らはしたといふ」106)のである。総督府の課長から道に出るのであれば知事が順当であり，現に高尾は道知事の候補と目されていたからである。

高尾知事は，1940年9月，江原道において実現した。駆け出しの頃に勤

務した古巣に良二千石として錦を飾ったわけである。高尾は，その後慶尚北道知事（1941年11月～1943年9月）を掉尾として官を辞した。

⑾　八木信雄（在任 1939.1.26～1940.9.2）

八木信雄は，自らの官僚人生を振り返って，「僕は専売局での二年半の見習時代の後，警視に任官して一本立ちの役人になってからは，主として警察畑を歩かされた」[107]と述べている。警察畑の内訳（学務課長以前）は，1928年9月～黄海道警務課長，1930年5月～慶尚北道警務課長，1931年2月～総督府警務課事務官，1935年7月～黄海道警察部長，1936年10月～慶尚北道警察部長，である。

この間，黄海道警察部長時代の1935年には，「大正十五年以来，朝鮮官場に勤続し，殊に警務方面に於て，多年努力して来た功労は尠少ではない」[108]として『朝鮮功労者銘鑑』に収録されている。また慶尚北道警察部長当時は，「全鮮警察部長級でピカ一と噂されてゐ」[109]た。

このような八木を1939年1月，総督府学務課長にスカウトしたのは，時の学務局長塩原時三郎であった。八木は，塩原との関係を次のように語っている。

　　僕は，自分の上司であり，しかも僕を一道の警察部長から総督府の学務課長に登用してくれた塩原局長の，一視同仁の精神の理解についての誤りを強く批判するという非礼を屡々冒してしまった[110]

八木は，朝鮮統治の方針をめぐって塩原と反が合わなかったというのであるが，そもそも八木には，「警察畑で育つたものには畑違ひの教育行政なんて余程難しいことだ」[111]という自覚があった。

塩原学務局長の下で苦労していた八木は，1940年9月，大学・警察界の大先輩である三橋孝一郎によって警務局に移され，三橋局長の下の警務課長となった。いわば再び古巣に帰ったわけである。

その後の八木は，警務局保安課長（1942年10月～），黄海道知事（1944年12月～）を務め，全羅南道知事（1945年6月～）として敗戦を迎えた。後年，

「私の場合，旧朝鮮総督府官吏，なかんずく警務局保安課長，即ち特高警察最高幹部及び道知事の職歴を持ち，本来ならば，韓国人によって不倶戴天の仇敵視せらるべき立場の者」[112] という認識を吐露している。

⑿　倉島　至（在任 1940.9.2～1941.11.26）

1940年9月に学務課長となった倉島至は，「逓信畠から出た異色のある吏僚」[113] と評された。1925年4月の朝鮮渡航から学務課長就任までに歴任した官職は次のとおりである。

京畿道属～警視，総督府理事官，忠清北道属～地方課長，総督府逓信局副事務官，釜山貯金管理所長，群山郵便局長，京城郵便局監督課長（制度改正により京城逓信分掌局監督課長兼保険監督課長），平壌逓信分掌局長，総督府逓信局保険運用課長，大邱税務監督局税務部長，総督府警務局兼総督官房外務部事務官，総督府北京出張所事務官，咸鏡北道警察部長

このように倉島は，「逓信畠から出た」ことは事実であるが，次第に警察官僚色を強くしていったことがわかる。ちなみに倉島が咸鏡北道警察部長当時（1940年2月～9月）の咸鏡北道知事は大野謙一で，大野は，「咸北警察部長の倉島氏とは北京出張所で一緒に勤めて居た仲だから，調子が善く合ふことだらう」[114] と見られていた。

しかし，倉島の咸鏡北道在勤は半年に過ぎなかった。倉島の咸鏡北道警察部長から総督府学務課長への異動を『朝鮮及満洲』誌記者は次のように評している。

　　咸北警察の倉島至君の如き管内の初度巡視を終らぬ裡に本府学務課長に走高跳びである。しかも前任の八木信雄君が慶北からやつて来たのと事情を異にして塩原君とは何んの動機も縁りもなく，実に飄然たるものだつた[115]。

この人事の決定要因を明らかにした資料は見出されないが，塩原時三郎と倉島至は，長野県の郡（更級郡）まで同じ同郷人であり，「逓信畠から出た」点も共通であった。倉島は，「塩原君とは何んの動機も縁りもな」かったの

ではない。

　1941年11月，総督官房に情報課が新設され，その初代課長に倉島が学務課長から異動した。「凡ゆる予想，下馬評を尻目に皇軍の敵前上陸にも似た人事異動」[116]であったという。

　倉島はその後，総督府文書課長（1942年10月〜），慶尚北道内務部長（1943年5月〜）を務めた。

⒀　本多武夫（在任 1941.11.26〜1944.11.22）

　本多武夫は，総督府高官のほとんどを東京帝大出身者が占める中にあって数少ない九州帝大出身者のひとりであった。九大法文学部を1929年4月に卒業して（高文合格は1928年10月）拓務省に入り，ここでの仕事ぶりが認められて1932年7月，朝鮮総督府に招聘された。

　朝鮮では当初，忠清北道学務課長（1932年7月〜），咸鏡南道学務課長（1933年12月〜），京畿道学務課長（1936年5月〜）と教育行政に従事したが，総督府税務監督局事務官（1937年5月〜）以後は警察業務に転じた。すなわち忠清北道警察部長（1938年9月〜），平安北道警察部長（1940年2月〜），総督府警務局図書課長（1940年9月〜）を歴任したのである。なかんずく図書課長は，本多武夫の名声を高からしめた。「警務局の図書課長は元の高等課長の管掌して居つた新聞雑誌の取締を主とするもので，全く言論方面の取締人であ」[117]り，本多は，とくにハングル新聞の統制に実績を挙げた。

　1941年11月26日，本多は総督府学務課長に就任した。先に見たように，1932年から37年にかけては各道の学務課長を務めたことがあったが，直近の業務が警察関係だったからか，「本田図書（課長―稲葉註）の学務課長は幾らか畑違ひの感がある」[118]と評されている。

　1944年11月22日，本多は，学務課長から地方課長に異動した。この時，学務課長として本多が任じていた各種の役職は梶川裕に引き継がれており，したがって梶川が実質的な後継学務課長であったが，学務局の機構改編により梶川の官職は「専門教育課長」であった。

第2節　学務局長・学務課長人事の特色

1. 学務局長

　表1に歴代学務局長の最終学歴，学務局長となる直前の職，局長就任時の年齢，局長在任期間，辞任直後のポストをまとめてみた。

表1　歴代学務局長の属性

氏名	最終学歴	前職	学務局長就任時の年齢	在任期間	学務局長後
関屋貞三郎	東大・法	鹿児島県内務部長	35歳5ヵ月	8年11ヵ月	静岡県知事
柴田善三郎	東大院・法	大阪府内務部長	52歳0ヵ月	3年2ヵ月	三重県知事
長野　幹	東大・法	山梨県知事		2年2ヵ月	秋田県知事
李　軫鎬	錬武公院	東洋拓殖株式会社理事	57歳4ヵ月	4年1ヵ月	中枢院参議
松浦鎮次郎	東大・法	（京城帝国大学総長）	57歳1ヵ月	8ヵ月	九州帝国大学総長
武部欽一	東大・法	文部省普通学務局長	48歳6ヵ月	1年9ヵ月	文部省普通学務局長
牛島省三	東大・法	茨城県知事	48歳3ヵ月	3ヵ月	総督府内務局長
林　茂樹	東大・法	慶尚北道知事	46歳1ヵ月	1年10ヵ月	朝鮮殖産銀行理事
渡辺豊日子	東大・法	慶尚南道知事	47歳9ヵ月	2年9ヵ月	鮮満拓殖理事
富永文一	東大・法	京畿道知事	45歳4ヵ月	1年1ヵ月	朝鮮殖産銀行理事
塩原時三郎	東大・法	朝鮮総督秘書官	41歳5ヵ月	3年8ヵ月	厚生省職業局長
真崎長年	東大・法	佐賀県知事	46歳	1年7ヵ月	（朝鮮木材社長）
大野謙一	小学校	咸鏡北道知事	45歳6ヵ月	1年10ヵ月	
厳昌燮	黄州日語学校	慶尚北道知事	54歳1ヵ月	1年0ヵ月	

　注）空欄は不明，（　）は不確実であることを示す。

　まず学歴を見ると，東京帝国大学法科大学（法学部）が圧倒的であることが一目瞭然である。これは，戦前の日本官界における一般的傾向でもあったが，それにしても甚だしい占有率である。日本人として唯一の例外である大野謙一が小学校卒であったことが，いかにも対照的である。

　11名の東大卒のうち学科までわかる者は8名であるが，その内訳は独法科5名（武部・牛島・林・渡辺・塩原），英法科2名（関屋・富永），政治科

1名（松浦）である。

　学務局長直前のポストで目立つのは内地の県知事，朝鮮の道知事で，一時的に官職を離れて東拓理事となっていた李軫鎬（元全羅北道知事）を含め9名にのぼる。「局長となり，知事となるにも自ら順序があり，総督政治の枢機に参画する局長は，先づ知事として及第せるものから起用するといふことになつてゐる」[119]という不文律があったからである。時期的には，林茂樹が朝鮮育ちの日本人官僚として初めて学務局長（第8代）となって以降，知事→学務局長が一般化した。

　朝鮮総督府全体の人事が内務省～拓務省の統轄下に進められたから，当然と言えば当然であるが，歴代学務局長14名のうち文部官僚と言えるのは，第5代松浦鎮次郎と第6代武部欽一のふたりだけであった。しかも松浦は，京城帝大総長が本職で，学務局長事務取扱を兼ねていたに過ぎない。内務官僚ではあれ学務関係の業務に携わったことのある者としては，李軫鎬（官立平壌高等学校長＜兼任＞），牛島省三（鳥取県視学官・学務課長），渡辺豊日子（宮城県・愛知県学務課長），真崎長年（岩手・愛知・大阪各府県学務部長），大野謙一（江原道・朝鮮総督府学務課長）がいるが，大野を除く4名にとって学務関係の職務が大きな比重を占めたとは思われない。

　一方，総督府学務局長となる前に警察関係に直接従事したことが明らかな者は，柴田善三郎（和歌山・愛媛・宮城県警察部長），牛島省三（山口・熊本・兵庫県警察部長，警視庁警務部長），富永文一（全羅北道警察部長，総督府保安課長），真崎長年（山口県保安課長，大分県警察部長），大野謙一（忠清北道・慶尚北道警察部長）の5名で，いずれもその職位が高く，知事・局長級の勅任官へのステップになったものと解される。

　学務局長就任時の年齢は，各人の生年月から表1のとおり推計される（長野幹は生年自体を知りえず，真崎長年は生月が不明であるので便宜的に46.0歳とした）。

　1929年当時の内務局長生田清三郎について，「年は局長級では若い方で四十四五歳」[120]と言われている。したがって，長野を除く13名の就任時年齢の単純平均48歳1ヵ月は，総督府の局長全体の中でも平均的であったろうと思われる。

個人的に見ると，初代の関屋貞三郎が飛び抜けて若いが，これは関屋が内務部長官の下の学務局長であったからで，2代目以降と同列に論じることはできない。独立学務局の局長としては塩原時三郎が最年少で，学務局長心得となった時が41歳5ヵ月，「心得」の2文字が取れた時が41歳10ヵ月であった。このことからも，塩原を登用した南次郎総督の強い意図が窺われる。

日本人学務局長（事務取扱を除く）と対照的に，李軫鎬が57歳4ヵ月，厳昌燮が54歳1ヵ月と，当時としてはかなりの高齢であった。たてまえとしては高文合格と特別任用の差ということであろうが，やはり内鮮人の出世スピードの差と見るほうが妥当であろう。

在任期間は，関屋貞三郎の8年11ヵ月が破格の長さである。これは，寺内・長谷川総督時代（1910年10月～1919年8月）を通じて政務総監山県伊三郎と内務部長官宇佐美勝夫が在任し続けるという安定政権だったからである。

関屋を含む14名の平均在任期間は2年6ヵ月，関屋を除けば平均2年弱であった。最短は牛島省三の3ヵ月で，しかも牛島は，当初から内務局長に転ずることが予定されていた学務局長であった。牛島に次いで短かったのは松浦鎮次郎の8ヵ月であるが，裏を返せばこれは，専任の学務局長が任命されるまでと言いながら8ヵ月間も京城帝大総長の兼職の局長事務取扱が続いたということである。牛島と松浦の人事は，学務局長職が軽視された典型例である。

関屋貞三郎が，上司である山県・宇佐美にいわば殉ずる形で学務局長を辞したように，総督府の局長人事は，多くの場合総督・政務総監の異動と連動していた。上述したような水野総監と柴田善三郎，下岡総監と李軫鎬，児玉総監と武部欽一，今井田総監と牛島省三，南総督と塩原時三郎，小磯総督・田中総監と大野謙一，阿部総督・遠藤総監と厳昌燮などがその例である。

学務局長辞任直後のポストを見ると，初代の関屋から第3代長野までは内地の県知事として帰還している。内地帰還という意味では第6代武部までである。第7代の牛島から朝鮮に居残るようになり，第8代林以降は朝鮮内の国策会社への天下りが慣例化した。これは，朝鮮植民地支配の長期化に伴って，朝鮮で官僚生活をスタートし完結する人々が多くなったこと，それと並

行して天下り先もそれなりに整備されていったこと、を示しているであろう。
　ところで朝鮮総督府学務局長は、内地の官吏あるいは総督府の他の局長と比べて相対的にどのように評価されていたのであろうか。雑誌『朝鮮公論』の1927年12月号には、「朝鮮下んだりといへば、閣下（水野文相―稲葉註）等も同じでせうが、本省の役人は一寸馬鹿にする。即ち朝鮮の局長級のものでも大蔵省や、文部省辺をうろつくと課長級のものにも馬鹿にされる」[121]という記述がある。また八木信雄は、1978年出版の回顧録において、「いわゆる外地勤務の日本人官吏は、ややもすると日本内地の役人に比べてその人物の格が一段下がっていたような見方をされがちだった」[122]と述べている。これらの資料から、たとえ資格（高文合格）において同列でも内地と朝鮮の官僚の間には評価格差があったこと、しかもそれが植民地期を通じて存続したこと、がわかる。
　総督府各局長のうち最高の地位を与えられたのは警務局長であった。これに関する証言は数多あるが、その一例は次のとおりである。

　　警務局長といえば、単に治安の総元締というだけに止どまらず、総督政治の陰の推進力として、総督、政務総監に次ぐ枢要な官職であり、歴代の総督、総監がその赴任に際して、内務省の局長、知事クラスの中から腹心ともいうべき優秀な人材を選んで連れてくるのが慣例になっていたほどの重要な地位だったんだよ[123]。

1931年の満州事変を契機に朝鮮での殖産興業が一層強調されるようになると、次の引用にあるように殖産局長や農林局長の地位が向上した。

　　今や朝鮮はあげて殖産局長時代、過去の若き朝鮮に於ては朝鮮に巣立つた官人が、統治の枢機に参画するには、未だ年若く、官歴が足らなすぎたが、数年来、漸次、朝鮮に育ち、それだけ、朝鮮の実相に対して深き認識を有し、朝鮮を熱愛すること甚大なる人々が、治政の幹部として登場しつゝある。例へば農林、殖産両局長の如き、殖産興業の政務を掌握する要位は、夙に、朝鮮生え抜きの、逸材を以て当てられてゐる[124]。

このように，総督府の局長の中で一貫して高いプレスティージを誇ったのは警務局長であり，戦時体制の進展とともに重視されるようになったのが殖産・農林局長であった。これに対して，学務局長の評価は甚だ低い。1932年当時の林茂樹学務局長に関して「並び大名」[125]という形容があり，塩原時三郎については，「昭和十二年学務局長に就任従来伴食の如く思はれてゐた椅子に坐ると共に，忽ちに，朝鮮統治の中心的な活躍振りを示し ……（中略）…… 内地にも著聞する存在となつてゐる」[126]とある。つまり，塩原以前の学務局長は「伴食の如く思はれてゐた」というのである。塩原の活躍によって学務局長の存在感は一時的に増したが，塩原の位置づけはあくまでも「局長中一番の殿（しんがり―稲葉註）」[127]であった。

塩原が「局長中一番の殿」とされたのは，最年少で，学務局長心得を経て学務局長になったからであり，朝鮮総督府官制上は専売局長が最下位であった。しかし，いずれにせよ学務局長の地位は高くなかった。朝鮮総督府史上ただふたりの朝鮮人局長がいずれも学務局長だったのは，表向きは朝鮮人対策として有効だったからであるが，学務局長が，日本人がどうしても手離せないポストではなかったからという見方も可能である。

2．学務課長

表2に基づいて歴代学務課長の属性を振り返ってみよう。

最終学歴は，学務課長の場合も学務局長と同様東京帝大卒が大部分であるが，その中で唯一，初代の隈本繁吉だけは文科の出であった。第3代松村松盛以後，東大法科卒の学務課長が常態化し，学務局における文科・法科の力関係は，たとえば次のような状況であった。

> 学務局は，文教行政の機関であるが故に，文科出身者が多数を占めてゐるが，学務課長に，四十二年政治科出身の平井三男君，宗教課長に，大正六年経済科出の兪萬兼君あり，主要の号令権は法科閥の手中にある[128]。

旧韓国の官僚から総督府に横滑りした隈本繁吉，いわゆる政治任用で学務

表2 歴代学務課長の属性

氏　名	最終学歴	前　職	学務課長就任時の年齢	在任期間	学務課長後	最終官職
隈本　繁吉	東大・文	韓国学部学務局第二課長	37歳	5ヵ月	台湾総督府学務課長	第六高等学校長
弓削幸太郎	日本法律学校	鹿児島県学務課長	29歳8ヵ月	9年10ヵ月	朝鮮総督府鉄道部長	同左
松村　松盛	東大・法	全羅北道警察部長	35歳1ヵ月	1年8ヵ月	朝鮮総督府秘書課長	朝鮮総督府殖産局長
半井　　清	東大・法	朝鮮総督府文書課長	34歳7ヵ月	7ヵ月	内務省社会局事務官	（県知事）
萩原　彦三	東大・法	朝鮮総督府宗教課長	33歳1ヵ月	1年6ヵ月	朝鮮総督府水産課長	拓務省次官
平井　三男	東大院・法	朝鮮総督府商工課長	40歳11ヵ月	3年3ヵ月	（京城法学専門学校長）	（県知事）
福士末之助	東京高等師範学校	朝鮮総督秘書官	51歳4ヵ月	1年9ヵ月	京城帝大予科教授	（神戸市学務課長）
神尾　弌春	東大・法	朝鮮総督府社会課長	36歳5ヵ月	3年2ヵ月	満州国総務庁長秘書官	
大野　謙一	小学校	慶尚北道警察部長	35歳9ヵ月	3年9ヵ月	慶尚南道内務部長	朝鮮総督府学務局長
高尾　甚造	東大・法	駐満大使館朝鮮課長	38歳1ヵ月	2年3ヵ月	朝鮮総督府会計課長	慶尚北道知事
八木　信雄	東大・法	慶尚北道警察部長	35歳9ヵ月	1年7ヵ月	朝鮮総督府警務課長	全羅南道知事
倉島　　至	東大・法	咸鏡北道警察部長	39歳3ヵ月	1年3ヵ月	朝鮮総督府情報課長	慶尚北道内務部長
本多　武夫	九大・法じ	朝鮮総督府図書課長	36歳10ヵ月	3年0ヵ月	朝鮮総督府地方課長	

注）空欄は不明，（　）は不確実であることを示す。

　課長となった福士末之助を除く11名は高文合格者であるが，彼らの中には大学在学中に高文に合格する秀才が多かったことが特徴である。確実な者だけで萩原彦三・神尾弌春・高尾甚造・八木信雄・倉島至・本多武夫の6名に

第7章　朝鮮総督府学務局長・学務課長の人事　　　　　　　　　　　211

上る。

　学務課長直前の職務を見ると，警察関係の部署にいた者（松村松盛と，大野謙一から本多武夫までの5名）が顕著である。このほか弓削幸太郎・平井三男・神尾弌春にも，それぞれ千葉県警視・総督府警務総監部警視・全羅南道警察部長の経歴があった。総じて，朝鮮総督府の教育行政は警察と一体となって進められたということができる。

　学務課長就任時の年齢は，生まれた月が不明の隈本繁吉を37歳0ヵ月として単純平均すると37歳3ヵ月となる。登龍門と言われた学務課長に，官僚として油が乗り始めたころに就任したと見てよかろう。福士末之助だけは異例の高齢であったが，これは，彼を朝鮮に帯同した政務総監池上四郎がすでに古稀で，池上と福士が「老人コンビ」だったからである。ちなみに福士を除くと，12名の平均は36歳0ヵ月であった。

　在任期間は，「動かぬ課長さん」と称された弓削幸太郎の9年10ヵ月が飛び抜けて長いが，平均は2年7ヵ月（弓削を除けば2年0ヵ月）であった。1年未満も2名おり，このうち隈本繁吉は台湾総督府にスカウトされた感が強いが，半井清は，結果的に洋行から帰って霞が関（内務省）に行くまでの腰掛けに過ぎなかった。

　学務課長後の経歴を見ると，学務課長が総督府官僚の登龍門と言われたその意味が，通説とは多少違って見えてくる。すなわち，学務官僚として官歴を閉じたことが確実なのは隈本繁吉と大野謙一のふたりだけで，この2名と福士末之助を除く10名にとって学務課長職は，その後の官職と職務内容上のつながりがほとんどなく，単なる通過点に過ぎなかった感が否めない。彼らにとって学務行政は，結果的に畑違いだったと言ってよい。

おわりに

　筆者が本章において特に強調したい点を改めて整理して結語に代えたい。
　初代学務局長にして歴代局長14名中圧倒的に最長の8年11ヵ月も在任した関屋貞三郎は，離任後もなお「教育の門外漢」を自称していた。第2代の柴田善三郎も，「若い頃文部省にゐたためしはあるけれども，教育行政に

は自信はない。私はひどく躊躇したのだが，改革と云ふものは，むしろ素人の方がズットよいのではないかと某々先輩などが言はれるので，所管の仕事は何でもよいと言ふ気持になつて赴任した」という。後任の長野幹・林茂樹・富永文一らも，学務局長として適材適所であったとは言い難い。ふたりの朝鮮人局長李軫鎬と厳昌燮も，内務官僚としては有能であったかも知れないが，学務局長への登用は，「内鮮一体」をアピールするための政治任用だった感が強い。

　松浦鎮次郎は，文部次官まで務めた文部官僚であったが，学務局には滅多に顔を出すこともない局長事務取扱であった。また牛島省三は，いずれ内務局長に転じることを前提に学務局長に就き，僅か3ヵ月（専任としては1ヵ月弱）の在任であった。松浦と牛島は，学務局長職が軽んじられたことを示す典型例であった。

　以上のような点を勘案すると，朝鮮総督府の他の局長と対比して学務局長が「並び大名」「伴食局長」などと呼ばれたのも，あながち故なしとしない。

　学務課長の場合，隈本繁吉・弓削幸太郎・松村松盛・福士末之助・大野謙一・高尾甚造・本多武夫は，総督府学務課長となる前に文部省や内地各府県・朝鮮各道において教育行政に携わったことがあった。しかし，先に見たように大野謙一は，「大野君の学務課長は一寸イタに付かない。彼には，モット警察の方をやらせ，内務行政にもたづさはらして，彼の仁に適つた仕事をやらすべきである」と言われたし，警察業務がすっかり板に付いた後に学務課長となった本多武夫は，「本多図書の学務課長は幾らか畑違ひの感がある」と評されていた。また，高尾甚造は自ら，「学務局には昭和三四年頃約一年半ばかり事務官としてゐましたが，学務行政には暗いので，その任に堪へるかどうか心配である」と自信のなさを打ち明けている。

　短期間ではあれ一応教育行政の実務経験があった上の7名に対して，半井清・萩原彦三・平井三男・神尾弌春・八木信雄・倉島至は，全く教育行政の経験なしに総督府学務課長となった。代でいえば第4・5・6・8・11・12代に当たり，後期になるほどこの傾向が強かったことがわかる。

　一方，学務局長・学務課長には警察行政の経験者が多く，教育行政と警察行政が一体となって展開されたことが窺われる。学務局長では柴田善三郎・

牛島省三・富永文一・真崎長年・大野謙一の5名がこれに該当し、いずれも警察関係の職歴がその後のキャリアアップに結び付いたものと思われる。

　学務課長の場合は、さらに警察との縁が深い。該当者とその職歴は次のとおりである（事実上の警察関係部署を含む）。

弓削幸太郎		千葉県警視
松村　松盛		全羅北道警察部長
平井　三男		総督府警務総監部警部
神尾　弌春		全羅南道警察部長
大野　謙一		忠清北道・慶尚北道警察部長　総督府北京出張所長
高尾　甚造		総督府保安課事務官　忠清南道・咸鏡北道・慶尚北道警察部長　駐満大使館朝鮮課長
八木　信雄		黄海道・慶尚北道警務課長　総督府警務課事務官　黄海道・慶尚北道警察部長　総督府警務課長　総督府保安課長
倉島　至		京畿道警視　総督府警務局事務官　総督府北京出張所事務官　咸鏡北道警察部長　総督府情報課長
本多　武夫		忠清北道・平安北道警察部長　総督府図書課長

　典型例は八木信雄で、生粋の警察官僚がほんの一時期（慶尚北道警察部長と総督府警務課長の間の1年7ヵ月間）学務課長の座にあったに過ぎない。
　以上、朝鮮総督府学務局長・学務課長には教育行政官としての専門性が疑わしい者が多かったこと、それは総督府における教育行政の軽視に他ならず、したがって彼らのプレスティージも相対的に低かったこと、人事異動上、学務局は警察部局と密接な関係にあったこと、を述べた。
　蛇足ながら、本研究を進める過程で感じたことをひとつ附言しておきたい。それは、本章の登場人物の詳しい経歴を調べるため関係各府県史に当たってみたが、朝鮮（外地）との関連はほとんど触れられていないということである。針小棒大に言えばこれは、従来の日本史が外地を視野に入れてこなかったことの反映であろう。

[註]

1) 姜東鎮『日本言論界と朝鮮　1910～1945』法政大学出版局　1984年　p.89
2) 友邦シリーズ　第15号『朝鮮総督府官制とその行政機構』友邦協会　1969年　pp.16-17
3) 『朝鮮及満洲』第170号　1922年1月　p.11
4) 同上　第117号　1917年3月　p.110
5) 『文教の朝鮮』第22号　1927年6月　p.2
6) 「朝鮮行政」編輯総局編『朝鮮統治秘話』帝国地方行政学会朝鮮本部　1937年　pp.18-19
7) 『朝鮮公論』第78号　1919年9月　p.80
8) 『朝鮮統治秘話』p.18
9) 同上　pp.269-270
10) 『朝鮮公論』第82号　1920年1月　p.90
11) 同上　p.48
12) 『京城日報』1922年10月17日付
13) 同上　1924年11月29日付
14) 『朝鮮公論』第171号　1927年6月　p.2の30
15) 『京城日報』1924年12月13日付
16) 同上　1924年11月29日付
17) 同上　1924年12月3日付
18) 同上　1924年12月12日付
19) 『朝鮮及満洲』第206号　1925年1月　p.197
20) 『朝鮮公論』第178号　1928年1月　p.2の19
21) 『朝鮮及満洲』第255号　1929年2月　p.60
22) 同上　第238号　1927年9月　p.89
23) 『京城日報』1929年2月3日付
24) 同上　1929年9月24日付
25) 同上　同上
26) 『朝鮮公論』第201号　1929年12月　p.45
27) 『京城日報』1929年10月8日付
28) 同上　同上
29) 『朝鮮公論』第200号　1929年11月　p.45
30) 阿部薫編『朝鮮功労者銘鑑』民衆時論社　1935年　p.33
31) 『朝鮮公論』第237号　1932年12月　p.43
32) 『京城日報』1931年6月28日付
33) 同上　同上
34) 『朝鮮公論』第227号　1932年2月　p.73
35) 『京城日報』1936年5月22日付
36) 同上　1931年9月24日付
37) 『朝鮮功労者銘鑑』p.70

38)『朝鮮公論』第 191 号　1929 年 2 月　p.5
39)『朝鮮及満洲』第 288 号　1931 年 11 月　p.105
40)『京城日報』1931 年 9 月 24 日付
41)『朝鮮公論』第 237 号　1932 年 12 月　p.47
42)『京城日報』1933 年 8 月 12 日付
43)『朝鮮功労者銘鑑』p.35
44)『朝鮮及満洲』第 297 号　1932 年 8 月　p.97
45) 同上　第 309 号　1933 年 8 月　p.91
46)『京城日報』1936 年 5 月 24 日付
47)『朝鮮及満洲』第 212 号　1925 年 7 月　p.47
48)『朝鮮功労者銘鑑』pp.39-40
49)『京城日報』1936 年 5 月 22 日付
50)『朝鮮及満洲』第 343 号　1936 年 6 月　p.7
51)『朝鮮公論』第 294 号　1937 年 9 月　p.112
52) 御手洗辰雄編『南次郎』南次郎伝記刊行会　1957 年　p.430
53)『朝鮮公論』第 331 号　1940 年 10 月　p.28
54)『京城日報』1937 年 7 月 1 日付
55)『朝鮮及満洲』第 392 号　1940 年 7 月　p.45
56)『朝鮮公論』第 337 号　1941 年 4 月　p.8
57)『京城日報』1941 年 3 月 28 日付
58) 大野謙一『朝鮮教育問題管見』朝鮮教育会　1936 年　pp.3-4
59)『朝鮮功労者銘鑑』p.336
60)『京城日報』1933 年 1 月 21 日付
61)『朝鮮及満洲』第 303 号　1933 年 2 月　p.118
62)『朝鮮公論』第 239 号　1933 年 2 月　p.13
63) 大野謙一　前掲書　p.4
64)『朝鮮公論』第 295 号　1937 年 10 月　p.47
65)『朝鮮及満洲』第 393 号　1940 年 8 月　pp.44-45
66)『朝鮮公論』第 356 号　1942 年 11 月　p.68
67) 同上　第 330 号　1940 年 9 月　p.26
68) 同上　第 378 号　1944 年 9 月　p.40
69)『朝鮮及満洲』第 233 号　1927 年 4 月　p.122
70) 同上　第 126 号　1917 年 12 月　p.50
71)『京城日報』1921 年 2 月 17 日付
72)『朝鮮公論』第 97 号　1921 年 4 月　p.120
73) 松波仁一郎編『水野博士古稀記念　論策と随筆』水野錬太郎先生古稀祝賀会事務所　1937 年　p.724
74)『京城日報』1924 年 12 月 9 日付
75)『朝鮮及満洲』第 195 号　1924 年 2 月　p.41
76) 同上　第 206 号　1925 年 1 月　p.190
77)『朝鮮公論』第 174 号　1927 年 9 月　p.89

78)『朝鮮及満洲』第255号　1929年2月　p.60
79) 同上　第260号　1929年7月　p.8
80)『朝鮮公論』第227号　1932年2月　p.73
81) 友邦シリーズ　第16号『斎藤総督の文化統治』友邦協会　1970年　pp.2-3
82) 同上　p.14
83)『朝鮮公論』第332号　1940年11月　p.23
84) 同上　第116号　1922年11月　p.59
85) 同上　第102号　1921年9月　p.124
86) 同上　第139号　1924年10月　p.41
87) 同上　第204号　1930年3月　p.69
88)『朝鮮及満洲』第328号　1935年3月　p.74
89)『文教の朝鮮』第22号　1927年6月　p.103
90)『朝鮮公論』第104号　1921年11月　p.91
91) 同上　第139号　1924年10月　p.41
92)『朝鮮及満洲』第206号　1925年1月　p.190
93)『京城日報』1928年2月25日付
94)『朝鮮公論』第166号　1927年1月　p.86
95)『朝鮮及満洲』第221号　1926年4月　p.56
96)『朝鮮公論』第198号　1929年9月　p.35
97) 同上　第180号　1928年3月　p.2の10
98)『京城日報』1928年2月25日付
99) 友邦シリーズ　第27号　1967年　p.61
100)『朝鮮公論』第191号　1929年2月　p.7
101)『朝鮮及満洲』第288号　1931年11月　p.105
102)『朝鮮公論』第155号　1926年2月　p.51
103)『朝鮮及満洲』第287号　1931年10月　p.9
104)『京城日報』1936年10月27日付
105)『朝鮮及満洲』第391号　1940年6月　pp.30-31
106) 同上　同上　p.31
107) 八木信雄『日本と韓国』日韓文化協会　1978年　p.13
108)『朝鮮功労者銘鑑』p.812
109)『京城日報』1939年1月1日付
110) 八木信雄　前掲書　p.226
111)『京城日報』1939年1月28日付
112) 八木信雄　前掲書　p.iii
113)『朝鮮公論』第330号　1940年9月　p.28
114)『朝鮮及満洲』第389号　1940年4月　p.83
115) 同上　第395号　1940年10月　p.36
116)『京城日報』1941年11月27日付
117)『朝鮮及満洲』第228号　1926年11月　p.46
118)『京城日報』1941年11月27日付

119)『朝鮮公論』第295号　1937年10月　p.45
120)『朝鮮及満洲』第260号　1929年7月　p.8
121)『朝鮮公論』第177号　1927年12月　p.2の10
122) 八木信雄　前掲書　p.181
123) 同上　p.271
124)『朝鮮公論』第279号　1936年6月　p.7
125) 同上　第235号　1932年10月　p.64
126) 同上　第331号　1940年10月　p.30
127)『朝鮮及満洲』第366号　1938年5月　p.10
128)『朝鮮公論』第165号　1926年12月　p.13

Korean Study Book Series

Kyushu University's Research Center for Korean Studies (RCKS) is one of the world's premier institutes for research and program development related to Korea, a region comprised of the nations of North Korea and South Korea, as well as Korean migrants throughout the world. We work with faculty members, graduate students, members of the community, private institutions, and non-profit organizations to strengthen the study of the region and inspire new generations of Korean scholars. In pursuit of these goals, RCKS actively supports the teaching of faculty and graduate students, initiates and administers research projects, organizes and hosts lectures and conferences, develops financial resources, encourages interdisciplinary and comparative studies, creates outreach programs in coordination with local schools, furnishes grants and fellowships for language study, publishes language textbooks and monographs, and assists in the organization of cultural and community activities. RCKS supports a wide variety of research in the social sciences, the humanities, and relevant professional fields.

The programs and activities of the Center share a common purpose and aim toward one or more goals, all serving to stimulate discussion and examination of the core issues and to connect individuals and institutions whose work contributes to the Korean studies. Central to RCKS's goals is to link academia to Korean Studies throughout the world.

"A book that is shut is but a block."

Takatoshi Matsubara
Director,
Research Center for Korean Studies Kyushu University

〈著者紹介〉

稲葉継雄（いなば・つぎお）

1947年　佐賀県生まれ
1970年　九州大学教育学部卒業
1973年　九州大学大学院教育学研究科修士課程修了
1974年　韓国・高麗大学校大学院教育学科博士課程中退
　　　　筑波大学文芸・言語学系講師～助教授，九州大学教育学部助教授～教授を経て，現在，九州大学大学院人間環境学研究院教授，博士（教育学）

主　著　『解放後韓国の教育改革』（共著・韓国文・韓国研究院），『旧韓末「日語学校」の研究』（九州大学出版会），『旧韓国の教育と日本人』（九州大学出版会），『旧韓国～朝鮮の日本人教員』（九州大学出版会），『旧韓国～朝鮮の「内地人」教育』（九州大学出版会），など

〈九州大学韓国研究センター叢書1〉
朝鮮植民地教育政策史の再検討

2010年10月25日　初版発行

著者　稲葉継雄
発行者　五十川直行
発行所　㈶九州大学出版会
　　　　〒812-0053 福岡市東区箱崎7-1-146
　　　　電話 092-641-0515（直通）
　　　　振替 01710-6-3677
　　　　印刷／城島印刷㈱　製本／篠原製本㈱

Ⓒ 2010 Printed in Japan　　ISBN 978-4-7985-0027-0

旧韓国の教育と日本人
稲葉継雄　　　　　　　　　　　Ａ５判・370頁・6,800円

旧韓国〜朝鮮の日本人教員
稲葉継雄　　　　　　　　　　　Ａ５判・352頁・7,500円

旧韓国〜朝鮮の「内地人」教育
稲葉継雄　　　　　　　　　　　Ａ５判・384頁・7,800円

近代朝鮮の唱歌教育
高　仁淑　　　　　　　　　　　Ａ５判・342頁・8,000円

（表示価格は本体価格）　　　　　九州大学出版会